ÉTUDES ÉCONOMIQUES ET FINANCIÈRES

L'EUROPE ÉCONOMIQUE

PAR

EDMOND THÉRY

Directeur de "*L'ÉCONOMISTE EUROPÉEN*"

PRIX : 3 FR. 50

DEUXIÈME ÉDITION

PARIS
ÉCONOMISTE EUROPÉEN
50, RUE SAINTE-ANNE, 50

1911

L'EUROPE ÉCONOMIQUE

ÉTUDES ÉCONOMIQUES ET FINANCIÈRES

L'EUROPE ÉCONOMIQUE

PAR

EDMOND THÉRY

Directeur de "L'ÉCONOMISTE EUROPÉEN

PARIS

ÉCONOMISTE EUROPÉEN

50, RUE SAINTE-ANNE, 50

—

1911

OUVRAGES DE M. EDMOND THÉRY

Sous l'Uniforme (1879) (librairie Calmann Lévy). 3 50

La Crise financière (1882) (librairie de la Grande Encyclopédie financière et industrielle). . . . . » 75

La Question du Gaz à Paris (1882) — id. —. . . . . 4 »

L'Unification de la Dette française. — Conversion et extinction progressive des divers Emprunts (1883). . . . . » 75

Les Chemins de fer économiques (1884). — Réseau de la Somme (librairie du *Progrès de la Somme*, à Amiens). . . . . » 70

Les Réformes économiques nécessaires (Jules Lévy, éditeur), 1886. . . . . 3 »

La Concurrence du Saint-Gothard et le chemin de fer de jonction (Rapport au Ministre du Commerce), 1887. . . . . » »

Les Conséquences du Percement du Simplon (Rapport au Ministre du Commerce). 1888. . . . . » »

Les Agences générales des Colonies anglaises (Rapport au Ministre du Commerce), 1889. . . . . » »

La Question de l'Argent en 1892 (Broch., *Économiste Européen*) (Épuisée). 1 »

La Question de l'Argent aux États-Unis en 1893 (Broch., *Économiste Européen*). . . . . 1 »

La Crise des Changes : La Baisse de l'Argent et ses conséquences. — La Situation monétaire du Monde. — Le Bimétallisme universel (1 vol., *Économiste Européen*), 1894, 4e éd. . . . . 3 »

Histoire des Grandes Compagnies de chemins de fer français, dans leurs Rapports financiers avec l'État (1 vol., *Économiste Européen*), 1894, 6e édition. . . . . 3 »

La Serbie : Histoire, Economie, Finances (1 vol., *Économiste Européen*), 1895, 3e édition. 1 50

Les Fonctions de la « Banque de France » (1 vol., *Économiste Européen*), 1895, 5e édition. 1 50

Réfutation des Objections présentées contre le « Bimétallisme international » (1 vol., *Ligue bimétallique française*), 1896, 4e édition. 2 50

De la Nécessité d'un Plan financier (1 broch., *Économiste Européen*), 1896, 2e édition. . . . . 1 »

L'Évolution Industrielle et Commerciale (1 broch., *Économiste Européen*, 1897), 3e édition. . . . . 1 »

Les Valeurs Mobilières en France (1 vol., *Économiste Européen*), 1897, 4e édition. 2 50

Les Finances et le Change du Brésil (1 vol., *Economiste Européen*), 1898, 2e édition. 1 50

Europe et Etats-Unis d'Amérique, avec préface de M. Marcel Dubois (1 vol., librairie Ernest Flammarion), 1899, 2e édition. . 3 50

La Situation économique et financière de l'Espagne après la guerre (1 broch., *Economiste Européen*), 1899. . . 1 »

Faits et Chiffres (Questions économiques d'actualité, 1 vol., *Economiste Européen*), 1899. . . . . 2 50

La France économique et financière pendant le dernier quart de siècle (1 vol., *Economiste Européen*), 3e édition, 1900. . . . . 3 50

Le Problème du Change en Espagne (1 broch., *Economiste Européen*), 1901. . . . . 1 50

Le Péril jaune, avec préface de M. d'Estournelles de Constant, (1 vol., librairie Félix Juven), 4e édit., 1901. . . . . 3 50

Les Finances Ottomanes (1 broch., *Economiste Européen*), 1901. . . . . 1 50

1890-1900. Histoire économique de l'Angleterre, de l'Allemagne, des Etats-Unis et de la France (1 vol., *Economiste Européen*), 4e édition, 1902. . . . . 3 50

1890-1903. Situation économique et financière de l'Italie (1 vol., *Economiste Européen*), 4e édition, 1903. . . . 3 50

Les Conditions de l'Exploitation minière au Transvaal, en 1899 et 1903 (1 broch., *Economiste Européen*), 3e édit., 1903. 1 50

La Paix armée (1 broch., *Economiste Européen*), 1903. . . 1 50

La Situation économique et financière de la Roumanie (1 broch., *Economiste Européen*), 1904. . . . . . 1 50

La Situation économique et financière de la Bulgarie (1 broch., *Economiste Européen*), 1904. . . . . 1 50

Projet de Réforme monétaire et de création d'une Banque d'émission au Brésil (1 broch., *Economiste Européen*), 1904. 1 50

La Grèce actuelle (1 vol., *Economiste Européen*), 4e édit., 1905. 3 50

Le Septennat de M. Emile Loubet au point de vue économique (1 broch., *Economiste Européen*), 1906. . . . . 1 50

L'Égypte nouvelle au point de vue économique et financier (1 vol., *Economiste Européen*), 4e édition, 1907. . . . . . 3 50

La Situation économique et financière du Japon après la guerre 1904-05 (1 vol., *Economiste Européen*), 4e édition, 1907. . . . . 3 50

Les Progrès économiques de la France (1 vol., *Economiste Européen*), 8e édition, 1908. . . . . 3 50

Les Conditions de l'Exploitation minière au Transvaal en 1909 et la Question de l'Or (1 broch., *Economiste Européen*), 1909. 1 50

La Banque de France de 1897 à 1909 (1 broch., *Economiste Européen*), 1910. . . . . 1 50

AVANT-PROPOS

Au moyen âge, la France se divisait en un grand nombre de fiefs dont beaucoup, plus vastes et plus riches que le domaine royal, étaient à peu près indépendants.

Les grandes provinces féodales constituaient de véritables nations ayant des intérêts opposés, une langue et des mœurs différentes. Leurs seigneurs, politiquement soumis à la royauté par de vagues liens de vassalité qu'ils rompaient sans scrupule, maintenaient leurs sujets dans un isolement que les rivalités dynastiques, les haines de races systématiquement entretenues, les péages intérieurs, l'insécurité des routes et les difficultés matérielles de communications rendaient en quelque sorte absolu.

Dès le XIIIe siècle, les rois de France s'efforcèrent de reconquérir leur ancienne suprématie : Philippe-Auguste et Saint-Louis enlevèrent aux grands barons féodaux quelques-unes des prérogatives souveraines qu'ils s'étaient octroyées — notamment le droit de battre monnaie — et Philippe le Bel écrasa les plus turbulents.

Au commencement du XIVe siècle, l'unité française existait presque, mais la politique des prémiers Valois la remit en question ; les apanages accordés aux fils cadets des rois créèrent des États semi-indépendants qui s'isolèrent les uns des autres à l'image des anciens fiefs féodaux. Charles VII et Louis XI reprirent l'attitude énergique de Philippe le Bel, et avec Louis XII le domaine royal, agrandi de la Bretagne, devint le territoire d'une nation homogène, définitivement constituée.

Mais l'unité nationale faillit encore sombrer avec les guerres de religion. L'avènement de Henri IV la consolida ; elle s'affaiblit pendant les premières années du règne de Louis XIII, mais la politique ferme et clairvoyante de Richelieu arrêta brusquement les tendances séparatistes qui s'étaient alors manifestées. Enfin, il appartenait à la Révolution de rendre à jamais la France *une et indivisible* en abolissant les privilèges de castes, en décrétant l'égalité politique et en transformant les anciennes provinces en simples départements administratifs.

Avant Henri IV, les diverses provinces du royaume de France n'avaient entre elles que peu de relations commerciales et industrielles ; les grandes villes tiraient leurs subsistances des régions avoisinantes, car les chemins étaient dans un tel état, qu'une contrée ayant par exemple une récolte abondante de blé ne pouvait venir au secours d'une contrée frappée de famine, si celle-ci se trouvait à seulement une vingtaine de lieues de la première.

Sully s'appliqua à remédier à cette situation en réparant d'abord les anciennes voies romaines — dont la Gaule avait été si largement pourvue, mais qui présentaient de très sérieuses lacunes depuis le moyen âge — et en mettant en construction un réseau important de routes nouvelles qui s'est ensuite développé sous chaque régime.

En 1594, Henri IV créa la charge de surintendant des coches, et, en 1599, il conféra à Sully lui-même le titre de *grand voyer de France*, avec juridiction contentieuse sur toutes les voies publiques du royaume. C'est vers cette même époque que fut commencé en France le premier canal à écluse et à double pente : le canal de Briare, qui ayant son origine à Briare et son point terminus à Montargis, réunit le bassin de la Loire à celui de la Seine.

De grands ministres comme Colbert et Turgot continuèrent l'œuvre d'unité économique nationale ébauchée par Sully. Les encouragements donnés par le pouvoir royal à la production industrielle et agricole de toutes les régions, l'amélioration continue des voies de communications terrestres et fluviales ; la centralisation administrative faisant converger vers la capitale l'activité intellectuelle du pays : tout cela contribua à créer un mouvement économique qui, dépassant les bornes étroites de la region, devint rapidement national.

Les producteurs, stimulés par la concurrence, eurent alors intérêt à connaître, aussi exactement que possible, les besoins réels des centres de consommation et les conditions auxquelles leurs produits pouvaient y être transportés et vendus avec profit · ce fut le point de départ de la statistique et de son application à l'étude de problèmes d'économie nationale.

L'invention de la machine à vapeur, la révolution des moyens de production et de transport qui en a été la conséquence, l'organisation et le développement du crédit public, la vulgarisation de la valeur mobilière, les progrès de la chimie, les applications de l'électricité, et tant d'autres merveilles que le XIXe siècle nous a léguées, ont accru, dans des proportions énormes, la puissance universelle de la production et fait naître la concurrence internationale.

Il en est résulté une transformation des conditions de l'existence humaine qui a eu d'immenses avantages, mais qui a finalement créé entre les divers pays producteurs un antagonisme d'intérêt n'ayant plus le caractère pacifique et fécond de la concurrence nationale.

C'est qu'en effet, si les producteurs et les consommateurs d'un même pays sont soumis à un ensemble de charges sociales et à des conditions générales de milieu qui rendent leurs intérêts absolument solidaires, ces charges et ces conditions d'ambiance diffèrent profondément entre les divers pays ; d'où, pour chacun d'eux, l'obligation de défendre son marché intérieur contre la concurrence internationale, c'est-à-dire d'étudier et de résoudre les problèmes économiques en se plaçant d'abord sur le terrain national.

Mais si l'économie politique moderne doit être, en théorie et en pratique, avant tout nationale, elle manquerait à son but en s'isolant dans l'observation des faits intérieurs, en négligeant de suivre, avec un soin attentif, ce qui se passe dans les autres pays.

Comme le remarquait si justement notre éminent ami M. Paul Cauwès, doyen de la Faculté de Droit de Paris, dans son beau discours prononcé le 10 décembre 1897 à la *Société d'Economie politique nationale :*

« L'économie nationale réaliste ne doit pas méconnaître ces larges courants internationaux formés non seulement pour l'échange des produits, mais aussi pour de fécondes pénétrations intellectuelles et morales » ; il lui faut se préoccuper des études d'économie comparée qui ne sont que « la mise à profit des expériences essayées par les autres peuples en tant que leurs conditions sociales ou économiques sont analogues ».

Presque tous les pays de l'Europe ont aujourd'hui les mêmes lois, la même mentalité, les mêmes pratiques sociales. On trouve dans leurs capitales les hommes et les femmes habillés de la même manière, on s'y loge de la même façon, on y mange à peu près la même cuisine. Les amateurs de pittoresque peuvent le regretter, mais cette réalisation d'une homogénéité européenne était fatale, car l'unité politique et économique que chaque peuple a obtenue chez lui s'appuie sur le même principe : développement des richesses indigènes, et tend au même but : amélioration des conditions de l'existence nationale.

Les diverses nations européennes sont aujourd'hui plus rapprochées et plus semblables que ne l'étaient les provinces de la France féodale. Il y a infiniment moins de différence, en effet, entre les Français, les Anglais, les Allemands, les Belges et les Italiens de nos jours, qu'entre les Parisiens, les Bretons, les Champenois, les Bourguignons et les Provençaux du moyen âge ; mais l'évolution dans le sens de l'unité complète est loin d'être terminée, et il se passera sans doute un grand nombre d'années et de graves événements avant que les États-Unis d'Europe soient un fait accompli, avant que l'Europe devienne *une et indivisible*.

Quoi qu'il en soit de l'avenir, le nationalisme économique actuel rend les comparaisons statistiques difficiles, même en Europe, car si la plupart des nations formant cette vaste expression géographique ont parcouru, comme la France, la grande étape qui les a conduites à l'unité nationale, politique et économique, et si dans chacune de ces nations la statistique et l'observation des faits ont réalisé de très réels progrès, depuis vingt ou vingt-cinq ans, il existe cependant dans leurs méthodes respectives d'évaluation des divergences qui rendent les études d'ensemble délicates et souvent incertaines dans leurs résultats.

En effet, chaque pays possède des règles budgétaires particulières, opère ses recensements à des dates différentes de celles choisies par les pays voisins ; dresse ses statistiques fiscales, agricoles, industrielles et commerciales avec des procédés de calcul, des unités de mesure et de valeur qui lui sont propres, etc... Pour rendre ces divers éléments d'informations comparables entre eux, il faut donc les convertir à des unités communes et leur faire perdre leur caractère national.

Malgré ces difficultés de groupement, on peut cependant dresser quelques statistiques d'ensemble permettant de suivre le développement économique et financier de l'Europe dans ses grandes lignes.

La superficie territoriale des divers États et le mouvement de leur population appartiennent à la documentation officielle ; leurs dépenses publiques sont inscrites dans des budgets de prévision votés par leurs parlements respectifs, et nous tirerons de la même source les dépenses d'ordre militaire dont l'augmentation progressive finit par devenir inquiétante.

La longueur des chemins de fer exploités dans chaque État, l'effectif de la marine marchande à vapeur, le mouvement postal, télégraphique et téléphonique, la situation détaillée des banques d'émission et de la circulation monétaire sont également l'objet de publications régulières que nous utiliserons en remontant aussi loin que possible.

Grâce aux travaux de l'*Institut international d'agriculture* qui fonctionne à Rome depuis cinq années, nous aurons pour la dernière période décennale (1898-1908) le chiffre des principales productions agricoles de toutes les nations européennes : blé, seigle, avoine, maïs, pommes de terre, sucre, vin, et l'effectif de leurs animaux : chevaux, mulets, bœufs, porcs et moutons.

Enfin, des publications techniques nous donneront, pour la même période, le développement de la production de la houille, de la fonte et du cuivre, — qui sont les grandes matières premières de l'industrie moderne, — des autres métaux les plus usuels, du coton, de la laine, de la soie, et nous terminerons notre revue générale par une étude comparée du commerce extérieur de l'Europe en 1898 et 1908, étude dont la statistique officielle de chaque pays nous fournira les éléments.

L'EUROPE ÉCONOMIQUE

I

Cinquante années d'histoire européenne.

Les grandes modifications territoriales qui se sont accomplies entre les divers États de l'Europe pendant la seconde moitié du XIXe siècle ont commencé avec la guerre d'Italie de 1859 qui a été le prélude de l'unité italienne.

A la suite de cette guerre, l'Autriche dut abandonner la Lombardie au roi de Piémont, Victor-Emmanuel II (paix de Villafranca, 12 juillet 1859), et après la cession de la Savoie et du comté de Nice à la France (24 mars 1860), puis l'annexion successive au Piémont de l'Ombrie, des Marches et du royaume de Naples et de Sicile, le premier Parlement italien proclama l'unité (18 février 1861) en saluant Victor-Emmanuel du titre de roi d'Italie.

Cette même année 1861, Guillaume Ier, devenu roi de Prusse à la suite de la mort de son frère Frédéric-Guillaume IV, envoya comme ambassadeur à Paris le comte Otto de Bismarck, qui avait été précédemment représentant de la Prusse à la diète de Francfort et plus tard ambassadeur à Saint-Pétersbourg.

M. de Bismarck avait préféré l'ambassade de Paris au portefeuille ministériel que le roi lui offrit d'abord, parce qu'il voulait étudier *de près* Napoléon III et sa politique extérieure. On sait qu'il réussit à gagner la confiance et la sympathie de l'empereur, et lorsque Guillaume Ier — en conflit avec le Parlement prussien qui refusait d'accepter les projets de réformes militaires conseillés par de Moltke, de Roon et de Manteuffel — choisit M. de Bismarck comme président de son Conseil des ministres (1862), Napoléon III, le recevant à Saint-Cloud en visite d'adieu, lui rappela le sort de Charles X et du prince de Polignac.

« Rassurez-vous, sire, lui répondit M. de Bismarck, en Prusse ce sont les rois qui font les révolutions et non pas le peuple. »

La vérité, c'est que Guillaume Ier eut la chance d'avoir comme collaborateurs des hommes de premier ordre dont il suivit aveuglément les conseils, et que les grands événements : guerre contre le Danemark (1864), guerre contre l'Autriche (1866) et guerre contre la France (1870-1871), qui aboutirent à la reconstitution de l'empire d'Allemagne (18 janvier 1871) au profit de la Prusse et des Hohenzollern, furent l'œuvre de ces hommes, et surtout de Bismarck, qui sut, avec une habileté prodigieuse, profiter des conséquences de la paix de Villafranca — affaiblissement moral et matériel de l'Autriche, unité italienne inachevée — et des fautes capitales que les idées chimériques et le caractère irrésolu de Napoléon III firent commettre au gouvernement français.

Le traité de Francfort (10 mai 1871) enleva à la France 1.500.000 hectares de territoire et environ 1.600.000 habitants ; quant à l'unité italienne, elle s'était complétée, grâce aux victoires de la Prusse, par la cession de la Vénétie (octobre 1866) et par la prise de Rome, le 20 septembre 1870.

Les modifications territoriales survenues en Orient depuis 1858 méritent également d'être mentionnées. Le traité de Paris (avril 1856), conclu après la guerre de Crimée, réglait ce que l'on appelait déjà à cette époque la *question d'Orient*. Par ce traité, la Russie perdit la partie de la Bessarabie touchant aux bouches du Danube, et ce territoire fut attribué à la Moldavie. Les deux principautés danubiennes, la Moldavie et la Valachie, étaient déclarées autonomes sous la garantie des puissances, mais devaient rester séparées. Dès l'année 1858, les deux principautés violèrent cette clause du traité de Paris et s'unirent sous le nom de Roumanie, en choisissant un même hospodar ou prince souverain.

Les puissances n'intervinrent point, et après le coup d'État du 23 février 1866 qui renversa le prince Couza, élu en 1858, les Roumains offrirent la couronne princière d'abord à un prince belge qui refusa, puis au prince Charles-Louis, de la branche catholique des Hohenzollern, qui devint, le 12 juillet 1866, Charles Ier de Roumanie.

Quand la guerre éclata entre la Russie et la Turquie (24 avril 1877), la Roumanie, qui, de par le traité de Paris, était restée vassale de la Porte, se déclara indépendante et s'allia à la Russie. Le congrès de Berlin (13 juin 1878) reconnut l'indépendance de la Roumanie, et cette nation fut définitivement érigée en royaume le 26 mars 1881.

Le congrès de Berlin consacra également l'indépendance de la Serbie (royaume en 1882) en lui octroyant Nitch et la vallée de la Nissawa ; l'indépendance du Montenegro, presque doublé par l'acquisition de Podgoritza et de deux ports sur l'Adriatique ; constitua la principauté de la Bulgarie, qui devait être autonome, mais tributaire de la Porte, et donna à la Roumélie orientale un gouverneur chrétien, nommé par le sultan et agréé par les puissances.

En septembre 1885, le prince Alexandre de Battenberg, choisi comme premier prince de la Bulgarie en décembre 1878, accepta l'union de la Bulgarie et de la Roumélie orientale qu'une révolution venait de proclamer à Philippopoli. Les gouvernements du roi Milan de Serbie et du roi Georges de Grèce mirent immédiatement leurs armées sur le pied de guerre, sous prétexte que l'équilibre établi par le congrès de Berlin était rompu dans les Balkans. Une conférence des puissances se réunit à Constantinople ; mais, sans attendre sa décision, le roi Milan envahit la Bulgarie et vint, après quelques jours de campagne, se faire battre à Slivnitsa (17, 18 et 19 novembre 1885) par l'armée bulgare, commandée par Alexandre de Battenberg.

Sur l'insistance de l'Autriche, à qui le congrès de Berlin avait confié l'administration de la Bosnie et de l'Herzégovine, la paix fut signée le 13 mars 1886, et la Turquie, consacrant le fait accompli, consentit à confier le gouvernement de la Roumélie au prince Alexandre. Celui-ci ne jouit pas longtemps de son triomphe, car, le tsar Alexandre III ayant refusé de reconnaître le nouvel État, le prince de Battenberg dut abdiquer, et après une régence de dix mois, présidée par Stamboulof, les Bulgares offrirent la couronne au prince catholique Ferdinand de Cobourg, alors officier dans l'armée hongroise.

Le congrès de Berlin avait attribué la Thessalie et une faible partie de l'Epire à la Grèce qui en prit possession en 1881. A la suite de l'insurrection crétoise de 1895-1896 et de la répression sanglante à laquelle elle donna lieu, la Grèce déclara la guerre à la Turquie. Ecrasés par un ennemi supérieur au point de vue du nombre, de l'organisation militaire, du commandement et des ressources financières, les Grecs durent subir, sans discussion, les conditions de paix que les six grandes puissances médiatrices (Angleterre, Allemagne, Autriche, France, Italie et Russie) imposèrent à la Turquie, c'est à-dire l'abandon par la Grèce de la région du mont Olympe et le paiement à la Turquie d'une indemnité de guerre de 4 millions de livres turques, ou 94.300.000 francs.

En 1898, la Crète se souleva de nouveau contre la Turquie, et cette fois, grâce à l'intervention de la France, de l'Angleterre, de l'Italie et de la Russie, cette île malheureuse obtint enfin son autonomie, et le prince Georges, deuxième fils du roi de Grèce, fut choisi comme haut commissaire par les puissances protectrices. On croyait que c'était là une simple étape vers l'annexion définitive de la Crète à la Grèce : la révolution ottomane du 24 juillet 1908, qui porta les Jeunes-Turcs au pouvoir, et qui se termina, le 27 avril 1909, par la déchéance du sultan Abdul-Hamid et la proclamation de son frère Rechad Effendi, sous le nom de Mohammed V, semble avoir ajourné les espérances, pourtant si rationnelles, des Crétois et des Grecs.

Le gouvernement du prince Ferdinand, craignant

sans doute que la révolution ottomane ne rendît plus difficile l'émancipation complète de la principauté à l'égard de la Porte, profita d'un prétexte quelconque pour s'emparer des lignes de la compagnie des chemins de fer ottomans situées en territoire bulgare (fin septembre 1908) et quelques jours plus tard, le 5 octobre, le prince Ferdinand, proclamé tsar des Bulgares à Tirnovo, lançait à la nation un manifeste déclarant la Bulgarie libre et indépendante.

Le 3 octobre, dix jours avant la proclamation de Tirnovo, l'ambassadeur d'Autriche à Paris avait remis à M. Fallières, président de la République, une lettre autographe de l'empereur François-Joseph l'avisant de l'intention de son gouvernement d'annexer définitivement la Bosnie et l'Herzégovine, que l'Autriche-Hongrie occupait en vertu de l'article 25 du traité de Berlin, sauf le territoire du sandjak de Novi Bazar, que le gouvernement autrichien se proposait de rendre à la Turquie.

On sait que ces graves événements, qui ont failli provoquer la guerre dans les Balkans, se sont terminés de la manière la plus pacifique.

Telle est, à grands traits, l'histoire des modifications politiques et territoriales qui se sont accomplies en Europe pendant les cinquante dernières années.

Pour apprécier dans quelle mesure les diverses nations constituant l'Europe actuelle ont profité des changements survenus, il faut diviser ce demi-siècle (1858-1908) en deux périodes de 25 années et considérer à chacune des trois dates : 1858, 1883 et 1908, le territoire respectif de ces divers États tel qu'il se présentait en 1908.

En d'autres termes, s'il s'agit de la population de l'Allemagne, par exemple, pour connaître exactement l'importance de son accroissement entre 1858, 1883 et 1908, il est indispensable de rechercher quel était, d'abord, en 1858 le chiffre exact de la population de tous les États qui ont formé l'empire d'Allemagne en 1871. Le total ainsi obtenu pourra alors se comparer avec les totaux des années 1883 et 1908.

En procédant de même pour la France, pour l'Italie, pour l'Autriche-Hongrie, pour le Danemark, pour la Turquie et pour les divers États balkaniques affectés par des modifications territoriales postérieures à 1858, nous obtiendrons, pour les trois années considérées, une Europe ayant les mêmes divisions territoriales (celles de 1908) et dont les principaux éléments de statistique : population, dépenses budgétaires totales, dépenses d'ordre militaire, dette publique, chemins de fer et marine marchande à vapeur, seront comparables entre eux.

C'est ce travail d'ensemble que nous allons présenter à nos lecteurs.

II

Population et superficie de l'Europe.

La statistique de la population européenne est certainement l'une de celles que l'on peut dresser avec le plus d'exactitude, parce que des recensements méthodiques s'effectuent à périodes régulières dans tous les pays de l'Europe, sauf toutefois en Turquie, où il existe encore de sérieuses lacunes, non seulement pour l'évaluation de la population, mais aussi pour l'estimation de toutes les matières susceptibles d'être inventoriées.

Malheureusement les pays de l'Europe ne procèdent au dénombrement officiel de leur population ni le même jour ni la même année. Pour dresser le bilan de la population européenne à une époque déterminée — par exemple en 1858, en 1883 et en 1908 — on est donc obligé de connaître, pour chaque État, les chiffres des recensements officiels les plus rapprochés de l'année choisie, d'en dégager l'accroissement annuel et d'établir, par approximation, son chiffre probable à ladite année.

C'est cette méthode que nous avons suivie pour dresser le tableau ci-après. Elle nous paraît préférable à celle qui consiste à dégager le chiffre probable d'après l'excédent des naissances sur les décès, depuis le dernier recensement officiel, parce que beaucoup de pays ne tenant qu'une statistique très incomplète de leur émigration et de leur immigration annuelles, l'excédent des naissances, ajouté au dernier recensement, ne donnerait nullement le chiffre réel de la population pour l'année choisie.

Population probable de l'Europe en **1858, 1883 et 1908.**

(Milliers d'habitants)

Etats	1858	1883	1908	Augm entre 1858 et 1883	Augm entre 1883 et 1908	+ % ent. 1858 et 1883	+ % ent. 1883 et 1908
Allemagne. .	36.763	46 201	63.279	9.438	17.078	26	37
Angleterre. .	28.575	35.753	45.057	7.178	9.304	25	26
Aut.-Hongr .	33.267	38.834	50.583	5.567	11.749	17	30
Belgique . .	4.623	5 719	7.318	1.096	1.599	24	28
Bulgarie . .	2.500	2 982	4.220	482	1.238	19	41
Danemark. .	1.651	2.050	2.665	399	615	24	30
Espagne . .	15.526	16.429	19.713	903	3.284	6	20
France. . .	34.591	37.900	39.278	3.309	1.378	9	4
Grèce . . .	1.313	2.040	2.632	727	592	55	29
Italie . . .	25.592	29.011	33 910	3.419	4.899	13	17
Norvège . .	1.550	1.989	2.330	439	341	28	17
Pays-Bas. .	3.544	4.181	5.747	637	1.566	18	37
Portugal . .	3.569	4.404	5.250	835	846	23	19
Roumanie. .	4.500	5.376	6.684	876	1.308	19	24
Russie d'Eur.	66.837	86.121	129.798	19.284	43 .677	29	51
Serbie. . .	1.000	1 866	2.784	866	918	86	49
Suède . . .	3.734	4.604	5 378	870	774	23	17
Suisse . . .	2.487	2.910	3.525	423	615	17	21
Turquie . .	5.960	6 005	6.130	45	125	1	2
Aut. pays (1).	542	729	866	187	390	34	53
Totaux. .	278.124	335.104	436 147	56.980	101.043	20	30

Prise dans son ensemble, la population de l'Europe a donc augmenté de 56.980.000 habitants

(1) Principautés de Liechtenstein, de Monaco et du Montenegro ; Grand-Duché du Luxembourg, République de Saint-Marin, d'Andorre. et île de Crète.

entre 1858 et 1883, et de 101.043.000 habitants entre cette dernière année et 1908 : soit un accroissement total de 158.023.000 individus pour le demi-siècle observé. L'augmentation proportionnelle a été de 20 0/0 pour la première période de 25 années et de 30 0/0 pour la dernière.

En ce qui concerne spécialement la France, sa population résidante, ramenée à 34.591.000 habitants en 1858 après addition et déduction de la population qu'avaient à cette date la Savoie, le comté de Nice et le territoire annexé à l'Allemagne par le traité de Francfort, est passée à 37 millions 900.000 habitants en 1883 et à 39.278.000 en 1908. Cela revient à dire que l'accroissement réel de sa population a été de 3.309.000 individus, ou 9 0/0 entre 1858 et 1883, et de seulement 1.378.000 ou 4 0/0, entre 1883 et 1908. C'est, en nombre et en proportion, la plus faible augmentation des six grands États de l'Europe.

La nation qui présente la plus forte augmentation est la Russie d'Europe, avec 19.284.000 habitants ou 29 0/0 pendant la première période et 43.677.000 habitants ou 51 0/0 pendant la seconde période. Puis vient l'Allemagne avec 9.438.000 habitants de plus en 1883 qu'en 1858, ou 26 0/0, et 17.078.000 habitants de plus en 1908 qu'en 1883, ou 37 0/0.

Pour l'Allemagne, comme pour les autres pays de l'Europe, nous supposons — ainsi qu'il a été expliqué d'autre part, — qu'elle avait, en 1858, la même superficie territoriale qu'en 1883 et 1908. Nous ferons remarquer à ce propos que la population de la Prusse proprement dite n'atteignait, en 1858, que 17.740.000 habitants, et que celle des divers États annexés en 1864, ou entrés dans l'Empire allemand en 1871 : Bavière, Saxe royale, Hanovre, Wurtemberg, grand-duché de Bade, Alsace-Lorraine, etc., dépassait alors 19 millions d'habitants.

En 1883, la population de la Prusse était de 27.740.000 habitants et celle des autres États de l'Empire, de 18.461.000, dont 5.354.000 pour la Bavière, 3.081.000 pour la Saxe, 1.983 000 pour le Wurtemberg, 1 586.000 pour le grand-duché de Bade. En 1908, la population de l'Empire, qui s'élevait, nous l'avons vu, à 63.279.000 habitants, se décomposait ainsi: Prusse, 39.102 000 habitants; autres États, 24.177.000, dont 6.726.000 pour la Bavière, 4.695.000 pour la Saxe, 2.383.000 pour le Wurtemberg, 2.099.000 pour le grand-duché de Bade.

L'Autriche-Hongrie, déduction faite de la Lombardie et de la Vénétie, a gagné 17 316 000 habitants entre 1858 et 1908 : 5.567.000 ou 17 0/0 pendant la première période et 11.749.000 ou 30 0/0 pour la dernière. De 1883 à 1908, la population de l'Autriche proprement dite a progressé de 22.522.000 habitants à 28.127.000 et celle de la Hongrie, de 16.064.000 à 20.686 000, tandis que la population de la Bosnie-Herzégovine a passé de 1.268 000 à 1.770.000 individus.

L'Angleterre fait très bonne figure avec une augmentation totale de 16 482.000 habitants, dont 7.178.000 ou 25 0/0 pour la période 1858-1883, et 9.304.000 ou 26 0/0 pendant la période 1883-1908.

Enfin l'Italie elle-même, malgré l'émigration considérable qui affaiblit l'importance de sa population résidante, a progressé de 3.419 000 habitants ou 13 0/0 entre 1858 et 1883 et de 4 899.000 habitants ou

17 0/0 entre 1883 et 1908, soit un gain total de 8.318.000 individus pour le demi-siècle observé.

Il est à remarquer que pendant les 25 dernières années l'augmentation de la population a été proportionnellement beaucoup plus importante pour tous les grands Etats de l'Europe, que pendant la période 1858-1883. La France fait malheureusement exception à cette règle, car son augmentation proportionnelle est tombée de 9 0/0 pour la période 1858-1883 à 4 0/0 pour les 25 dernières années.

La comparaison de la population des six grandes puissances de l'Europe, entre 1883 et 1908, donne les résultats suivants :

Population probable

des six grands États de l'Europe en 1883 et 1908

(*Milliers d'habitants*).

Etats	1883	1908	Augmentation en 1908	
			Milliers d'habit[ts]	%
Russie d'Europe. . .	86.121	129.798	43.677	51
Allemagne.	46.201	63 279	17.078	37
Autriche-Hongrie. .	38.834	50.583	11.749	30
Angleterre.	35.753	45 057	9.304	26
France.	37.900	39 278	1.378	4
Italie.	29.011	33.910	4.899	17
Totaux.	273.820	361.905	88.085	32

Ainsi, à vingt-cinq années d'intervalle (1883 à 1908), la population de la France n'a progressé que de 1.378.000 habitants, alors que l'augmentation a été de 4.899.000 pour les Italiens, de 9.304.000 pour les Anglais, de 11.749.000 pour les Austro-Hongrois, de

17.078.000 pour les Allemands et de 43.677.000 pour les Russes.

Cette comparaison est véritablement inquiétante pour notre pays, et chacun de nous commence à le comprendre, puisqu'à la récente reprise de l'*Ami Fritz*, les abonnés de la Comédie-Française eux-mêmes, ces placides bourgeois qui ont plus ou moins pratiqué le *moral restraint* conseillé par Malthus, n'ont pu s'empêcher d'applaudir les virulents reproches que David Sichel adresse au joyeux Fritz Kobus et à ses compagnons de fête :

« ... L'avenir appartient aux races qui peuplent ; celles qui mettent les plaisirs de la vie avant les devoirs de la famille seront conquises et s'éteindront dans la servitude. C'est l'histoire de toutes les nations disparues depuis le commencement du monde..., et ce serait la nôtre si tous les Français nous ressemblaient ! »

Hélas ! cette apostrophe déjà vieille de trente-cinq ans est aujourd'hui d'une navrante actualité, car le tableau précédent démontre qu'entre 1883 et 1908, la population résidante de la France ne s'est augmentée que de 4 0/0, contre un accroissement de 26 0/0 en Angleterre, de 30 0/0 en Autriche-Hongrie, de 37 0/0 en Allemagne et de 51 0/0 en Russie.

Ajoutons enfin que l'Italie, qui subit une émigration énorme (635.000 émigrants en moyenne pour chacune des cinq dernières années, dont les deux tiers ne reviennent jamais plus dans la mère-patrie), a vu sa population résidante progresser de 17 0/0. Si la même proportion se maintient pour chaque pays pendant le quart de siècle prochain, la population de la Russie, en 1933, atteindra, en chiffres ronds, 196 millions d'habitants ; celle de l'Allemagne, 87 millions; celle de l'Autriche-Hongrie, 66 millions ; celle de l'Angleterre, 57 millions ; celle de la France, 41 millions, et celle de l'Italie, 40 millions.

En 1858 la population française était de 34.591.000 habitants (addition faite de la Savoie et du Comté de Nice et déduction faite des territoires perdus en 1871), et représentait alors 18 0/0 de la population des cinq autres grandes nations réunies ; en 1883 ce rapport se trouvait déjà réduit à 16 0/0 ; nous le trouvons à 12 0/0 en 1908 et il ne sera plus que de 9 0/0 en 1933 si les choses se passent pendant ce quart de siècle comme elles se sont passées entre 1883 et 1908.

On peut supposer — bien que l'exemple des 25 dernières années démontre le contraire — que les causes mystérieuses qui font progressivement diminuer la natalité française finiront aussi par se produire dans les autres grands pays de l'Europe ; mais ce n'est là qu'une bien médiocre consolation, car le terrain perdu par notre pays ne sera jamais plus regagné.

*
* *

La superficie actuelle de l'Europe est évaluée à 9.963.900 kilomètres carrés, non compris le Spitzberg et autres îles boréales, ce qui donne, pour 1908, une densité moyenne de 43 habitants par kilomètre carré.

Le tableau suivant va nous indiquer la superficie de chaque État, sa densité et la population de sa capitale en 1908 ou à la dernière date connue :

Superficie et densité des Etats de l'Europe et population de leurs capitales en 1908 ou à la dernière date connue.

Etats	Superficie Kil. car.	Densité	Capitales — Noms	Capitales — Habitants
Allemagne. . .	540 777	117	Berlin. . . .	2138.148 (1908)
Angleterre. . .	314.339	143	Londres. . . .	4795.757 (1908)
Autriche Hongr	676.545	74	Vienne. . . .	2064 037 (1908)
			Budapest. . .	913.018 (1908)
Belgique. . .	29.450	251	Bruxelles. . .	639.807 (1908)
Bulgarie. . .	96.345	44	Sofia. . . .	82 021 (1905)
Danemark. . .	40.384	67	Copenhague. .	426 540 (1906)
Espagne. . .	504.517	39	Madrid. . . .	539.347 (1900)
France. . . .	536.464	73	Paris. . . .	2783.393 (1908)
Grèce. . . .	64.657	41	Athènes. . . .	167.479 (1907)
Italie.	286.682	119	Rome. . . .	453 000 (1908)
Norvège . . .	322.987	7	Christiania. .	227 626 (1900)
Pays-Bas. . .	33.000	176	La Haye. .	259.012 (1908)
Portugal. . .	88.740	60	Lisbonne. . .	356 009 (1900)
Roumanie. . .	131.353	51	Bucarest . .	290 616 (1908)
Russie d'Europe	5 298 171	24	St-Pétersbourg .	1854 000 (1908)
Serbie. . . .	48 303	59	Belgrade. .	77 816 (1906)
Suède. . . .	447.864	12	Stockholm. . .	339.582 (1907)
Suisse. . . .	41.384	85	Berne. . . .	78.500 (1909)
Turquie d'Eur.	169.300	36	Constantinople .	942 900 (?)

Outre les États ci-dessus, il existe en Europe sept petites nationalités dont voici la superficie territoriale, la population probable et la population des capitales à la dernière date connue :

Ile de *Crète* (dont la forme gouvernementale n'est pas encore nettement déterminée) : 8.618 kil. q., 320.000 hab. La Canée : 21.000 hab. *Montenegro* : 9.080 kil. q., 252.000 hab. Cettigné : 4.355 hab. Grand-duché du *Luxembourg* : 2.586 kil. q.. 248.000 hab. Luxembourg-ville : 21.024 hab. Principauté de *Monaco* : 1 kil. q. 1/2, 19.000 hab. Monaço-ville : 2.410 hab. La République de *Saint-Marin* :

61 kil. q., 11.000 hab. San-Marino : 1.100 hab. La principauté de *Liechtenstein* : 159 kil. q., 10.000 hab. Vaduz : 1.200 hab. La République d'*Andorre* : 452 kil. q., 7.000 hab. Andorra la Vieja : 2.000 hab.

Enfin l'Europe compte à l'heure actuelle, en dehors des capitales que nous avons énoncées ci-dessus, quatorze villes de plus de 500.000 habitants, et les voici par ordre d'importance :

Moscou : 1.141.500 hab. Hambourg : 802.793 hab. Glasgow : 760.423 hab. Liverpool : 753.203 hab. Varsovie : 683.692 hab. Manchester : 649.251 hab. Amsterdam : 565.589 hab. Birmingham : 558.357 h. Munich : 538.983 hab. Barcelone : 530.344 hab. Marseille : 517.498 hab. Dresde : 516.996 hab. Naples : 508.018 hab. Leipzig : 503.672 hab.

Tous les chiffres précédents sont tirés de l'*Almanach de Gotha* ou du *Statesman's Yeark-Book*, qui les puisent aux sources les plus officielles ; on peut donc les considérer comme une expression très rapprochée de la vérité.

Nous terminons cette étude statistique de la population européenne par une comparaison de la population des capitales des six grands Etats de l'Europe, à cinquante années d'intervalle.

Nous ferons tout d'abord remarquer qu'à Londres et à Paris, l'accroissement de la population respective a été beaucoup plus considérable pendant la période 1858-1883 que pendant le quart de siècle suivant. Cela tient à ce que ces deux grandes villes, au cours de la première période, ont annexé à leur agglomération centrale des faubourgs, des communes et des quartiers excentriques dont les populations respectives étaient comptées à part en 1858.

Population probable des capitales des six grands Etats de l'Europe en 1858, 1883 et 1908

(*Milliers d'habitants*).

Capitales	1858	1883	1908	Augmentations entre 1858 et 1883	Augmentations entre 1883 et 1908	Augment. 0/0 entre 1858 et 1883	Augment. 0/0 entre 1883 et 1908
Londres.	2.646	3 948	4.796	1.302	848	49	21
Paris.	1.277	2.300	2 783	1.023	483	80	21
Berlin.	439	1.237	2 138	798	901	182	73
Vienne.	480	1.182	2.064	702	882	146	75
Saint-Pétersbourg. .	520	925	1 854	405	929	78	100
Rome.	180	329	453	149	124	83	38

En dehors de Londres et de Paris, les autres capitales ont également bénéficié de certaines extensions territoriales, mais il est incontestable que Berlin, Vienne et Saint-Pétersbourg ont obtenu, pendant ce dernier demi-siècle, un accroissement énorme de leur population résidante absolument indépendant des extensions réalisées.

En effet, entre 1858 et 1908, Londres a gagné 2.100.000 habitants, soit une augmentation de 81 0/0 par rapport à sa population de 1858; Berlin : 1.699.000 habitants ou 387 0/0 ; Vienne : 1.584.000 habitants ou 329 0/0 ; Paris : 1.506.000 habitants ou 118 0/0 ; Saint-Pétersbourg : 1.334 000 habitants ou 257 0/0.

Rome suit de très loin avec un accroissement de 273.000 habitants ou 152 0/0.

III

Les Finances publiques.

1. *Dépenses budgétaires totales.* — 2. *Les dépenses d'ordre militaire.* — 3. *Les dettes publiques.*

1. — LES DÉPENSES BUDGÉTAIRES TOTALES.

Si la statistique de la population des diverses nations de l'Europe est relativement facile à établir, celle de l'ensemble de leurs dépenses budgétaires présente, au contraire, de très sérieuses difficultés, non seulement parce que chacune de ces nations se sert d'une méthode spéciale pour dresser ses budgets annuels, mais aussi parce que dans certains pays, comme l'Allemagne, l'Autriche-Hongrie et la Suisse, il existe deux budgets : celui de l'Empire ou de la Confédération, et les budgets particuliers des États ou des cantons dont les divers éléments restent tantôt indépendants du budget impérial ou fédéral, et tantôt se combinent avec lui.

De même certaines nations comprennent dans leurs dépenses générales les frais d'exploitation de leurs monopoles ou administrations d'État : tabacs, allumettes, poudres, postes, télégraphes et téléphones, chemins de fer, mines, etc. Quelques-unes, au contraire, ne font entrer dans leur budget que les produits nets de ces exploitations.

Il en résulte que l'ensemble des dépenses budgétaires de l'Europe est sensiblement supérieur au chiffre réel des impôts payés par les contribuables européens, car pour la France, par exemple, on ne peut considérer comme impôts proprement dits la totalité des recettes des tabacs, des allumettes, des postes, des télégraphes, etc..., parce qu'une partie plus ou moins grande de ces recettes provient de services que les consommateurs et le public devraient payer, même si ces administrations appartenaient à l'industrie privée.

Au surplus, les quatre cinquièmes des États de l'Europe ayant des budgets se soldant par des déficits plus ou moins déguisés, une fraction notable des dépenses publiques est couverte par l'emprunt, c'est-à-dire par des impôts différés.

Toutes les nations de l'Europe, sauf la Turquie qui ne le fait que depuis cette année, dressent régulièrement — mais sous les formes différentes rappelées ci-dessus — un *budget de prévision* que leur Parlement discute et vote, et qui est ensuite promulgué en loi de finances. Mais, en cours d'exercice, surviennent des dépenses supplémentaires, des variations de recettes ou des annulations de dépenses déjà votées qui modifient les chiffres primitifs.

Certains pays (la grande majorité) présentent au bout de quelques années des règlements définitifs qui donnent alors l'expression de la vérité sur les dépenses et les recettes ; mais d'autres pays opèrent les rectifications par des lois successives, effectuent des virements, font passer d'un exercice à l'autre les dépenses ou les recettes classées sous le nom d'*arriérés* et compliquent si bien leur comptabilité publique que leurs propres financiers ne peuvent souvent s'y reconnaître.

Ce sont toutes ces considérations qui nous ont conduit à calculer les dépenses budgétaires de l'Europe en 1858, 1883 et 1908, d'après les budgets de prévision votés ces années-là (1), budgets que l'*Almanach de Gotha* publie régulièrement depuis plus de soixante ans. Ces budgets donnent d'ailleurs assez exactement la véritable situation budgétaire moyenne des États européens, car, pour les grands surtout, les gouvernements d'abord, les parlements ensuite, s'efforcent toujours d'établir leurs prévisions de dépenses d'après les ressources ordinaires et extraordinaires du pays.

Les chiffres du tableau ci-après ne sont donc que des *minima* de dépenses budgétaires, et il convient de ne les prendre que comme des chiffres approximatifs, eu égard aux difficultés considérables que présente leur groupement sous une rubrique commune. Cette réserve étant faite, on remarquera que les dépenses budgétaires totales de l'Europe (budgets de prévision) ont passé de 8.100 millions de francs en 1858 à 17.908 millions en 1883, et à 35.988 millions en 1908. L'augmentation totale a donc atteint 27 888 millions de francs pendant les cinquante années observées, dont 9.808 millions pour la première période de vingt-cinq ans, et 18.080 millions pour le dernier quart de siècle.

(1) Pour les pays dont l'année budgétaire ne correspond pas à l'année civile, l'exercice commence généralement dans la première moitié de l'année ; aussi, pour permettre une comparaison plus exacte, avons-nous pris pour ces pays, pour une année de millésime *n*, l'exercice à cheval sur les deux années *n* et *n* + 1, qui présente la plus longue période commune avec l'année civile considérée.

Dépenses budgétaires de l'Europe d'après les budgets de prévision des années **1858, 1883 et 1908**

Millions de francs (1).

Etats	1858	1883	1908	Augmentations entre 1858 et 1883	Augmentations entre 1883 et 1908	Augmentations % entre 1858 et 1883	Augmentations % entre 1883 et 1908
Allemagne. .	801	2 695	9.263	1.894	6.568	236	244
Angleterre. .	1.651	2 192	5 169	541	2.977	33	136
Autr.-Hongrie.	852	2 087	3.946	1.235	1.859	145	89
Belgique. . .	141	323	621	182	298	129	92
Bulgarie. . .	»	36	127	36	91	»	253
Danemark. .	75	67	141	— 8	74	— 11	110
Espagne. . .	514	880	1 029	366	143	71	16
France. . . .	1.717	3 573	3.910	1 856	337	108	6
Grèce. . . .	27	72	134	45	62	167	86
Italie. . . .	410	1.556	2.085	1.146	529	280	34
Norvège. . .	26	60	159	34	99	131	165
Pays-Bas. . .	161	290	409	129	119	80	41
Portugal. . .	74	199	407	125	208	169	104
Roumanie. .	11	125	409	114	284	1.036	227
Russie. . . .	1.234	3.114	6.997	1.880	3.883	152	125
Serbie. . . .	7	35	95	28	60	400	171
Suède. . . .	48	109	281	61	172	127	158
Suisse. . . .	16	49	139	33	90	206	181
Turquie. . .	335	437	647	102	210	60	48
Autres pays.	»	9	26	9	17	»	189
Totaux. .	8.100	17.908	35 988	9.808	18.080	121	101

La population de l'Europe était de 278 millions d'habitants en 1858, de 335 millions en 1883 et de 436 millions en 1908 ; par conséquent, les dépenses budgétaires moyennes par Européen représentaient environ 29 fr. 13 en 1858, 53 fr. 46 en 1883 et 82 francs 54 en 1908.

(1) Les conversions en francs sont faites d'après la valeur nominale, en 1858, 1883 et 1908, des unités monétaires des divers pays.

Le phénomène de l'accroissement des dépenses publiques, qui a rendu si difficile l'élaboration des derniers budgets français — et en particulier du budget de 1910 — n'est pas particulier à notre pays, car tous les grands Etats de l'Europe le subissent à des degrés divers. En effet, en ne considérant que la période 1883-1908, l'examen des budgets de prévision promulgués par ces grands États nous montre, par exemple, que les dépenses budgétaires de l'Allemagne (Empire et États réunis), ont monté de 2.695 millions de francs en 1883-84 à 9.263 millions en 1908-09, soit une augmentation de 6.568 millions en vingt-cinq années.

En 1883-84, les dépenses budgétaires de l'Empire allemand étaient prévues pour 740 millions de francs (dont 504 millions d'ordre militaire) et celles des Etats particuliers pour 1.955 millions : Prusse 1.304 millions, Bavière 263 millions, Saxe 84 millions, Wurtemberg 56 millions, grand-duché de Bade 45 millions, etc.

En 1908-1909, les prévisions de dépenses de l'Empire allemand atteignent 3.481 millions de francs (dont 1.504 millions d'ordre militaire) et celles des États particuliers 5.782 millions : Prusse 3.956 millions, Bavière 644 millions, Saxe 442 millions, Wurtemberg 105 millions, grand-duché de Bade 106 millions, etc.

Le budget de prévision de 1883 fixait le total des dépenses budgétaires de l'Autriche-Hongrie à 2.087 millions de francs, dont 295 millions pour la monarchie (dépenses communes), 1.059 millions pour l'Autriche (pays représentés au Reichsrath) et 733 millions pour la Hongrie. En 1908, les dépenses budgétaires prévues ont atteint 3.946 millions, dont

424 millions pour la monarchie, 2 089 millions pour l'Autriche et 1.433 millions pour la Hongrie.

Le tableau suivant va nous donner la progression des dépenses budgétaires survenue entre 1883 et 1908 pour l'ensemble des six grands États de l'Europe :

Dépenses budgétaires totales (budgets de prévision) des six grands États de l'Europe en 1883 et 1908 et dépenses moyennes par habitant :

Pays	1883	1908	Augmentations		Dép. moy. par habit. en 1883	Dép. moy. par habit. en 1908
	Millions de fr		Millions	%	Fr.	Fr
Allemagne.	2.695	9.263	6 568	244	58 33	146 38
Angleterre.	2 192	5.169	2.977	136	61 40	114 87
Autriche-Hongrie . .	2 087	3.946	1 859	89	53 71	78 01
France.	3 573	3.910	337	9	94 23	99 55
Italie.	1 556	2.085	529	34	53 65	61 50
Russie	3.114	6.997	3.883	125	36 17	53 90
Totaux. . . .	15.217	31.370	16.153	106	55 57	86 68

La population des divers pays formant aujourd'hui les six grands États européens est passée de 225 600.000 habitants en 1858, à 273.820.000 en 1883, et à 361 905.000 en 1908, soit une augmentation de 48.220.000 habitants ou 21 0/0 pendant la première période de 25 années et de 88.085.000 habitants ou 32 0/0 pendant la dernière période.

En 1858 les budgets de prévision des mêmes pays donnaient un total de 6.665 millions de francs de dépenses budgétaires (29 fr. 55 par habitant). Le même total s'est élevé à 15.217 millions de francs en 1883 (55 fr. 57 par habitant) et à 31.370 millions en 1908 (86 fr. 68 par habitant).

Donc l'augmentation des dépenses budgétaires totales, qui n'avait été que de 8.552 millions de francs entre 1858 et 1883, a progressé de 16.153 millions pendant les vingt-cinq années suivantes: cela revient à dire que les gouvernements des six États considérés ont dû, *chaque année*, se procurer 342 millions de ressources nouvelles pendant la première période et 646 millions pendant la période 1883-1908. Malgré l'accroissement de population dont cette dernière période a bénéficié, cette somme dépasse certainement la puissance contributive de tous, ou de presque tous ces pays, et cela explique, d'une part, les difficultés d'ordre politique et social qui s'y manifestent depuis quelques années et, d'autre part, l'augmentation de leur dette publique que nous constaterons dans un chapitre suivant.

En 1883 la France tenait en Europe la tête pour les dépenses budgétaires avec un budget de prévision de 3. 573 millions de francs, représentant 94 fr. 28 par habitant; après elle venaient la Russie : 3.114 millions de dépenses totales, ou 36 fr. 17 par habitant, puis l'Allemagne : 2.695 millions, ou 58 fr. 33 par habitant.

En 1883 les budgets de prévision des six États se présentaient, par ordre d'importance, avec les dépenses globales suivantes : *1* France 3.573 millions de francs ; *2* Russie 3.114 millions : *3* Allemagne 2.695 millions ; *4* Autriche-Hongrie 2 087 millions ; *5* Angleterre 2.192 millions ; *6* Italie 1 556 millions. Mais en 1908 l'ordre d'importance est ainsi modifié : *1* Allemagne (Empire et États) 9.263 millions ; *2* Russie 6 997 millions ; *3* Angleterre 5.169 millions ; *4* Autriche-Hongrie 3.946

millions ; 5 France 3.910 millions ; 6 Italie 2.085 millions.

Entre 1883 et 1908, les prévisions de dépenses ont donc augmenté de 6 568 millions de francs en Allemagne ou 241 0/0 ; de 3.883 millions en Russie ou 125 0/0; de 2.977 millions en Angleterre ou 136 0/0 ; de 1.859 millions en Autriche-Hongrie ou 89 0/0 ; de 529 millions en Italie ou 34 0/0, et de 337 millions en France ou 9 0/0.

Il semble donc que notre pays a été, au cours des vingt-cinq dernières années, moins prodigue que les autres grands États de l'Europe ; mais la vérité nous oblige à constater qu'il n'en est rien, car le budget de prévision de 1883, qui sert de comparaison à celui de 1908, supportait le poids du plan de travaux publics de 1878 (plan Freycinet) et comprenait alors près de 700 millions de francs de dépenses extraordinaires et extra-budgétaires, dont une partie fut passée aux grandes compagnies de chemins de fer, en exécution des conventions de 1883, et le surplus incorporé aux dépenses ordinaires au fur et à mesure de l'achèvement des travaux entrepris.

Les 6.810 millions de rentes 5 0/0 (capital nominal) émis en 1871 et 1872 ont été successivement convertis en 4 1/2 0/0 le 27 avril 1883 (conversion Tirard), puis en 3 1/2 0/0 le 17 janvier 1894 (conversion Burdeau), et enfin en 3 0/0 le 9 juillet 1902 (conversion Rouvier), et ces trois conversions ont procuré au Trésor une économie annuelle d'environ 136 millions de francs. D'autres conversions : emprunt Morgan ; 4 1/2 0/0 1825 et 1852, 4 0/0 1828 ; obligations trentenaires émises en vertu de la loi du 29 décembre 1876 et du décret du 12 juin 1877 ; bons de liquidation émis en 1873 pour réparation des dommages causés par l'invasion, par le second siège de Paris, etc. ,, ont porté l'économie résultant des conversions opérées après le 1er janvier 1883 à près de 150 millions.

Enfin, en 1883, les dépenses et les recettes de l'Algérie étaient incorporées dans nos budgets de prévision ; mais la loi du 19 décembre 1900 accorda la personnalité civile à l'Algérie et la dota d'un budget autonome. De ce chef, le budget de prévision français de 1901 se trouva réduit d'environ 71 millions de dépenses par rapport à l'exercice précédent.

Sans ces allègements, et d'autres tels que la réduction de l'intérêt des cautionnements, des bons du Trésor, etc., les dépenses nouvelles votées par le Parlement entre 1883 et 1908 auraient certainement porté le budget de prévision de ce dernier exercice à une somme totale de dépenses d'au moins 4.500 millions de francs. Malheureusement les causes de réduction de dépenses sont maintenant épuisées, et c'est ce qui explique les augmentations visibles que nos budgets subissent depuis quelques années.

2. — LES DÉPENSES D'ORDRE MILITAIRE.

Il ne nous a pas été possible d'établir dans quelle proportion les dépenses afférentes aux chemins de fer, aux voies de communications fluviales, aux routes, aux télégraphes, aux téléphones et aux diverses administrations d'État : tabacs, allumettes, etc., c'est-à-dire les dépenses pouvant être considérées comme productives de recettes, entraient dans l'augmentation des dépenses budgétaires de l'Europe en 1858, 1883 et 1908 ; mais l'examen des budgets de prévision de ces mêmes années nous permet de relever les sommes que les diverses nations européennes ont consacrées à leur défense nationale.

Dépenses de l'**Europe**, pour la **Guerre** et la **Marine** en 1858, 1883 et 1908

(Millions de francs.)

États	Guerre			Marine		
	1858	1883	1908	1858	1883	1908
Allemagne. . .	119	458	1 068	5	46	436
Angleterre. . . .	344	432	676	235	270	811
Autriche Hongrie .	254	295	469	14	23	60
Belgique. . . .	33	44	57	»	»	»
Bulgarie	»	11	30	»	»	»
Danemark. . . .	12	12	18	6	8	11
Espagne. . . .	83	123	158	24	33	47
France	347	584	780	133	205	320
Grèce.	5	16	19	2	4	8
Italie	41	253	299	5	58	158
Norvège.	5	8	18	3	3	7
Pays-Bas. . . .	25	46	58	18	26	39
Portugal.	17	26	44	5	10	29
Roumanie.	»	29	51	»	»	»
Russie	408	772	1 280	85	122	231
Serbie.	1	10	22	»	»	»
Suède.	12	23	76	5	8	35
Suisse	2	13	42	»	»	»
Turquie.	120	122	169	22	18	17
Autres pays. . .	»	»	»	»	»	»
Totaux. . .	1 828	3 277	5 337	562	834	2.209

Le groupement de ces deux ordres de dépenses donne les résultats suivants :

Dépenses militaires totales de l'Europe
en 1858, 1883 et 1908

(Millions de francs).

États	1858	1883	1908	Augmentat. entre 1858 et 1883	Augmentat. entre 1883 et 1908
Allemagne	121	504	1.504	380	1.000
Angleterre	579	702	1.487	123	785
Autriche-Hongrie	268	318	529	50	211
Belgique	33	44	57	11	13
Bulgarie	»	11	30	11	19
Danemark	18	20	29	2	9
Espagne	107	156	205	49	49
France	480	789	1.100	309	311
Grèce	7	20	27	13	7
Italie	46	311	457	265	146
Norvège	8	11	25	3	14
Pays-Bas	43	72	97	29	25
Portugal	22	36	73	14	37
Roumanie	»	29	54	29	25
Russie	493	894	1.511	401	617
Serbie	1	10	22	9	12
Suède	17	31	111	14	80
Suisse	2	13	42	11	29
Turquie	142	140	186	— 2	46
Autres pays	»	»	»	»	»
Totaux	2.390	4.111	7 546	1.721	3.435

Ainsi, entre 1858 et 1883, les dépenses militaires permanentes de l'Europe ont passé de 2.390 millions de francs par année à 4.111 millions, soit une augmentation totale de 1.721 millions, donnant une progression moyenne annuelle de 69 millions en chiffres ronds. Entre 1883 et 1908, ces mêmes dépenses se sont élevées au chiffre énorme de 7.546 millions de francs, constituant pour la période une augmentation totale de 3.435 millions et une progression moyenne annuelle de 137 millions de francs.

Ajoutons, pour être plus exact, que *toutes* les dépenses d'ordre militaire de l'Europe ne figurent pas dans les tableaux précédents, car les charges des chemins de fer stratégiques, par exemple, et des dettes contractées antérieurement pour la défense, portées aux ministères des travaux publics ou des finances, échappent à notre statistique. De même, certaines grandes dépenses d'armement et de constructions navales sont effectuées sur des fonds spéciaux et ne paraissent dans les budgets de prévision que pour les annuités d'intérêt et d'amortissement des combinaisons financières auxquelles elles ont donné lieu. Par conséquent, on peut admettre, sans crainte de se tromper, que les chiffres des deux tableaux précédents sont des *minima* dépassés, dans la pratique, de 5 ou 10 0/0, selon les pays.

L'augmentation des dépenses d'ordre militaire survenue en Europe entre 1858 et 1883 s'explique par les grandes transformations politiques qui se sont accomplies pendant ce quart de siècle, et surtout par le triomphe de la fameuse formule bismarckienne : « La force prime le droit », qui a creusé de profonds abîmes entre des peuples faits pour se comprendre et s'aimer... et qui a, finalement, poussé l'Europe dans la voie du militarisme et des armements à outrance, dont, vraisemblablement, elle ne sortira pas de sitôt.

*
* *

Mais à cette première cause d'augmentation progressive des dépenses militaires européennes est venue, depuis une quinzaine d'années, s'en ajouter une nouvelle, ayant un caractère beaucoup plus spécial et que nous avons bien souvent signalée aux lecteurs de l'*Economiste Européen* : nous voulons parler de la rivalité économique et maritime anglo-allemande.

Les Anglais avaient toujours professé, au point de vue commercial, le plus profond mépris pour leurs concurrents étrangers ; ils croyaient, de bonne foi, posséder le monopole des exportations dans les pays d'outre-mer, et ils n'attachèrent d'abord aucune importance aux rapports de leurs consuls qui leur signalèrent, bien avant 1890, les progrès des exportateurs allemands. Mais ces progrès s'accentuèrent d'année en année, et dans le courant de 1891 — au cours de la discussion des nouveaux traités de commerce que l'Allemagne venait de signer avec l'Autriche-Hongrie et l'Italie — un large programme d'extension de la puissance maritime et commerciale de l'Allemagne ayant été solennellement exposé par le gouvernement impérial à la tribune du Reichstag, l'opinion anglaise finit par s'inquiéter.

En 1892 et 1893, la presse jingoïste commença une première campagne en faveur d'une forte augmentation des forces militaires et navales de l'Angleterre ; mais M. Gladstone était alors au pouvoir, et son autorité fut suffisante pour neutraliser les tendances batailleuses du parti impérialiste qui s'organisait.

L'opposition conservatrice s'empara de la question et son chef, lord Salisbury, prononça en novembre 1893, au congrès de la *Primrose League*, un grand discours dont la conclusion fut que la flotte anglaise était beaucoup trop faible pour lutter avantageusement contre plusieurs flottes combinées, et que l'Angleterre ne devait et ne pouvait compter que sur elle même *pour parer à toutes les éventualités*.

Le peuple anglais, déjà convaincu que la suprématie de sa marine de guerre était la meilleure garantie de l'expansion de son commerce extérieur et de sa puissance coloniale, applaudit le langage du noble lord, et de tous les points du Royaume-Uni arrivèrent des adresses mettant M. Gladstone en demeure d'augmenter, d urgence, les forces navales de l'Angleterre.

Lord George Hamilton, premier lord de l'Amirauté dans le précédent ministère Salisbury, présenta, à la séance des Communes du 19 décembre suivant, une motion « affirmant la nécessité d'une augmentation immédiate et importante de la marine militaire et invitant le gouvernement à présenter, avant le 25 décembre, un plan d'exécution ».

M. Gladstone répondit tranquillement à lord Hamilton et à MM. Balfour et Chamberlain, qui l'avaient accusé de manquer de patriotisme : que la situation des forces navales anglaises — dont il fit l'inventaire — était rassurante et qu'il n'y avait pas lieu de modifier le programme de 1889, dont le ministère Salisbury s'était lui-même contenté.

En cette circonstance, la majorité libérale resta fidèle à son chef et repoussa la motion Hamilton ; mais la campagne jingoïste se poursuivit énergiquement, et quand, deux mois plus tard, M. Gladstone prit sa retraite définitive, le nouveau cabinet libéral, présidé par lord Rosebery, capitula.

Le budget de 1893-94, le dernier du ministère Gladstone, comprenait 801 millions de francs de dépenses d'ordre militaire, dont 445 pour la guerre et 356 pour la marine Le budget de 1894-95, présenté par lord Rosebery, relevait ces dépenses à 886 millions (guerre 452, marine 434) ; et le budget de 1895-96, le dernier des libéraux, les portait à 919 millions : 451 à la guerre et 468 à la marine. Les conservateurs arrivaient au pouvoir vers la fin de 1895, et à partir de ce moment, la progression des dépenses militaires s'est poursuivie sans arrêt en Angleterre.

* * *

La nouvelle orientation de la politique anglaise et le dénouement de la guerre sino-japonaise de 1895, dans lequel l'Allemagne était intervenue avec la Russie et la France — ce qui lui permit, en 1897, de prendre possession de la magnifique baie de Kiao-Tcheou — donnèrent à Guillaume II la ferme volonté de développer d'une manière considérable les forces navales de l'Empire allemand. La majorité du Reichstag était absolument opposée à son projet, mais on sait avec quelle persévérance et avec quelle habileté l'empereur sut vaincre toutes les résistances et obtenir une première fois, en 1898, ce fameux *septennat maritime*, qui devait porter à la fin de 1905 le nombre des vaisseaux de ligne allemands à 17, les garde-côtes cuirassés à 8, les grands croiseurs a 19 et les petits croiseurs à 26.

Mais à la suite des augmentations des flottes anglaise, russe et française, décidées après le vote du *septennat*, et après l'écrasement de la marine espagnole par la flotte américaine (1898), le programme de 1898 fut jugé insuffisant et Guillaume II, d'accord avec l'opinion publique allemande, saisit le Reichstag (janvier 1900) d'un nouveau plan de constructions navales échelonné sur une période de 17 années et ayant pour objet de *doubler* la puissance de la flotte militaire de l'Allemagne.

Ce nouveau projet, voté à une énorme majorité (201 voix contre 103), devait coûter au budget impérial une dépense totale de 5.440 millions à répartir entre 1900 et 1917.

L'Angleterre, malgré la malheureuse guerre du Transvaal qu'elle soutenait alors, riposta en augmentant de 100 millions de francs ses nouvelles constructions navales, et dans son budget de 1900-1901, les crédits attribués à sa marine de guerre s'élevèrent à 688 millions de francs, c'est-à-dire à 332 millions de plus qu'avec le dernier budget de Gladstone.

Les budgets de prévision de 1908 nous montrent que les deux nations rivales ont encore élargi leur programme antérieur.

Bon gré mal gré, les autres grandes puissances de l'Europe durent suivre le mouvement et s'engager dans le *maritimisme*, comme elles avaient précédemment dû subir le *militarisme* qui continue, d'ailleurs, à se développer sans préjudice de l'accroissement des forces navales.

Pour mieux faire comprendre les conséquences budgétaires que cet état de choses crée aux six grandes puissances européennes (Allemagne, Angleterre, Autriche-Hongrie, France, Italie, et Russie), dont les dépenses d'ordre militaire totales ont atteint en 1908-09 la somme effroyable de 6.588 millions de francs, c'est-à-dire 87 0/0 des dépenses militaires de toute l'Europe, nous avons établi les deux tableaux ci-après :

Dépenses pour la Guerre et la Marine
des six grandes puissances de l'Europe en 1883, 1896 et 1908
(Millions de francs)

États	1883		1896		1908	
	Guerre	Marine	Guerre	Marine	Guerre	Marine
Allemagne. .	458	46	677	108	1.068	436
Angleterre . .	432	270	460	559	676	811
Autr.-Hongrie.	295	23	363	29	469	60
France. . . .	584	205	634	266	780	320
Italie. . . .	253	58	269	99	299	158
Russie. . . .	772	122	769	155	1 280	231
Totaux. .	2.794	724	3.172	1.216	4 572	2.016

Ainsi que ce petit tableau l'indique, les dépenses pour la Guerre ont augmenté de 378 millions entre 1883 et 1896 et de 1.400 millions entre 1896 et 1908; celles pour la Marine, de 492 millions pour la première période et de 800 millions pour la seconde... et on observera que la première période 1883-1896 a une année de plus que la période 1896-1908.

Dépenses militaires totales des six grandes puissances en 1883, 1896 et 1908
(Millions de francs).

États	1883	1896	1908	Augmentations entre 1883-1896	Augmentations entre 1896-1908
Allemagne. . . .	504	785	1 501	281	719
Angleterre	702	1.019	1.487	317	468
Autriche-Hongrie. .	318	392	529	74	137
France	789	900	1 100	111	200
Italie.	311	368	457	57	89
Russie	894	924	1 511	30	587
Totaux. .	3.518	4.388	6.588	870	2.200

En groupant les deux genres de dépenses, comme nous l'avons fait dans le tableau qui précède, on voit que, pour l'ensemble des six nations, l'augmentation annuelle a été de 67 millions pendant la première période et de 183 millions pendant la dernière.

Et ce n'est pas fini, car dans le budget de l'Empire allemand, voté pour l'exercice 1909-1910, les dépenses de la guerre s'élèvent à 1.015 millions de francs et celles de la marine à 511 millions ; soit une augmentation totale de 22 millions par rapport au budget précédent, augmentation à laquelle les Anglais vont répondre, dans leur budget de 1910-11, en accroissant notamment de 138 millions de francs le montant des dépenses pour la marine, qui sont prévues pour une somme de 1.023 millions de francs et de 8 millions celui des dépenses pour la guerre, qui arrivent à 700 millions.

*
* *

De ce qui précède il semble résulter que les grandes transformations économiques qui se sont accomplies en Europe depuis une vingtaine d'années, et la concurrence internationale qui en a été la conséquence, provoquent entre les grands pays industriels des compétitions violentes, des rivalités d'intérêts nationaux qui, bien que n'ayant plus le caractère arbitraire des anciennes rivalités dynastiques, menacent cependant d'être très graves pour l'avenir.

En effet, sous l'influence du machinisme moderne et de sa production intensive, les conditions d'existence sociale des grandes nations industrielles se modifient rapidement et la lutte pour les marchés nouveaux est devenue, dans ces nations, l'équivalent de la lutte pour la vie nationale. D'où ces préoccupations, ces inquiétudes, ces revendications, ces menaces incessantes dont la grande presse européenne prend si facilement l'initiative et qui, sous prétexte de *défense préventive*, se traduisent, en fin de compte, par des augmentations de cuirassés, de canons, de fusils et de casernes.

C'est ce qui fait que malgré le désir de paix universelle que partagent à la fois et peuples et gouvernements il s'écoulera sans doute de nombreuses années avant que la belle théorie du *désarmement général* puisse recevoir son application pratique.

3. — LES DETTES PUBLIQUES DE L'EUROPE.

L'ensemble des dettes publiques de tous les États de l'Europe est passé de 52.560 millions de francs en 1858 à 106.953 millions en 1883 et à 151.429 millions en 1908. C'est, à cinquante ans d'intervalle, une augmentation totale de 98.782 millions de francs, dont 54.393 millions applicables à la période 1858-1883 et 44.576 millions applicables à la période 1883-1908.

Ces chiffres comprennent toutes les dettes dont les budgets des divers États portent trace : dette consolidée, dette amortissable, dette à court terme, dette flottante, etc... ; mais les budgets des divers États ne sont pas établis d'une manière uniforme et plusieurs petites dettes, indiquées seulement par une annuité, ou dont le service d'intérêt est confondu dans le service global de la dette publique, oht certainement échappé à notre inventaire. Par conséquent, les chiffres du tableau ci-dessous ne doivent être considérés que comme des *minima* :

Dette publique de l'Europe en 1858, 1883 et 1908
(*Millions de francs*).

États	1858	1883	1908	Augmentations entre 1858 et 1883	Augmentations entre 1883 et 1908
Allemagne	2.606	7 961	22 518	5 355	14.557
Angleterre	20.128	19 061	19 148	--1.067	87
Autriche-Hongrie	5.610	12 163	16.168	6 553	4 005
Belgique	624	1.959	3 365	1.335	1 406
Bulgarie	»	42	471	42	429
Danemark	313	279	356	— 34	77
Espagne	3.503	6 847	9.475	3 344	2 628
France	9.424	27 750	30 162	18.326	2.412
Grèce	120	358	823	238	465
Italie	1 547	9 805	13.277	8.258	3 472
Norvège	23	150	464	127	314
Pays Bas	2.260	2 079	2.381	— 181	302
Portugal	562	2 424	4..9	1 862	2.069
Roumanie	»	620	1 399	620	779
Russie	5.027	12.205	23.306	7 178	11.101
Serbie	»	200	546	200	346
Suède	17	318	645	301	327
Suisse	10	34	99	24	65
Turquie	779	2 682	2 414	1.903	— 268
Autres pays	7	16	19	9	3
Totaux	52 560	106 953	151 429	54.393	44.576

Comme importance, c'est la dette publique de la France qui tient la tête, en 1908, avec un capital nominal de 30.162 millions de francs ; puis viennent la Russie avec 23.306 millions de francs ; l'Allemagne : 22 518 millions de francs ; l'Angleterre : 19.148 millions de francs ; l'Autriche-Hongrie :

16.168 millions de francs ; l'Italie : 13 277 millions de francs ; l'Espagne : 9.475 millions de francs, etc...

La France a augmenté sa dette publique de 18.326 millions de francs entre 1858 et 1883 et seulement de 2.412 millions entre 1883 et 1908 : ces deux chiffres montrent les conséquences fâcheuses que la guerre de 1870-71 a eues pour nos engagements d'État.

Au 1er janvier 1870, la dette publique française s'élevait à la somme totale de 12.796 millions, comprenant 11.419 millions de dettes consolidées, 734 millions de dette flottante et 643 millions de dettes diverses.

Pour faire face à la guerre, le gouvernement impérial contracta un emprunt de 750 millions de francs effectifs, plus 55 millions pour les frais de l'opération, en 3 0/0 perpétuel (lois des 21 juillet et 12 août 1870). L'emprunt fut émis au taux de 60 fr. 60 les 23 et 24 août ; il produisit une somme effective de 804.572.181 fr., représentant 39.830.306 francs de rentes ou 1.327.676.666 francs de capital nominal.

Le 24 octobre 1870, le gouvernement de la Défense nationale réalisa à Londres l'emprunt Morgan, d'un capital nominal de 250 millions de francs à 6 0/0. Cet emprunt, émis à 85 0/0, donna une somme effective de 212.500.000 francs, ramenée à 202 024.770 francs par les frais de l'opération.

L'article 7 du traité de Francfort (10 mai 1871) stipula qu'une indemnité de 5 milliards de francs serait payée à l'Allemagne dans la forme suivante : 500 millions après le rétablissement de l'ordre dans Paris ; 1 milliard avant le 31 décembre 1871 ;

500 millions le 2 mai 1872 et 3 milliards le 2 mai 1874. La France avait, en outre, à servir un intérêt annuel de 5 0/0 sur les 3 milliards payables en 1874, mais elle pouvait — en prévenant le gouvernement allemand trois mois d'avance — anticiper l'échéance du 2 mai 1874. Les troupes allemandes ne devaient évacuer le territoire français qu'au fur et à mesure des paiements convenus et le gouvernement français avait à supporter la charge de leur entretien.

L'immense succès de l'emprunt 5 0/0 de 2 milliards émis au taux de 82 fr. 50 pour 5 fr. de rente le 21 juin 1871, et de l'emprunt de 3 milliards émis les 28 et 29 juillet 1872 au taux de 84 fr. 50, permit de faire évacuer le territoire français quatorze mois avant l'échéance stipulée par le traité de Francfort, et dès le mois de septembre 1874, le 5 0/0 *français* franchissait le pair de 100 francs.

Les deux emprunts 5 0/0 de 1871 et de 1872 produisirent une somme effective de 5.791.837.006 francs, représentant un capital nominal de 6 milliards 920.032 100 francs qui figure en entier dans notre dette publique après avoir été converti en 4 1/2 0/0 en 1883 (conversion Tirard), en 3 1/2 0/0 en 1894 (conversion Burdeau) et, enfin, en 3 0/0 en 1902 par la conversion Rouvier.

Entre le 1er janvier 1870 et le 1er janvier 1875 le capital nominal de la dette publique de la France s'est augmenté de 10.640 millions de francs, sur lesquels 8.497.708.766 francs provenaient exclusivement des emprunts de guerre ci-dessus rappelés ; la différence de 2.142 millions, et les 4.314 millions d'augmentation survenue entre 1875 et 1883, sont imputables aux déficits anormaux des années 1870, 1871 et 1872 (3.395 millions) et aux déficits de la période 1873-

1883, eux-mêmes provoqués par les dépenses extraordinaires de toute nature : réfection et reconstitution de notre matériel de guerre, chemins de fer, canaux, routes, écoles, etc., que nos budgets ont dû subir pendant cette même période.

C'est pour ces diverses raisons que la France a augmenté sa dette publique de 18.326 millions de francs entre 1858 et 1883, soit une moyenne annuelle d'environ 733 millions ; mais depuis 1883, grâce surtout aux conventions signées cette année-là avec les grandes compagnies de chemins de fer, et dont nous analyserons les conséquences dans le chapitre suivant, la dette française n'a progressé que de 2.412 millions, représentant une moyenne annuelle d'un peu moins de 100 millions de francs.

Mais on tomberait dans une grave erreur en supposant, comme on le fait quelquefois dans les réunions publiques, que depuis vingt-cinq ans la dette française s'est accrue sans profit pour les revenus de l'État et pour l'ensemble des intérêts du pays.

En regard des 30.162 millions de dettes qu'il avait en 1908, l'État français, — sans parler de son matériel de guerre, de sa marine militaire, de son domaine colonial, de ses arsenaux, de ses ports, de ses canaux et rivières canalisées, de ses routes, du réseau de chemins de fer qui lui appartenait en propre, de ses monuments publics, musées, collections, etc..., — possédait un actif industriel produisant des revenus considérables.

Dans le budget de prévision de 1881, les postes et télégraphes, les monopoles du tabac, des allumettes, des poudres et salpêtres et l'exploitation des forêts de l'État, figuraient pour une recette totale de 606.413.000 fr. dont il fallait défalquer 223.250.000 fr.

de dépenses, laissant ainsi au Trésor une recette nette de 383.163.000 francs.

Dans le budget de prévision de 1908, les recettes brutes des postes, télégraphes, téléphones, tabacs, poudres et salpêtres et forêts de l'État sont prévues pour une somme totale de 898.173.000 francs, contre 399 023 000 francs de dépenses, relevant les profits nets du Trésor au chiffre énorme de 499.150.000 fr. Ce dernier chiffre, représentant l'intérêt à 3 0/0 d'un capital nominal de 16.640 millions de francs, réduit dans une proportion équivalente les charges de notre dette publique.

D'ailleurs, il reste à l'État une réserve formidable : la propriété des réseaux des compagnies de l'Est, du Midi, du Nord, de l'Orléans et du P.-L.-M. qui lui reviendra gratuitement dans une quarantaine d'années et dont la valeur ne sera pas alors inférieure à 20 milliards de francs.

Par conséquent, il ne faut pas trop s'effrayer de l'importance de notre dette publique, ni de notre lenteur à l'amortir..., à la condition, toutefois, de ne pas renouveler l'expérience de l'*Ouest*, c'est-à-dire de ne plus manger notre blé en herbe

*
* *

La Russie a augmenté sa dette publique de 7.178 millions de francs entre 1858 et 1883, et de 11.101 millions entre 1883 et 1908. Dans cette augmentation totale de 18.279 millions de francs, les emprunts intérieurs et extérieurs contractés depuis le commencement de 1904, date de la guerre contre le Japon, figurent pour près de 6 milliards de francs, mais, sur cette somme, environ 2 milliards ont été consacrés à la reconstitution de la marine et du matériel de guerre et aux travaux de chemins de fer que le gouvernement russe poursuit avec une rare énergie.

En 1883, la Russie n'avait en exploitation que 24.061 kilomètres de voies ferrées, dont 1 171 kilomètres en Finlande. Au 1er janvier 1908, le réseau russe comprenait 59.397 kilomètres de lignes dans la Russie d'Europe, 12 174 kilomètres dans la Russie d'Asie et 3 336 kilomètres en Finlande, soit au total 74.937 kilomètres, sur lesquels l'État possédait, pour sa part, 49.949 kilomètres, c'est-à-dire un chiffre supérieur au réseau français tout entier.

Ici, encore, l'accroissement de la dette publique n'est pas très inquiétant, puisqu'il a pour contrepartie, sauf les dépenses de guerre, une augmentation considérable de l'outillage productif de l'État.

La dette publique de l'Allemagne (Empire et États particuliers) est passée de 2 606 millions de francs en 1858 à 7.961 millions en 1883 et à 22.518 millions en 1908 ; soit une augmentation totale de 19.912 millions de francs, dont 5.355 millions pour la période 1858-1883 et 14.557 millions pour la période 1883-1908.

En 1883, la dette publique allemande se décomposait ainsi : Empire 512 millions de francs. Prusse 3.300 millions, Bavière 1.684 millions, Saxe 831 millions, Wurtemberg 529 millions, grand-duché de Bade 469 millions, autres États allemands 636 millions ; total général, 7 961 millions de francs.

En 1908, les 22.518 millions de francs de la dette publique allemande se répartissent de la manière suivante : Empire 5.747 millions, Prusse 9 954 millions, Bavière 2.412 millions, Saxe 1.147 millions, Wurtemberg 732 millions, grand-duché de Bade 569 millions, autres États allemands 1 937 millions de francs.

Ce qui revient à dire qu'entre 1883 et 1908, la dette publique de l'Empire a augmenté de 5 255 millions de francs, celle de la Prusse de 6.654 millions, celle de la Bavière de 728 millions, celle de la Saxe de 316 millions, celle du Wurtemberg de 203 millions, celle du grand-duché de Bade de 100 millions et celle des autres Etats allemands de 1.321 millions, représentant pour l'ensemble de l'Allemagne une augmentation totale de 14.557 millions de francs.

L'augmentation de la dette publique de la Prusse s'explique par les 22.740 kilomètres de chemins de fer que l'État prussien a rachetés ou construits pour son propre compte entre 1883 et 1908 ; et il en est de même pour les autres États qui, pendant la même période, ont augmenté leur réseau particulier de : Bavière 2.707 kil., Saxe 1.468 kil., Wurtemberg 489 kil., grand-duché de Bade 624 kilomètres, autres États allemands 1.152 kil. Mais pour l'Empire, dont le réseau propre (chemins de fer d'Alsace-Lorraine) n'a progressé que de 866 kilomètres, l'augmentation de sa dette spéciale n'a d'autre origine que le déficit permanent qui se maintient dans les budgets impériaux depuis une quinzaine d'années, malgré les ressources nouvelles que les douanes, les impôts de consommation, les postes et télégraphes, les quote-parts matriculaires, etc., leur apportent à chaque exercice.

Quant à la cause du déficit lui-même, deux chiffres l'expliquent. Dans le budget de prévision de 1883-84 les dépenses d'ordre militaire qui sont, comme on le sait, à la charge de l'Empire, figuraient pour 504 millions de francs. Dans le budget de prévision de 1908-09 les dépenses de même nature dépassent 1.500 millions de francs.

*
* *

En 1858 la dette publique anglaise s'élevait à 20.188 millions de francs ; ce chiffre, qui représentait alors les 38 0/0 de la dette totale de l'Empire, dépassait la dette publique française de 10.704 millions. Grâce aux amortissements importants dont les budgets anglais sont très régulièrement dotés, le montant de cette dette s'abaissa à 19.061 millions de francs en 1883, en réduction de 1.067 millions sur le chiffre de 1858.

Elle était même tombée à 15.680 millions de francs à la fin de l'exercice 1898-99, c'est-à-dire au début de la guerre du Transvaal ; mais les emprunts publics que cette guerre difficile nécessita la relevèrent jusqu'à 20.109 millions en 1904-05. Elle n'était plus que de 19.148 millions le 3 mars 1908 et il conviendrait de déduire de ce chiffre un actif comprenant notamment le montant probable des recouvrements, la valeur des actions du canal de Suez appartenant au Trésor anglais, etc., actif que l'administration britannique capitalisait à cette date au chiffre de 920 millions de francs environ.

Pour les raisons d'ordre politique que nous avons expliquées dans notre premier chapitre, la dette publique de la monarchie austro-hongroise a beaucoup plus augmenté pendant la période 1858-1883 que pendant le quart de siècle suivant : en effet, son chiffre nominal est passé de 5.160 millions de francs en 1858 à 12.163 millions en 1883, soit une augmentation de 6.553 millions, et à 16.168 millions en 1908, représentant une augmentation de 4 005 millions.

Pendant la première période, la guerre contre la Prusse (1866) et les déficits budgétaires ont surtout contribué à l'accroissement de la dette commune et des dettes particulières de l'Autriche et de la Hongrie ; pendant la période 1883-1908, l'augmentation est imputable à la réforme monétaire commencée en 1892, aux nouveaux chemins de fer et à certains travaux d'utilité publique absolument nécessaires.

En 1883 la dette de l'Autriche-Hongrie se décomposait ainsi : Dette commune 7.893 millions de francs ; Autriche 1.207 millions ; Hongrie 3.063 millions. Total : 12.163 millions. En 1908 nous trouvons les chiffres suivants : Dette commune 5.522 millions de francs ; Autriche 4.814 millions ; Hongrie 5.832 millions. Total : 16.168 millions de francs.

Dans sa loi financière, le gouvernement de Budapest donne le détail de l'actif des pays de la couronne hongroise. Cet actif s'élève à la somme totale de 7.883 millions de francs comprenant notamment 2.542 millions de chemins de fer ; 646 millions de mines ; 224 millions de forêts ; 859 millions d'immeubles divers ; 2.061 millions de reliquats ou créances diverses, etc. . L'actif dépasserait ainsi la dette hongroise proprement dite de plus de 2 milliards de francs.

En 1858, tous les petits royaumes qui ont constitué l'Italie actuelle avaient un ensemble de dettes s'élevant à 1.547 millions de francs environ. Après la formation du nouveau royaume, les pays groupés par Victor-Emmanuel apportèrent leurs dettes respectives et la loi du 6 août 1861 convertit ces dettes en deux catégories de rentes : 5 0/0 et 3 0/0, qui devinrent la dette publique italienne avec un capital nominal de 2.439 millions de francs.

Il fallut onze années à Victor-Emmanuel pour achever l'unité de l'Italie, et après le 20 septembre 1870, date de la prise de Rome, le nouveau gouvernement dut s'imposer de lourds sacrifices pour organiser le pays, créer son outillage économique et solder les frais de sa transformation politique. C'est ce qui explique l'augmentation de 8.258 millions de francs que la dette publique italienne a subie en 1858 et 1883.

En 1883 et 1908 cette dette est passée de 9.805 à 13.277 millions, soit un accroissement de 3.472 millions de francs. Jusqu'en 1896, les finances italiennes ont été en déficit permanent, et ce sont les déficits accumulés par la politique mégalomane de Crispi, ajoutés aux dépenses relatives au rachat et à la construction des chemins de fer par l'État, qui ont provoqué la majoration constatée entre les deux dates. Mais après la chute de Crispi (5 mars 1895), M. Luzzatti, ministre des finances dans le cabinet di Rudini, commença la réorganisation des finances italiennes, qui fut continuée par MM. Vacchelli, Boselli, di Broglio, etc. Les déficits se transformèrent en excédents et en 1906 le gouvernement italien, recueillant le fruit de sa sagesse, a pu convertir ses rentes 5 et 4 0/0 en rente nouvelle rapportant 3.75 0/0 jusqu'au 31 décembre 1911 et ensuite 3.50 0/0 avec garantie contre toute conversion ou remboursement jusqu'à la fin de 1920.

Ajoutons qu'au 31 mai 1908 l'État italien possédait en propre 12.770 kilomètres de chemins de fer sur les 16.726. kilomètres exploités à cette date en Italie.

Parmi les États secondaires de l'Europe, nous citerons d'abord l'Espagne, dont la dette publique est passée de 3 503 millions de francs en 1858, à 6.847 millions en 1883 et à 9.475 millions en 1908.

La période 1858-1883 fut marquée, en Espagne, par des folies budgétaires qui aboutirent au *Convenio* du 29 mai 1882, créant la rente extérieure 4 0/0.

Cette première liquidation ne servit pas de leçon aux hommes d'État espagnols, qui continuèrent à dépenser beaucoup plus que la situation du pays ne le permettait, et de 1883 à 1895, veille de l'insurrection de Cuba et des Philippines, tous leurs exercices budgétaires se soldèrent par des déficits importants.

La double insurrection de Cuba et des Philippines et la guerre avec les États-Unis d'Amérique (1898) coûtèrent à l'Espagne 2.361 millions de francs, et il fallut le patriotisme et la science financière de M. Villaverde, ministre des finances du Cabinet Silvela, arrivé au pouvoir au commencement de mars 1899, pour liquider d'abord la situation financière épouvantable que le Cabinet Sagasta avait laissée, et, ensuite, pour réorganiser le régime fiscal de l'Espagne et donner à son budget l'équilibre réel qu'il n'avait jamais eu.

Le premier acte de M. Villaverde fut un acte de loyauté à l'égard des créanciers extérieurs de l'Espagne, et alors que tous les rentiers espagnols durent subir une réduction de 20 0/0 sur l'intérêt de leurs créances d'État, le gouvernement espagnol maintint le paiement intégral en or, reconnu par l'Arrangement de 1882, en faveur des porteurs étrangers de la Rente extérieure 4 0/0. Ce respect des engagements releva immédiatement le crédit de l'Espagne et permit à M. Villaverde d'opérer sa liquidation dans des conditions absolument favorables pour le Trésor espagnol.

Malgré une période de quinze années de déficit budgétaire, terminée par quatre années d'insurrection et de guerre désastreuses, la dette publique espagnole n'a augmenté que de 2.628 millions de francs entre 1883 et 1908, alors que l'augmentation de la période 1858 à 1883 avait atteint 3.344 millions, indépendamment de la réduction forcée de capital résultant du *Convenio* de 1882.

Après l'Espagne, c'est le Portugal qui a la dette publique la plus forte des pays secondaires de l'Europe ; en effet, cette dette, qui n'était que de 562 millions de francs en 1853, s'est successivement élevée à 2.424 millions en 1883, pour atteindre 4 493 millions de francs en 1908, malgré une réduction de 795 millions de francs que le *Convenio* du 14 mai 1902 a imposée aux porteurs de la dette extérieure. L'histoire de cette liquidation est trop récente pour qu'il soit nécessaire de la rappeler à nos lecteurs.

Au 31 juillet 1908, la dette publique portugaise se décomposait ainsi : Dette intérieure, 2.979 millions de francs ; dette flottante, 448 millions de francs ; dette extérieure, 1.066 millions de francs.

La Belgique avait une dette publique qui s'élevait à 3.365 millions de francs en 1908, contre 1.959 millions en 1883 et 624 millions en 1858.

La Turquie vient immédiatement après la Belgique avec une dette publique totale de 2.414 millions de francs. En 1858, la dette ottomane était à peine de 779 millions de francs ; mais au mois d'avril 1876, quand le gouvernement turc cessa tout paiement d'intérêt et d'amortissement, la Turquie devait à ses créanciers 4 965.821.250 francs. déduction faite de 320.091.500 francs qu'elle avait amortis depuis 1858.

Après sept années de négociations laborieuses, — pendant lesquelles la Turquie ne donna pas une piastre à ses créanciers, le sultan Abdul Hamid signa, le 8/20 décembre 1881, le fameux *décret de Mouharrem*, qui fut le point de départ du relèvement du crédit de la Turquie. Le *décret de Mouharrem* liquida les emprunts contractés entre 1858 et 1876 et la dette générale, mais laissa en dehors de l'arrangement intervenu : 1° les quatre emprunts gagés par le Tribut d'Égypte et dont le service, en raison même de ce gage, n'avait pas été suspendu ; 2° l'indemnité de guerre à payer à la Russie (802 500.000 fr.) ; 3° l'*Emprunt de priorité* et la dette flottante.

Le capital réduit, converti et admis par le *décret de Mouharrem* s'élevait à 2 682 millions de francs non compris les quatre exceptions précédentes ; il fut divisé en quatre séries, plus une série pour les *Lots turcs*, et grâce à l'excellent fonctionnement de l'Administration de la Dette ottomane, créée par le même décret, le sort des créanciers de la Turquie devint meilleur qu'on n'aurait osé l'espérer avant 1881.

L'Arrangement de 1881 a été amélioré et complété par la Conversion du 1/14 septembre 1903 qui a fait disparaître les séries non remboursées et les a remplacées (sauf les Lots turcs), par une nouvelle dette unifiée 4 0/0, dont l'Administration de la Dette ottomane continue à assurer le service comme par le passé. A la suite de cette opération, le capital nominal des séries restant à amortir, qui s'élevait à 1.725.409.500 francs, mais qui ne rapportait que 1 0/0 d'intérêt annuel, a été échangé contre 705.717.500 francs de dette unifiée 4 0/0 auxquels on a ajouté 38.345.500 francs pour les frais de l'opération.

En dehors de la dette unifiée, issue du *décret de Mouharrem*, la Turquie a contracté depuis 1890 une série d'emprunts sur gages spéciaux qui ont porté, en 1908, sa dette publique à la somme totale de 2.414 millions de francs. inférieure de 268 millions au chiffre de 1883, malgré les nouveaux emprunts contractés postérieurement à cette époque : ce sont les amortissements pratiqués entre 1883 et 1908 et surtout la Conversion de 1903 qui ont produit cet excellent résultat.

Nous finirons cet inventaire des dettes européennes en rappelant qu'en 1908, la dette publique des Pays-Bas était de 2.381 millions de francs ; celle de la Roumanie de 1.399 millions de francs ; celle de la Grèce de 823 millions de francs ; celle de la Suède de 646 millions de francs ; celle de la Serbie de 546 millions de francs ; celle de la Bulgarie de 471 millions de francs : celle de la Norvège de 464 millions de francs ; celle du Danemark de 356 millions de francs ; celle de la Suisse (Dette fédérale) de 99 millions de francs et celle des pays divers de 19 millions de francs.

On trouvera dans le tableau précédent les variations survenues à ces dettes entre 1858, 1883 et 1908.

IV

Les moyens de transport et de communication.

1. *Chemins de fer.* — 2. *Marine marchande à vapeur.* — 3. *Postes.* — 4. *Télégraphes.* — 5. *Télégraphie sans fil.* — 6. *Téléphones.*

1. — LES CHEMINS DE FER.

La première ligne de chemin de fer livrée aux voyageurs fut celle de Darlington à Stockton, en Angleterre, dont l'ouverture remonte à 1825. Ses wagons étaient traînés par des chevaux, parce que les rampes que son tracé comportait ne permettaient pas l'emploi des locomotives alors en usage. Ces locomotives n'avaient, en effet, qu'une puissance de traction très faible et leur vitesse n'atteignait pas 10 kilomètres à l'heure.

C'est avec la machine à chaudière tubulaire, appliquée en 1829 par l'ingénieur anglais Stephenson sur la ligne de Liverpool à Manchester, que commence la véritable histoire des chemins de fer, car, avec elle, on obtint des vitesses et des économies de traction absolument inespérées Observons cependant que l'ingénieur français, Marc Séguin (né en 1786, mort en 1875) avait lui-même inventé la chaudière tubulaire en 1827, c'est-à-dire deux ans avant la construction de la *Fusée*, la célèbre locomotive de Stephenson, qui fit le premier trajet entre Liverpool et Manchester.

En France, la première concession de chemins de fer, *Compagnie de Saint-Étienne à Lyon*, remonte à l'année 1826; les résultats d'exploitation en restèrent médiocres jusqu'en 1832, époque à laquelle la traction animale y fut définitivement remplacée par la locomotive tubulaire. Les ingénieurs de l'État, pressentant alors les conséquences de la révolution qui allait s'accomplir dans l'industrie des transports, obtinrent la promulgation de deux lois (26 avril et 17 juillet 1833), réservant à l'État le droit du contrôle et de la surveillance des lignes et de la fixation d'un tarif maximum que les concessionnaires ne pouvaient dépasser sans autorisation. Les concessions ne pouvaient être accordées que par une loi pour une période n'excédant pas 99 années et à l'expiration de laquelle l'État devait entrer en possession des lignes concédées.

Les deux lois de 1833 sont restées les bases fondamentales du régime français qui place les chemins de fer sous la tutelle directe de l'État jusqu'à absorption finale par lui. En Angleterre, au contraire, les chemins de fer furent établis sur le régime d'une liberté presque absolue avec concessions perpétuelles et intervention de l'État limitée aux simples questions de police et de sécurité publique.

On a discuté pendant un demi-siècle -- et on discute encore aujourd'hui — sur les deux systèmes qui ont, chacun, des avantages et des inconvénients que l'on peut résumer ainsi : Le système anglais favorise les intérêts des Compagnies et du public au détriment des intérêts de l'État. Avec le système français, les intérêts de l'État passent avant ceux des Compagnies et du public, mais à la fin des concessions, le public doit en retirer un plus grand profit.

On resta plusieurs années en France sans savoir à quel parti on s'arrêterait définitivement, si bien qu'en 1840 nous n'avions encore que 263 kilomètres de chemins de fer en exploitation, alors que le réseau anglais exploité atteignait déjà 2.310 kilomètres.

Il semble, en relisant les journaux et les discussions parlementaires de l'époque, que nos pères regrettaient les voyages en berline, diligence ou malle-poste qu'ils avaient réellement perfectionnés pendant la Restauration et les premières années de la Monarchie de juillet.

Au moment de la Révolution le service des transports en commun et de la poste était assuré, en France, par les Messageries royales, qui payaient au Trésor une redevance annuelle de 12 millions de livres. A cette époque il existait 26 lignes régulières possédant des relais de poste situés à quatre ou cinq lieues les uns des autres et desservant toutes les grandes villes. On ne marchait généralement pas la nuit et, en partant de Paris, on mettait par les diligences : 8 jours pour aller à Toulouse, en passant par Limoges, 6 jours pour Bordeaux, 4 jours pour Nantes, 3 jours pour Calais, 2 jours 1/2 pour Lille, 4 jours 1/2 pour Strasbourg, 5 jours pour Lyon et 13 jours pour Marseille, en passant par Saint-Étienne. Le voyage revenait à environ 20 francs par jour de trajet, comprenant à la fois le transport, les pourboires ou frais de guides, la nourriture et les logements de route.

La création des malles-poste, marchant jour et nuit à une très vive allure, réalisa un très grand progrès, et le tableau suivant, tiré de l'ordonnance royale de 1839, intéressera certainement nos lecteurs.

Les **Malles-Poste** en 1840. Durée et prix des voyages par personne.

Villes	Distances de Paris	Durée du trajet	Vitesse moyenne par heure	Prix des places	Prix moyen par kilomètre
	(en kil.)	(Heure)	Kilomèt	Francs	Francs
Toulouse (1) .	687	55	12 490	123 40	0 179
Bordeaux . .	562	36	15 611	101 15	0 180
Nantes. . . .	391	26	15 039	70 90	0 181
Calais. . . .	270	18	15 000	48 65	0 180
Lille . . .	241	16	15 063	44 60	0 185
Strasbourg. .	456	33	13 818	82 95	0 181
Lyon .	468	33	14 181	84 35	0 180
Marseille (2) .	788	60	13 133	141 40	0 179

A ces prix, représentant le transport proprement dit, il fallait encore ajouter les pourboires et la nourriture de route qui relevaient, suivant les lignes, la dépense du trajet de 4 à 5 centimes par kilomètre parcouru. Ainsi le trajet de Paris à Marseille revenait à environ 175 francs.

Les voyages en malle-poste étaient excessivement fatigants, car pour faire une moyenne de 13 à 15 kilomètres à l'heure, y compris les relais, les chevaux devaient toujours aller au galop sur des routes pavées, souvent mal entretenues, et on ne laissait aux voyageurs que le temps strictement nécessaire pour prendre leurs repas. D'ailleurs, le nombre des places en malle-poste était très limité : 4 pour Limoges, dont 2 destinées à Toulouse ; 3 pour Bordeaux, 3 pour Nantes, 2 pour Calais, etc. Comme il

(1) De Paris à Limoges : 380 kilm. ; de Limoges à Toulouse : 307 kilom.

(2) De Paris à Saint-Étienne : 460 kilom ; de Saint-Étienne à Marseille : 328 kilom.

n'y avait qu'un seul départ par jour, le soir à six heures, rue Jean-Jacques Rousseau, il fallait retenir sa place plusieurs semaines à l'avance.

Mais à côté des malles-poste, il existait, en 1840, un certain nombre d'autres services publics disposant d'un plus grand nombre de places qui assuraient le transport des voyageurs entre Paris et les principales villes de France : par exemple, les *Messageries Royales*, partant de la rue Notre-Dame-des-Victoires ; les *Messageries Laffitte*, *Caillard et Cie*, partaient, selon les villes, du 18, rue Notre-Dame-des-Victoires, ou du 130, rue Saint-Honoré. Ces deux services, pour ne citer que ceux-là, desservaient les mêmes villes que les malles-poste, avec des tarifs moins élevés et une durée de trajet plus longue.

Ainsi, par la malle, la durée du trajet entre Paris et Lyon (468 kilomètres) était de 33 heures et le prix du voyage 84 fr. 35. Par les *Messageries Royales* ou les *Messageries Laffitte et Caillard*, la durée du voyage s'élevait à 45 heures, mais le prix s'abaissait à 75 fr. pour les places du coupé, 60 francs pour l'intérieur et 50 francs pour la banquette ou la rotonde.

En 1841, sous l'influence de la concurrence des chemins de fer qui se manifestait déjà, le tarif du transport des voyageurs de Paris à Lyon par les mêmes Compagnies était tombé à 45 francs pour le coupé, 35 francs pour l'intérieur et 28 francs pour la banquette ou la rotonde.

*
* *

En comparant les chiffres du tableau suivant à ceux du tableau des malles-poste pour l'année 1840, on saisira mieux les précieuses conséquences que la généralisation des chemins de fer a eues pour l'humanité tout entière :

Les Chemins de fer en 1910. Durée et prix des voyages par personne :

Villes	Distances de Paris	Durée du trajet	Vitesse moyenne par heure	Prix du voyage en 1re cl	Prix moyen par kil
	Kilom.	Heures	Kilom	Francs	Francs
Toulouse. . .	717	11 5	65	80 30	0 112
Bordeaux. . .	588	6 52	86	65.85	»
Nantes . . .	396	5 45	68	44.35	»
Calais. . . .	295	3 21	88	33 05	»
Lille	244	3	81	27 35	»
Strasbourg (1).	503	7 25	68	56 45	»
Lyon. . . .	512	6 13	82	57 35	»
Marseille. . .	862	10 27	82	96 55	»

En 1835 on mettait 20 jours pour aller de Paris à Saint-Pétersbourg (2 716 kilomètres), et le prix du voyage dépassait 2 000 francs. Aujourd'hui le même trajet par le Nord-Express n'est que de 46 heures 3/4 et ne coûte que 356 fr. 95. Le même progrès s'est réalisé pour tous les pays de l'Europe, et voici maintenant dans quelles conditions de durée de trajet et de prix on peut se rendre de Paris aux capitales euro péennes :

(1) La durée du trajet de Paris à Strasbourg comprend l'arrêt à la frontière qui est d'une demi heure ; mais la marche du même train entre Paris et Nancy couvre 353 kil. en 4 h. 11, soit plus de 83 kil. à l'heure.

Trajet de Paris aux capitales de l'Europe : Durée et prix des voyages par personne.

	Capitales	Distances en kilom	Durée du trajet	Vitesse moyenne par heure	Prix des places en 1re ou trains de luxe
		Kilom	Heures	Kilom	Francs
1	Bruxelles.	310	4 02	76 860	34 35
2	Londres (via Boulog.	410	6 50	60 »	62 50
3	La Haye.	490	8 02	60 996	50 60
4	Berne	552	9 30	58 105	62 50
5	Berlin.	1.075	15 33	69 132	110 50
6	Copenhague. . . .	1 278	26 03	49 059	134 40
7	Vienne.	1.325	21 40	61 154	191 80 L.
8	Rome.	1 442	28 15	51 044	198 »
9	Madrid.	1 455	26 11	55 569	219 40 L.
10	Buda-Pest . . .	1.680	26 50	62 608	239 05 L.
11	Lisbonne.	1 859	35 18	52 663	286 95 L.
12	Christiania	1 950	45 30	42 857	200 50
13	Belgrade.	2.051	33 10	61 839	289 40 L.
14	Stockholm	2 122	44 51	47 314	201 50
15	Sofia	2.456	42 38	57 607	344 55 L.
16	Bucarest.	2 555	44 30	57 415	326 80 L.
17	Saint-Pétersbourg. .	2 716	46 45	58 096	356 95 L.
18	Constantinople. . .	3 311	61 02	54 249	381 85 L.

Quant au transport des marchandises, les tarifs, en 1835, étaient en moyenne de 0 fr. 25 par tonne et par kilomètre en roulage ordinaire parcourant de 10 ou 12 lieues par jour et de 0 fr. 45 par tonne en roulage accéléré allant, selon les routes, deux ou trois fois plus vite que le roulage ordinaire. Cette simple indication, ajoutée à celles qui découlent des tableaux précédents, explique l'importance du rôle que l'établissement des chemins de fer a joué dans les extraordinaires progrès dont l'humanité, pendant la seconde moitié du XIXe siècle, a bénéficié au point

L. Trains de luxe.

de vue social, financier, industriel, commercial et agricole.

Dès l'année 1851 Michel Chevalier, prévoyant les conséquences économiques de la révolution qui s'accomplissait sous ses yeux, écrivait, dans la première édition du *Dictionnaire de l'Economie politique* : « Chez nous, par la malle-poste, on transportait du raisin frais de Montauban à Paris ; ce ne seront plus quelques paniers qu'on voiturera ainsi, à grand renfort de précautions pour l'usage d'un tout petit nombre de riches ; ce seront des récoltes en masse qui, de la Provence ou du bas Languedoc, ou du Roussillon, viendront s'étaler sur le marché de Paris. Des montagnes de fruits et de légumes, primeurs pour le Parisien et l'homme du Nord, franchiront le même intervalle. Mais que parlé-je de la Provence et du Roussillon ? Ce sera l'Algérie, ce sera l'Andalousie, l'Égypte même, qui quelque jour approvisionneront les tables des Parisiens, celles des Belges, des Hollandais, des Anglais, que sais-je ? Celles des Berlinois, des Moscovites peut-être »

Cette prédiction s'est rigoureusement réalisée, et alors que, d'après le *Guide des voyageurs* de 1845, on mettait 5 jours et demi pour aller de Paris à Alger (la traversée de Marseille à Alger par bateau à vapeur ayant lieu 3 fois par mois et durant, selon les bateaux, de 46 à 60 heures) : les corbeilles de fruits ou de primeurs embarquées le lundi à Alger vers le milieu de la journée, arrivent le mercredi à Paris, le jeudi suivant à Bruxelles, à Londres et à Berlin, en parfait état de conservation.

Grâce aux messageries rapides, organisées par la Compagnie P.-L.-M., les Alpes-Maritimes, le Var, toute la vallée de la Durance et les régions fertiles du Vaucluse, du Gard et de l'Hérault envoient chaque jour sur Paris des trains entiers de fruits et primeurs qui se distribuent le lendemain matin dans les divers marchés de la capitale ou continuent leur route vers les grandes villes du Nord de l Europe Et comme Michel Chevalier l'avait prévu, on consomme aujourd'hui des tomates, des aubergines, des artichauts et des pêches du Midi de la France, à Saint-Pétersbourg même.

En 1858, l'Europe, avec une population totale de 278.124.000 habitants, avait 51.483 kilomètres de chemins de fer en exploitation, soit 1 kilomètre par 5.402 habitants. En 1883, le nombre des Européens s'élève à 335.104.000 et celui de leurs kilomètres de voies ferrées en exploitation à 185.442, représentant 1 kilomètre par 1.812 habitants; et en 1908 nous trouvons 436.147.000 Européens et 318.312 kilomètres, c'est-à-dire 1 kilomètre en exploitation par 1.370 habitants.

Les proportions extrêmes sont la Suède : 1 kilomètre par 401 habitants et la Serbie : 1 kilomètre par 4.557 habitants. En France nous avons 812 habitants par kilomètre exploité.

Le tableau qu'on trouvera plus loin donne, par pays et par période, le détail des augmentations survenues dans la longueur des chemins de fer européens.

Entre 1858 et 1883 la longueur des chemins de fer européens en exploitation s'est accrue de 133.959 kilomètres et les pays qui ont le plus augmenté leur réseau sont : l'Allemagne 25 095 kilomètres ; la Russie 23.115 kilomètres; la France 20.947 kilomètres ; l'Autriche-Hongrie 15.969 kilomètres ; l'Angleterre 13.246 kilomètres ; l'Espagne 7.892 kilomètres ; l'Italie 7.242 kilomètres ; la Suède 5.869 kilomètres ; la Belgique 2.590 kilomètres, etc. Les trois pays arrivant à la fin de la liste sont : la Serbie 245 kilomètres ; la Bulgarie 224 kilomètres et la Grèce 126 kilomètres.

Les Chemins de fer de l'Europe en exploitation en 1858, 1883 et 1908

(Kilomètres.)

États	1858	1883	1908	Augmentations entre 1858 et 1883	Augmentations entre 1883 et 1908
Allemagne	11 724	36 819	58 040	25 095	21 221
Angleterre	16 797	30 043	37 181	13 246	7.138
Autriche-Hongrie	4.543	20 512	41.605	15.969	21 093
Belgique	1.729	4.319	4 688	2.590	369
Bulgarie	»	224	1.640	224	1 416
Danemark	485	1.770	3.446	1 285	1.676
Espagne	1.918	9.810	14 850	7 892	5 040
France	8 767	29 714	48 356	20.947	18 642
Grèce	»	126	1.241	126	1.115
Italie	1.800	9 042	16 596	7 242	7.554
Norvège	68	1.561	2 586	1 493	1.025
Pays-Bas	335	2 189	3 077	1.854	888
Portugal	137	1.520	2 783	1 383	1 263
Roumanie	»	1 625	3 210	1.625	1 585
Russie	1.591	24.706	58 385	23 115	33 679
Serbie	»	245	610	245	365
Suède	531	6 400	13.392	5.869	6 992
Suisse	1.058	3 024	4.447	1.966	1 423
Turquie	»	1 432	1 557	1 432	125
Autres pays	»	361	622	361	261
Totaux	51.483	185.412	318.312	133 959	132 870

Entre 1883 et 1908 le réseau exploité de l'Europe a progressé de 132.870 kilomètres, chiffre à peu près égal à celui de la période 1858-1883, et parmi les nations qui ont le plus participé à cet accroissement viennent : la Russie 33.679 kilomètres ; l'Allemagne 21.221 kilomètres ; l'Autriche-Hongrie 21.093 kilomètres ; la France 18.542 kilomètres ; l'Italie 7.554 kilomètres ; l'Angleterre 7.138 kilomètres ; la Suède 6.992 kilomètres ; l'Espagne 5.010 kilomètres, etc. Et en dernier rang : la Belgique 369 kilomètres ; la Serbie 365 kilomètres, et la Turquie 125 kilomètres.

A la fin de 1838, il n'y avait encore en Europe que 3.150 kilomètres de chemins de fer en exploitation dont 2.310 en Angleterre, 183 en France et le reste en Allemagne, en Autriche et en Belgique.

En 1848, le réseau européen exploité s'élevait à 14.949 kilomètres ainsi répartis : Angleterre, 5.900 kilomètres ; Allemagne (comprenant l'Autriche, la Prusse et tous les États de la Confédération germanique), 5.192 kilomètres ; France, 1.860 kilomètres ; Belgique, 732 kilomètres ; Pologne, 285 ki[illegible]ètres ; Hollande, 246 kilomètres ; Italie, 243 k[illegible]etres ; Hongrie, 221 kilomètres ; Danemark, 1[illegible] kilomètres ; Russie, 67 kilomètres ; Suisse, 19 [illegible]mètres.

Au commencement de 1908, l'empire d'Allemagne possédait 58.040 kilomètres de voies ferrées en exploitation, dont plus de 53.000 étaient des chemins de fer d'État, et à peine 5.000 appartenaient à des sociétés privées.

Les chemins de fer de l'État prussien et de l'État hessois atteignaient 35.848 kilomètres ; ceux de l'État de Bavière, 6.576 kilomètres, ceux de l'État saxon 3.264 kilomètres, etc., etc. Le réseau de l'Empire était représenté par les chemins de fer d'Alsace-Lorraine, d'une longueur totale de 1.969 kilomètres.

Sous prétexte de donner à tous les États de l'Europe centrale une homogénéité économique parfaite complétant le zollverein commercial — en réalité pour donner plus d'action à sa politique personnelle — Bismarck a créé l'*Union d'administrations allemandes de chemins de fer*, qui a son siège à Berlin et qui comptait au 1er août 1908 : 41 administrations allemandes avec 55.199 kilomètres de lignes exploitées; 20 administrations austro-hongroises et 39 239 kilomètres ; 5 administrations néerlandaises et luxembourgeoises et 3.305 kilomètres, et 3 administrations roumaines avec 3 630 kilomètres. Totaux : 69 administrations avec 101.473 kilomètres de chemins de fer.

Cette Union n'est qu'une sorte de congrès permanent ne s'occupant que de questions techniques ou commerciales communes à toutes les administrations qui en font partie : mais elle crée cependant entre 69 administrations, représentant un tiers environ des chemins de fer de l'Europe, un lien moral et matériel qui pourrait, à l'occasion, servir les vues de l'Allemagne, car la presque totalité des lignes ainsi groupées appartient aux États participants.

En effet, Bismarck a fait racheter toutes les bonnes lignes allemandes par les États sur les territoires desquels ces lignes se trouvaient, et la réalité des faits nous oblige à reconnaître que tous les grands États de l'Europe, sauf l'Angleterre et l'Espagne, l'ont imité.

L'Angleterre est restée fidèle aux principes de liberté qu'elle a appliqués dès l'origine de ses chemins de fer. Elle avait 37 181 kilomètres de voies ferrées en exploitation au 1er janvier 1908 et 37.263 au 1er janvier 1909, qui se répartissaient de la manière suivante : Angleterre proprement dite 25.660 kilomètres, Ecosse 6.193, Irlande 5.410 kilomètres.

Au 1er janvier 1908, le réseau austro-hongrois comprenait 41.665 kilomètres en exploitation et 42.636 kilomètres au 1er janvier 1909. Sur ce dernier chiffre, la part de l'Autriche était de 21.770 kilomètres, celle de la Hongrie 19.833 kilomètres et celle de l'Herzégovine 1.033 kilomètres. Presque toutes ces lignes appartiennent à l'État autrichien ou à l'État hongrois et alimentent leur budget respectif.

Même observation pour l'Italie où, sur un réseau total de 16 596 kilomètres au commencement de 1908, 12.770 kilomètres étaient la propriété de l'État.

Les voies ferrées n'ont été introduites que fort tard dans la péninsule italienne, car en 1850 il n'y avait encore que 460 kilomètres en exploitation dans l'ensemble des pays qui ont formé l'Italie actuelle. Le réseau exploité s'élève successivement à 1.800 kilomètres en 1858, à 2.038 en 1860, à 6 210 en 1870 et à 9.042 kilomètres en 1883, constituant une augmentation de 7.242 kilomètres par rapport à l'année 1858 qui précéda la guerre de l'unité italienne. Nous savons qu'entre 1883 et 1908 l'accroissement du réseau ferré italien a été de 7.551 kilomètres, ce qui est un résultat très satisfaisant.

En ce qui concerne la France, les 48.356 kilomètres en exploitation au commencement de 1908 se décomposaient en 40.174 kilomètres d'intérêt général, 7.952 kilomètres d'intérêt local et 234 kilomètres de chemins de fer industriels. Les lignes d'intérêt général du réseau de l'État avaient alors une longueur de 2.967 kilomètres et le réseau de l'Ouest, dont l'État français a pris possession à partir du 1er janvier 1909 de 5.965 kilomètres.

De tous les États de l'Europe, c'est la Russie qui a le plus développé son réseau de voies ferrées pendant les vingt-cinq dernières années observées : 58.385 kilomètres en 1908 contre 24.706 en 1883, soit une augmentation de 33 679 kilomètres représentant plus du quart de l'augmentation totale de l'Europe pendant la même période. Sur ces 58.385 kilomètres en exploitation, 3.336 appartenaient à la Finlande et 55.049 à la Russie d Europe proprement dite, dont 37.775 kilomètres à l'État.

En résumé, les six grands États de l'Europe ont accru leurs chemins de fer en exploitation de 105.614 kilomètres entre 1858 et 1883 et de 109.327 kilomètres entre 1883 et 1908, soit, par rapport aux augmentations totales de l'Europe pendant les deux mêmes périodes, des accroissements respectifs de 79 0/0 et 82 0/0.

*
* *

Au commencement de 1908, l'ensemble des lignes exploitées dans ces six grands États présentait un développement de 260.163 kilomètres, c'est-à-dire 82 0/0 des 318 312 kilomètres formant le réseau européen total, et il est à remarquer que cette proportion coïncide exactement avec celle de l'augmentation survenue entre 1883 et 1908.

On s'est plusieurs fois demandé quel a été le prix d'établissement de cet immense ruban de fer qui représente près de huit fois le tour de la terre à l'équateur, et, après de patientes recherches, on est arrivé à un résultat suffisamment précis.

Dans son huitième rapport à l'Institut international de statistique, notre ami et très savant confrère Alfred Neymarck rappelle que, d'après les renseignements recueillis par le *Bulletin du Congrès des*

Chemins de fer, l'Europe, en 1903, possédait 300 429 kilomètres de chemins de fer en exploitation et que 280.970 de ces kilomètres avaient coûté 102.817 millions, soit une moyenne kilométrique de 366.173 fr.

D'après un calcul plus récent fait par une revue spéciale allemande, l'*Archiv für Eisenbahnwesen*, les dépenses de construction du réseau européen reviendraient en moyenne, à la fin de 1907, à 420.000 fr. le kilomètre, ce qui constituerait un capital de premier établissement d'environ 134 milliards de francs pour l'Europe en général et de plus de 20 milliards pour la France en particulier.

Ce dernier chiffre est un peu trop fort si l'on n'admet comme dépense de premier établissement que le capital réellement déboursé par les grandes Compagnies actuelles et par les Compagnies ayant formé le réseau de l'État pour la construction de leurs voies, de leurs gares, de leurs ateliers, de leur matériel roulant, etc., mais il est trop faible si l'on fait entrer en ligne de compte le *capital nominal* que les Compagnies et l'État lui-même ont dû émettre pour se procurer les sommes effectivement dépensées

En 1878 l'État français racheta aux Compagnies des chemins de fer de la Vendée et des Charentes et à plusieurs autres petites Compagnies dans l'embarras, 2.603 kilomètres de lignes pour la somme totale de 270 millions de francs, à laquelle on ajouta 60 millions pour leur achèvement. Ce réseau, qui avait couté au moins le double aux Compagnies concessionnaires, revenait donc à l'État à 119 000 fr. le kilomètre environ.

Mais le 3 0/0 *Amortissable*, spécialement créé pour cette opération, ne valut en moyenne que

82 fr. 20 en 1878 ; ce qui revient à dire qu'en empruntant à ce taux, chaque kilomètre effectivement racheté à 119.000 francs augmentait la dette de l'État de 144.770 francs.

Le même raisonnement s'applique à toutes nos grandes Compagnies de chemins de fer. Lorsque, en exécution des conventions de 1859, elles construisirent le *nouveau réseau*, leurs obligations 3 0/0, remboursables à 500 francs, valaient en moyenne 310 francs (1860 à 1869). Si un kilomètre de ces lignes nouvelles leur a coûté, par exemple, 310.000 francs (voies, gares, matériel roulant, etc.), pour se procurer cette somme elles ont dû en réalité émettre 1.000 obligations, c'est-à-dire augmenter leur passif de 500.000 francs.

A la fin de 1907 les six grandes Compagnies françaises de chemins de fer : *Est*, *Midi*, *Nord*, *Orléans*, *Ouest et P.-L. M.*, accusaient, dans leur ensemble, 15.371 millions de francs de dépenses de premier établissement, mais à cette date, et depuis leur origine, elles avaient émis un capital-obligations de 20.841 millions de francs, et un capital actions de 1.477 millions, soit au total 22.318 millions de francs, dont elles n'avaient, en réalité, reçu que les deux tiers à peine, mais qu'elles devaient, *en entier*, à leurs obligataires et à leurs actionnaires, sauf, toutefois, 3 566 millions de francs d'obligations et 166 millions de francs d'actions qu'elles avaient déjà remboursées au pair.

C'est sous le bénéfice de ces observations, qui s'appliquent certainement à d'autres pays que la France, que nous admettrons les moyennes générales données par le *Bulletin du Congrès des Chemins de fer* et par l'*Archiv für Eisenbahnwesen*.

2. — LA MARINE MARCHANDE A VAPEUR.

On considère généralement Denis Papin comme le véritable inventeur de la navigation à vapeur, car on suppose qu'il construisit en 1707 le premier bateau marchant par la vapeur. Cependant, d'après le *Mémorial de chronologie d'histoire industrielle* du comte de Laubespin (1829) il semble établi que des expériences de navigation à vapeur eurent lieu en Espagne pendant le règne de Charles V et de son fils Philippe II. « Le 17 juin 1543, dit ce *Mémorial*, un bâtiment mû par un mécanisme de l'invention du capitaine de mer Blasco de Garay, manœuvra dans le port de Barcelone, en présence de Henri de Tolède, du gouverneur Pierre Cardona, du trésorier Ravago, etc. Malgré le secret gardé par l'inventeur, on remarqua que sa découverte consistait dans une grande chaudière d'eau bouillante et dans des roues en mouvement attachées à l'un et à l'autre bords du bâtiment. Cette innovation, ayant rencontré une forte opposition dans le conseil de l'empereur, fut ausitôt abandonnée : mais l'inventeur reçut différentes récompenses du monarque, entre autres un don de 200 000 maravédis. »

Denis Papin, né à Blois le 22 août 1645, c'est-à-dire 102 ans après les expériences du capitaine Blasco de Garay, appliqua en 1707, à Cassel — où il s'était réfugié après la révocation de l'édit de Nantes — une machine à vapeur dont il avait perfectionné le mécanisme, à la prepulsion d'un petit bateau. Il voulait descendre la Fulda de Cassel à Minden, suivre le Weser jusqu'à Brême et prendre ensuite la mer du Nord pour se rendre en Angleterre. On sait que la stupidité des bateliers du Weser l'empêcha, en brisant son bateau, de réaliser son projet.

La machine à vapeur de Papin, perfectionnée en Angleterre par Newcomen, ne devint réellement pratique qu'après les heureuses transformations que Watt lui fit subir vers le milieu du XVIIIe siècle.

C'est avec une machine Watt à simple effet que le marquis de Jouffroy réalisa ses premiers essais de navigation à vapeur à Baume-les-Dames, sur le Doubs, en juin et juillet 1776. La réussite de cette expérience fut telle que le marquis et les amis qui le soutenaient de leurs deniers en profitèrent pour construire à Lyon un bateau d'environ 40 mètres de longueur sur 4 m. 15 de largeur mis en mouvement par une machine plus puissante que celle de son *pyroscaphe* du Doubs. C'était le nom qu'on donnait alors aux bateaux mus par la vapeur.

Les expériences de Lyon obtinrent un succès décisif, car le nouveau bateau du marquis de Jouffroy remonta, le 15 juillet 1783, devant les membres de l'Académie de Lyon et sous les yeux de dix ou quinze mille spectateurs, le courant de la Saône qui était, ce jour-là, au-dessus des moyennes eaux. Mais, sous l'influence d'un rival du marquis de Jouffroy, le constructeur parisien Constantin Perier, membre influent de l'Académie de Paris, cette Académie refusa d'admettre le procès-verbal de l'Académie de Lyon, et imposa au marquis — qui avait demandé au ministère de Calonne un privilège de 30 années — de nouvelles expériences à Paris avec des conditions tellement dures, que l'inventeur et ses amis durent abandonner la partie.

C'est l'ingénieur américain Robert Fulton — qui avait assisté aux expériences de Lyon et qui a d'ailleurs loyalement reconnu que la gloire de l'invention des *pyroscaphes* revenait au marquis de Jouffroy — qui fit enfin entrer la navigation à vapeur dans le domaine de l'application pratique.

Après avoir présenté, en août 1803, à Napoléon, alors premier consul, un petit bateau à vapeur médiocrement construit, qui fut mal accueilli par la Commission chargée de l'examiner, parce qu'il ne fournissait qu'une vitesse insignifiante (5 kilomètres 760 à l'heure, avec un courant presque nul), Fulton se rendit à New-York et, profitant de l'expérience acquise, fit construire un bateau de 150 tonneaux, ayant 50 mètres de long sur 5 de large, et commanda sur plans spéciaux, à James Watt lui-même, une machine à vapeur susceptible d'engendrer une force effective de 18 chevaux, force énorme comparativement à ce qu'on avait essayé jusqu'alors.

Ce bateau, que Fulton nomma le *Clermont*, était muni de deux roues à aubes de 5 mètres de diamètre. Il fut lancé vers le commencement d'août 1807 et effectua, le 16 du même mois, son premier voyage sur l'Hudson, entre New York et Albany. Il mit 32 heures à l'aller et 30 heures au retour, pour franchir les 240 kilomètres qui séparent les deux villes, soit une marche moyenne d'environ 8 kilomètres à l'heure..., à peu près la vitesse des premières locomotives. Mais toutes les préventions suscitées contre la navigation à vapeur furent désormais écartées et, à partir de 1810, de nombreux bateaux type Fulton sillonnèrent les rivières américaines

*
* *

En 1812, les ingénieurs écossais Henry Dell et Thomson lancèrent sur la Clyde la *Comète*, tout petit bateau à vapeur de 3 à 4 chevaux de force, ayant environ 14 mètres de longueur et 3 m. 50 de largeur. La *Comète* fit pendant quelques années un service régulier entre Glasgow et Helensburg-Bath, mais à partir de 1815, année de la mort de Fulton, les chantiers de la Clyde livrèrent des bateaux capables de tenir la mer, tel que le *Rob-Roy*, jaugeant 90 tonneaux, d'une force de 30 chevaux, qui fit avec succès la traversée de Greenock à Belfast. Pendant la même année le capitaine Dodd exécuta, sur un bateau de 25 chevaux, un voyage de Dublin à Londres et ne mit, pour accomplir ce trajet de 760 milles, que 121 heures et demie, soit environ 10 kilomètres à l'heure, malgré des coups de vent très violents et des courants contraires.

La première traversée de l'Atlantique fut accomplie en juillet 1819 par le navire américain *Savannah*, de 350 tonneaux, qui naviguait alternativement à la voile et à la vapeur. Il mit 26 jours pour se rendre de New-York à Liverpool et on considéra, eu égard à la faiblesse de sa machine et de son tonnage, ce voyage comme un acte de témérité.

En 1825 l'*Entreprise*, jaugeant 500 tonneaux et pourvue de 2 machines de 60 chevaux chacune, mit 113 jours pour aller de Falmouth à Calcutta, après avoir passé 8 jours au cap de Bonne Espérance pour se ravitailler en charbon. A la même époque la navigation à vapeur, définitivement introduite en France vers 1816, commençait à se développer entre Marseille et les principaux ports des côtes italiennes, espagnoles et barbaresques.

Mais ce ne fut qu'en 1838 que les armateurs anglais, déjà maîtres d'un grand nombre de navires à vapeur, se décidèrent à organiser des lignes régulières à travers l'océan Atlantique. Le 5 avril 1838, le *Sirius* quitta le port de Cork pour New-York, et trois jours plus tard, le 8 avril, le *Great-Western,* appartenant à une compagnie concurrente, partit de Bristol pour la même destination. Malgré son avance, le *Sirius* n'arriva à New-York que le 23 avril, après 18 jours de traversée, quelques heures seulement avant son rival, qui n'avait guère mis plus de 15 jours pour effectuer le même trajet.

L'expérience était cette fois décisive ; mais il serait trop long d'énumérer tous les perfectionnements dont la machinerie et la coque des navires bénéficièrent avant d'arriver aux merveilleux steamers qui vont aujourd'hui en moins de cinq jours d'Europe aux États-Unis.

En 1840, le tonnage de la marine à vapeur anglaise était de 87.928 tonneaux, et nous le voyons successivement s'élever à 168.432 en 1850, à 457.327 en 1860 et à 1.033.247 en 1868. Pendant la même période, la marine à vapeur française passait de 9.535 tonneaux en 1840, à 13.925 en 1850, à 68.025 en 1860 et à 135.259 en 1868.

Malgré la création des *Messageries impériales* en 1852 (devenues *Messageries maritimes* en 1870), de la *Compagnie générale transatlantique* en 1855 et d'autres compagnies postales subventionnées par l'Etat, notre marine à vapeur a toujours été dominée par la marine à vapeur anglaise qui avait, dès l'année

1849, établi des lignes régulières entre la Grande-Bretagne et tous les grands ports de l'Europe, de l'Amérique et de l'Extrême-Orient.

*
* *

A partir de l'année 1873, la statistique officielle du *Bureau Veritas* nous permet de suivre le développement de la flotte marchande à vapeur de chaque nation européenne.

La Marine marchande à vapeur de l'Europe
en 1873, 1883, 1898 et 1908

(*Tonnage net exprimé en milliers de tonneaux*).

États	1873	1883	1898	1908	Augmentations entre 1873 et 1883	Augmentations entre 1883 et 1898	Augmentations entre 1898 et 1908
Allemagne.	14	316	1 017	2 328	204	701	1 311
Angleterre . .	1.716	3 823	6 739	10 355	2 107	2 916	3 616
Aut.-Hongrie	56	81	184	443	25	103	259
Belgique. . .	21	62	91	150	41	29	59
Bulgarie. .	»	»	1	3	»	1	2
Danemark . .	23	71	217	398	48	146	181
Espagne. .	91	200	337	428	109	137	91
France. . .	201	444	502	802	243	58	300
Grèce . . .	3	26	87	291	23	61	204
Italie. . .	54	112	265	556	58	153	291
Norvège. . .	29	77	394	841	48	317	447
Pays-Bas. . .	53	106	251	523	53	145	272
Portugal . .	10	12	35	38	2	23	3
Roumanie .	»	»	12	19	»	12	7
Russie. . .	46	98	214	483	52	116	269
Serbie . . .	»	»	»	»	»	»	»
Suède . . .	37	72	220	498	35	148	278
Suisse . . .	»	»	»	»	»	»	»
Turquie. . .	2	6	16	69	4	10	23
Autres pays.	»	»	»	»	»	»	»
Totaux.	2.184	5.536	10.612	18 225	3.052	5.076	7 613

Le répertoire *Veritas* donne à la fois le jaugeage brut et le jaugeage net, par pays, de tous les navires ayant au moins 100 tonneaux de jauge brute. C'est le tonnage net que nous allons prendre comme base de comparaison, car les machines et les soutes à charbon tiennent, surtout dans les grands steamers à marche rapide, une place importante qui ne peut être utilisée pour le transport des marchandises proprement dites.

En 1873, le tonnage net de la marine marchande à vapeur européenne n'était que 2.481.000 tonneaux, sur lesquels la part de l'Angleterre figurait pour 1.716.000 tonneaux, celle de la France pour 201.000 tonneaux et celle de l'Allemagne pour 142.000 tonneaux. A cette date le tonnage anglais représentait 69 0/0 de la flotte commerciale à vapeur de toute l'Europe.

En 1883, sur un tonnage européen total de 5.536.000 tonneaux, l'Angleterre conservait sa proportion de 69 0/0 avec 3.823.000 tonneaux, puis venaient, par ordre d'importance : la France 444.000 tonneaux, l'Allemagne 316.000 tonneaux, l'Espagne 206.000 tonneaux, l'Italie 112.000 tonneaux, les Pays-Bas 106.000 tonneaux, la Russie 98.000 tonneaux, l'Autriche-Hongrie 81.000 tonneaux, la Norvège 77.000 tonneaux, etc...

La situation était déjà sérieusement modifiée en 1898. Le tonnage de la flotte commerciale à vapeur de l'Europe s'élevant à 10.612.000 tonneaux, le pavillon anglais y figurait avec 6.739.000 tonneaux ou 63 0/0 ; le pavillon allemand prenait le second rang avec 1.017.000 tonneaux, et les autres pays suivaient de loin avec 502.000 tonneaux pour la France, 394.000 tonneaux pour la Norvège, 337.000 tonneaux pour l'Espagne, 265.000 tonneaux pour l'Italie, 251.000 tonneaux pour les Pays-Bas, 220.000 tonneaux pour la Suède, 217.000 tonneaux pour le Danemark, 214.000 tonneaux pour la Russie, 184 000 tonneaux pour l'Autriche-Hongrie, etc.

En 1908, avec un tonnage européen total de 18.225.000 tonneaux, la part de l'Angleterre n'est plus que de 56 0/0 avec 10.355 000 tonneaux; celle de l'Allemagne s'élève à 2 328.000 tonneaux ; la Norvège passe au troisième rang avec 841.000 tonneaux ; puis arrivent : la France 802.000 tonneaux, l'Italie 556.000 tonneaux, les Pays-Bas 523.000 tonneaux, la Suède 498.000 tonneaux, la Russie 483.000 tonneaux, l'Autriche-Hongrie 443.000 tonneaux, l'Espagne 428.000 tonneaux, le Danemark 398.000 tonneaux, etc.

Entre 1898 et 1908 la flotte commerciale à vapeur de l'Europe a progressé de 10.612 000 tonneaux à 18.225.000 tonneaux, soit une augmentation de 7.613.000 tonneaux ou 71 0/0. Ce chiffre énorme explique la crise que subissent actuellement les grandes flottes commerciales européennes et, en particulier, la flotte commerciale à vapeur de l'Angleterre.

En effet, entre 1898 et 1908 cette flotte a bien augmenté son tonnage de 3 616.000 tonneaux ou 51 0/0 de son tonnage de 1898 mais pendant la même période, les marines marchandes à vapeur des autres pays de l'Europe ont augmenté le leur dans les proportions suivantes : Allemagne, 1 million 311.000 tonneaux ou 129 0/0 ; Norvège, 447.000 tonneaux ou 113 0/0 ; France, 300.000 tonneaux ou 60 0/0 : Italie, 291.000 tonneaux ou 110 0/0 ; Suède, 278.000 tonneaux ou 126 0/0 ; Pays-Bas. 272.000 tonneaux ou 108 0/0 ; Russie, 269.000 tonneaux ou 126 0/0 ; Autriche-Hongrie, 259.000 tonneaux ou 141 0/0; Danemark. 181.000 tonneaux ou 83 0/0, etc. Tous ces pays ont eu une augmentation proportionnellement supérieure à celle de l'Angleterre, et pour indiquer le préjudice que les nouveaux bateaux à vapeur de ces pays portent aujourd'hui aux armateurs anglais, il nous suffira de rappeler que la part de l'Angleterre dans les 7 613.000 tonneaux vapeur mis en service dans tous les pays d'Europe entre 1898 et 1908 est tombée à 47 0/0, alors qu'elle avait été de 57 0/0 entre 1883 et 1898 et de 69 0/0 entre 1873 et 1883.

*
* *

Depuis quinze ou vingt ans, on a construit en Europe beaucoup plus de navires à vapeur que le développement normal du commerce maritime européen et extra-européen n'en comportait. Les nations tributaires de la marine anglaise, laquelle transportait avant 1895 les trois quarts des marchandises traversant les mers, ont fait un effort colossal pour s'affranchir de ce tribut, et au prix de sacrifices souvent excessifs, elles ont, soit par des primes à la navigation et à la construction, soit par des avantages plus ou moins directs à l'armement national, réussi à créer des flottes commerciales puissantes, magnifiquement équipées... qui ne trouvent malheureusement dans leurs ports d'attache qu'un trafic insuffisant, car les marchandises et les passagers indigènes leur sont âprement disputés, non seulement par la marine anglaise qui cherche à défendre son ancienne situation, mais aussi par les marines nouvelles des pays septentrionaux de l'Europe : Allemagne, Norvège, Pays-Bas, Suède et Danemark, qui sont devenues, grâce au bas prix de leur main-d'œuvre navale, de redoutables concurrentes de la marine britannique.

Nous avons souvent expliqué les causes de l'immense succès de la marine marchande allemande dans nos ports, et nous demandons à nos lecteurs la permission de leur rappeler la principale de ces causes, qui est surtout d'ordre géographique.

Il existe chez nous deux sortes de navigations : 1° la *navigation réservée au pavillon français*, concernant les transports entre la France et ses colonies et dont les navires français ont le monopole ; 2° la *navigation de concurrence*, qui est huit à neuf fois plus importante que la précédente et qui s'exerce librement entre la France et les divers pays de l'étranger.

En ce qui concerne cette dernière navigation, tous les navires étrangers, quel que soit leur pavillon, ont le droit de la pratiquer dans tous nos ports, exactement aux mêmes conditions que les navires français.

Les ports français, qui n'étaient autrefois vraiment fréquentés que par les vapeurs anglais qui nous prenaient à peu près la moitié de notre trafic maritime, sont aujourd'hui régulièrement visités par les grands paquebots allemands parce qu'ils se trouvent sur leur passage : Dunkerque, Calais, Boulogne, Dieppe, le Havre, Cherbourg pour leurs lignes nord-américaines ; Saint-Nazaire, la Pallice, Bordeaux pour celles des Antilles, du golfe du Mexique et de l'Amérique du Sud et Marseille pour celles de la Méditerranée, de l'océan Indien et de l'Extrême-Orient.

Les paquebots allemands, sans allonger sensiblement leur route, font donc escale dans nos ports pour y prendre et y laisser des passagers et des marchandises : ce sont des recettes supplémentaires qui viennent s'ajouter à leur fret principal et sur lesquelles ils consentent des réductions que nos compagnies françaises — qui n'ont pas l'avantage de la réciprocité, puisque ni Brême, ni Hambourg, ni Lubeck, ni Stettin, ni Dantzig ne sont situés sur leurs lignes de navigation — ne peuvent accorder à leur propre clientèle.

La même observation s'applique aux navires hollandais, danois, suédois et norvégiens, mais à un degré moindre cependant.

C'est cette concurrence inégale, et non le régime protectionniste de 1892, qui déprime notre marine marchande à vapeur, malgré les primes et les subventions qu'elle reçoit ; et en voici la preuve irrécusable :

France : La marine marchande et la navigation maritime

(*Navires chargés*)

Années	Tonnage net de la marine marchande à vapeur	Mouvement général de la navigation (entrées et sorties réunies)		
		Pavillon français	Pavillons étrangers	Total
	(Tonneaux)	(Milliers de tonneaux)		
1890	484 900	8 611	14 649	23 260
1895. . . .	461.397	7 935	14 559	22 494
1900.	563 289	9 011	22 235	31.346
1905 . .	715 936	11 157	26.763	37 920
1906 . . .	720 197	11 227	30 45[illegible]	41 679
1907. . . .	736 952	11 386	34 220	45 606
1908	802.117	12 341	35 410	47.781

Ainsi, entre 1890 et 1908, notre trafic maritime (navires chargés, entrées et sorties réunies) est passé de 23.260 000 à 47.781.000 tonneaux, soit une augmentation de 24.521.000 tonneaux ou 105 0/0. N'est-ce pas une preuve manifeste que le régime douanier de 1892 a favorisé l'essor de notre commerce maritime, puisque, pendant la même période, le trafic maritime de l'Allemagne, malgré le développement de sa marine marchande à vapeur, de son commerce extérieur et de sa population, n'a progressé que de 21.109.000 tonneaux en 1890 à 43.999.000 tonneaux en 1907, ou de 108 0/0, et que le trafic maritime du Royaume-Uni a seulement passé de 62.836.000 tonneaux en 1890 à 96.799 000 tonneaux en 1908, c'est-à-dire n'a réalisé qu'une simple augmentation de 33 963.000 tonneaux, ou de 54 0/0.

Le malheur pour la marine française c'est que sur le mouvement de 24.521 000 tonneaux qui s'est créé en France entre 1890 et 1908, elle n'a su conserver pour elle-même que 3 730 000 tonneaux (à peine 15 0/0), alors que les marines étrangères lui ont enlevé 20.791.000 tonneaux ou 85 0/0.

*
* *

L'Angleterre elle-même n'a pas été épargnée par la concurrence internationale, ainsi qu'en témoigne le tableau qu'on trouvera plus loin.

L'augmentation du trafic maritime anglais constatée entre 1890 et 1908, soit 33.963.000 tonneaux, s'est partagée, en effet, d'une manière à peu près égale entre la marine britannique (16.929.000 tonneaux) et les navires battant pavillon étranger (17.034.000 tonneaux).

Angleterre : La marine marchande et la navigation maritime

(Navires chargés).

Années	Tonnage net de la marine marchande à vapeur	Mouvement général de la navigation (entrées et sorties réunies)		
		Pavillon anglois	Pavillons étrangers	Total
	(Tonneaux)	(Milliers de tonneaux)		
1890.	5 106 581	46.406	16 430	62.836
1895.	6.231.319	49.925	17.705	67 630
1900.	7 395.784	52.332	27 526	79 858
1905	9 273.649	60 757	28 863	89 620
1906.	9.782.444	64 593	31.666	96.528
1907.	10 183.450	66.412	32.835	99 242
1908.	10 354.951	63.335	33 464	96.799

En 1890, la part du pavillon britannique dans le mouvement maritime général de l'Angleterre était de 74 0/0 ; en 1908, cette part n'est plus que de 65 0/0, et ce fléchissement, dans les ports mêmes du Royaume-Uni, laisse deviner les pertes que la concurrence des nouvelles flottes à vapeur étrangères fait subir à la marine britannique sur tous les points du globe, et explique les plaintes actuelles et les préoccupations d'avenir de l'armement anglais.

En raison de sa position géographique, de l'augmentation de sa population et de ses besoins indigènes, l'Allemagne se défend mieux contre cette concurrence que ne peuvent le faire la France et l'Angleterre. En effet, le mouvement maritime général de l'Allemagne est passé de 21.109.000 tonneaux en 1890, avec 11.519.000 tonneaux, ou 55 0/0, au profit du pavillon allemand, à 43.047.000 tonneaux en 1908, dont 26.472.000 tonneaux, ou 61 0/0, à la marine allemande. Cela revient à dire que, sur l'augmentation de 21.938.000 tonneaux dont le mouvement général maritime allemand a bénéficié entre 1890 et 1908, le pavillon national s'est attribué 14.953.000 tonneaux, ou 68 0/0, et les bateaux concurrents battant pavillon étranger seulement 6.985 000 tonneaux ou 32 0/0.

Mais la marine à vapeur allemande, malgré l'extraordinaire développement qu'elle a pris depuis 1890, n'est pas dans la situation prospère qu'on lui suppose chez nous. Elle est évidemment bien outillée pour la lutte du fret qu'elle poursuit sur toutes les mers ; elle est puissamment soutenue par le gouvernement impérial, et les hommes qui la dirigent possèdent une hardiesse et un esprit d'initiative, qui font souvent défaut à nos armateurs et aux administrateurs de nos compagnies de navigation maritime. Mais elle a manifestement poussé ses constructions de grands vapeurs au delà de ses besoins réels, et chaque crise internationale qui se produit l'atteint dans ses bénéfices et la met en fâcheuse posture, en l'empêchant d'obtenir la rémunération du capital engagé dans ses principales entreprises maritimes.

La crise américaine de 1907-1908 a été particulièrement dure pour la marine marchande allemande, et notre consul de Brême, M. Eugène Bœufvé, rendant compte de l'exercice 1908, disait dans son rapport :

« Presque toutes les Compagnies de navigation de Brême ont travaillé à perte et un certain nombre d'autres sociétés par actions se sont trouvées dans la même situation Parmi les Compagnies de navigation particulièrement atteintes, je citerai le *Norddeutscher Lloyd*, dont le bilan accuse une perte de près de 17 millions de marks, et la *Hamburg Bremer Afrika*

Linie, dont le déficit atteint 400.000 marks N'ont également pu distribuer aucun dividende : la Compagnie *Argo*, la Compagnie de pêche *Nordsee*, la Compagnie de remorquage *Unterweser*, les chantiers de constructions maritimes *Actiengesellschaft Weser*, *Tecklenborg*, *Seebeck*, *Bremer Vulkan*. Par contre, la Compagnie de navigation *Hansa*, qui se range comme importance immédiatement après la *Hamburg Amerika Linie* et le *Norddeutscher Lloyd*, a pu encore offrir un dividende de 6 0/0 à ses actionnaires, contre 8 0/0 en 1907, et la Compagnie *Neptune* 4 0/0 contre 5 0/0 en 1907. »

De son côté, M. de Vitrolles, gérant de notre consulat de Hambourg, écrivait, à la date du 6 novembre dernier, que le mouvement maritime de ce grand port, qui avait atteint 24.144.000 tonneaux en 1907, était tombé à 23 653.000 tonneaux en 1908

« La navigation maritime, ajoutait-il, a naturellement été la première atteinte par la crise commerciale, et les compagnies de navigation ont subi de grosses pertes : certaines d'entre elles comme la *Hamburg Amerika Linie*, n'ont pas distribué de dividendes à leurs actionnaires et ont même dû se servir de leurs réserves pour équilibrer leur budget. Un grand nombre de navires sont restés désarmés dans le port, car il était impossible de leur trouver du fret. »

Depuis le milieu de 1909, la situation économique de l'Allemagne s'est sérieusement améliorée, mais la situation particulière des actionnaires de ses Compagnies de navigation maritime n'est pas plus brillante que celle des actionnaires des entreprises similaires anglaises et françaises

Cela prouve que si la concurrence est le dernier

mot de l'économie politique, elle n'est, dans tous les cas, guère profitable aux industries qui la pratiquent aveuglément.

3. — LES POSTES.

L'origine de la poste remonte à la plus haute antiquité ; on peut même dire qu'elle est aussi vieille que la civilisation elle-même, car elle existait déjà sous les premiers Pharaons égyptiens; il en est parlé dans le livre de Job, et Hérodote explique ainsi comment Cyrus, 519 ans avant notre ère, l'avait organisée entre sa capitale et la mer Égée :

« Rien n'est plus expéditif que le mode de transmission des messages inventé et employé par les Perses. Sur chaque route sont échelonnés, de distance en distance, et par chaque journée de marche, des relais d'hommes et de chevaux, remisés dans des stations spécialement établies à cet effet : neige, pluie, chaleur, ténèbres, rien ne doit empêcher les courriers de remplir leur office et de le faire avec la plus grande célérité. Le premier qui arrive passe sa dépêche au second, celui-ci au troisième, et ainsi jusqu'à ce que le message arrive à destination. »

Le même système de transmission était employé par les Gaulois à l'époque de César, et c'est celui qui fonctionne encore dans certaines provinces de la Chine.

Les Romains développèrent le service des courriers au fur et à mesure de leurs conquêtes, et l'admirable réseau de routes stratégiques qu'ils construisirent pour assurer les communications entre Rome et ses possessions les plus lointaines leur permit d'organiser des relais à chevaux qui facilitèrent le transport des messages, des approvisionnements pour les armées, et des tributs en argent et en nature prélevés sur les peuples vaincus.

Deux lettres adressées par César à Cicéron, et portées par des courriers montés, ne mirent que 26 et 28 jours pour aller de Bretagne à Rome.

Sous les rois mérovingiens les voies romaines furent abandonnées, ainsi que les relais ou *postes* échelonnés dans les principales directions. Charlemagne s'efforça de les rétablir, mais ses successeurs ne l'imitèrent point et ce n'est qu'à la fin du douzième siècle que l'Université de Paris obtint le privilège d'établir un service de messageries pour voyageurs, paquets et lettres.

Philippe le Bel confirma le privilège de l'Université ; Louis XI le lui retira et créa la *poste royale* d'après le système en vigueur sous les empereurs romains.

Depuis cette époque, la poste s'est progressivement perfectionnée en France et dans tous les pays de l'Europe ; mais ce n'est que vers la fin du XIXe siècle que son organisation est devenue parfaite au point de vue international, grâce à la fondation de l'*Union postale universelle,* instituée par le congrès de Berne de 1874 et successivement développée et améliorée par les congrès ou conférences de Berne (1876), de Paris 1878 et 1880), de Lisbonne (1885), de Vienne (1891), de Washington (1897) et de Rome (1906).

L'*Union postale universelle* embrasse aujourd'hui tous les États, métropoles et colonies, ayant des postes organisées, c'est-à-dire toutes les nations du monde civilisé, représentant une superficie de

114 millions de kilomètres carrés et une population de 1.151 millions d'habitants.

Un Office central, installé à Berne et fonctionnant sous la haute surveillance de l'administration postale helvétique, est chargé de réunir et de publier tous les renseignements intéressant le service international des postes et de préparer les travaux des congrès ou conférences.

C'est à l'aide des statistiques de cet Office que nous avons pu dresser le tableau suivant :

Lettres et cartes postales expédiées des divers pays de l'Europe en 1883 et 1908, c'est-à-dire à vingt-cinq années d'intervalle.

Pays	1883			1908		
	Bureaux	Lettres et cartes postales		Bureaux	Lettres et cartes postales	
		Millions	Par habit.		Millions	Par habit.
	(Unités)			(Unités)		
Allemagne	13 637	938	20	50 328	4 031	64
Angleterre	15.456	1 476	41	23 969	3.778	84
Autriche-Hong	7.317	387	19	15 479	2.770	55
Belgique	869	109	19	1.509	232	32
Bulgarie	52	2	1	2.061	27	7
Danemark	636	35	17	1.540	131	49
Espagne	2.699	»	»	1 795	118	6
France	6 486	654	17	13 258	1.930	49
Grèce	213	5	2	1 147	15	6
Italie	3 609	188	6	9.823	367	11
Luxembourg	72	4	18	117	8	32
Norvège	1.032	18	9	3 184	57	24
Pays-Bas	1 281	82	20	1 166	247	43
Portugal	974	21	5	3 853	50	10
Roumanie	187	12	2	2.968	60	9
Russie	4 [illegible]51	147	2	14 311	859	6
Serbie	92	»	.	1.493	15	5
Suède	1 895	42	9	4.091	149	28
Suisse	807	85	19	1 151	244	69
Turquie	702	3	1	1.312	32	5
Totaux	62.863	4 207	12	179.803	15 120	35

Ce tableau est encore plus caractérisque que celui des chemins de fer ou de la marine marchande à vapeur, en ce sens qu'il indique avec plus de précision les progrès de la civilisation.

En effet, chaque individu faisant partie de la grande famille européenne a expédié 35 lettres ou cartes postales en 1908, contre seulement 12 en 1883, soit une augmentation de 23 correspondances par année, représentant presque le triple du chiffre de 1883. On peut affirmer que, si cette augmentation ne donne pas la mesure rigoureuse du développement économique et social de l'Europe, elle prouve cependant que, sous l'influence de divers éléments matériels et moraux, le besoin d'échanger des idées, de transmettre des impressions, d'envoyer des nouvelles ou d'en demander, de faire des offres ou d'en provoquer, etc., devient chaque jour plus profond et plus impérieux.

Des six grands pays de l'Europe, c'est l'Angleterre qui expédie le plus de lettres et cartes postales en chiffres absolus et par habitant : sa moyenne annuelle, entre 1883 et 1908, est passée de 41 à 84 correspondances. L'Allemagne vient ensuite avec 61 lettres ou cartes postales par habitant en 1908, contre 20 en 1883 ; puis l'Autriche : 55 contre 10 ; la France : 49 contre 17 ; l'Italie : 11 contre 6, et enfin la Russie : 6 contre 2.

En ce qui concerne spécialement la France, notre statistique officielle nous permet de faire quelques comparaisons intéressantes.

Comme on le verra par le tableau suivant, la Poste française est devenue aujourd'hui une puissante maison de banque, puisque son mouvement espèces a dépassé, en 1908, *cinq milliards et demi* de francs en recettes et en paiements : ce qui représente 18 millions de francs par jour en comptant 300 jours non fériés,

Mouvement postal de la France en 1883 et 1908.

Désignation	1883	1908	Augmentation en 1908 Total	%
	(Millions)			
Lettres.	620	1 492	872	141
Cartes postales.	34	438	404	1.188
Imprimés, journaux, échantillons, etc	736	1 489	753	102
Totaux.	1.390	3 419	2 029	146
Montant des	(Millions de francs)			
Mandats-poste français.	351	2.270	1.919	546
Mandats internationaux.	47	91	44	94
Bons de poste.	7	63	56	800
Valeurs recouvrées	100	342	242	242
Totaux.	505	2.766	2.261	448

Ajoutons que les recettes encaissées par le Trésor français pour le service postal proprement dit se sont élevées à 254 millions de francs en 1908, contre seulement 132 millions en 1883.

4. — LES TÉLÉGRAPHES.

La première ligne de télégraphie électrique européenne fut ouverte au service public le 1er octobre 1849. Cette ligne, qui reliait Berlin à Francfort, mit en pratique les découvertes réalisées pendant la première moitié du XIXe siècle par Lesage, Œrstedt, Ampère, Gauss, Weber, Mors, Cooke, Wheatstone, Bréguet, Estienne, Hugues, Baudot, etc.

La France possédait alors un réseau de télégraphie aérienne (télégraphe Chappe) parfaitement organisé, comportant 534 stations et environ 5.000 kilomètres de lignes. Paris communiquait déjà, par ce réseau, avec les principales villes de la province, et le gouvernement français, en raison de ce fait, n'était guère disposé à favoriser les expériences de la télégraphie électrique sur notre territoire.

La persévérance d'Arago et les heureux essais que le nouveau système de transmission venait de donner un peu partout décida enfin le gouvernement provisoire de 1848 à s'en occuper ; mais ce n'est qu'à partir du 1er mars 1851 que la télégraphie électrique, devenue monopole de l'État depuis le 29 novembre 1850, fut mise à la disposition du public. Quatre ans plus tard, toutes les préfectures de la France étaient reliées à Paris.

En Angleterre, la télégraphie électrique ne progressa que très lentement parce que l'exploitation en avait été abandonnée à l'industrie privée, qui l'utilisa surtout pour le service des chemins de fer. Afin de donner au réseau télégraphique anglais le développement et la cohésion qui existaient dans les principaux pays du continent depuis plusieurs années, le gouvernement britannique se vit obligé, en 1870, de racheter toutes les lignes concédées et d'acquérir une exploitation d'État d'après les principes pratiqués par la France.

D'ailleurs, la télégraphie électrique s'était si rapidement généralisée dans tous les pays de l'Europe et du monde civilisé qu'il avait fallu, bien avant 1870, établir des conventions particulières entre les divers États intéressés pour la transmission et la distribution des télégrammes d'ordre extérieur.

Actuellement, le service des dépêches internationales est assuré par un organe central : le Bureau international de l'*Union télégraphique* créé en 1868 par la conférence de Vienne et placé, comme le Bureau international de l'*Union postale universelle*, sous la haute direction du gouvernement helvétique.

Ce bureau a pour but « de servir de lien permanent entre les administrations des différents États qui constituent l'*Union télégraphique*, de faciliter l'application uniforme des dispositions qu'elles ont arrêtées de concert, de centraliser et de répartir les documents et informations d'utilité commune, etc »

L'*Union télégraphique* fonctionne depuis le 1er janvier 1869 ; elle comprend aujourd'hui 50 pays adhérents, ayant une superficie totale de 66 918 861 kilomètres carrés et une population de 948 870.765 habitants.

Toutes les nations de l'Europe participent aux avantages de ce groupement, auquel ont également adhéré : en Afrique : l'Algérie, l'Egypte, l'Erythrée, la Tunisie, le Cap, le Natal, le Transvaal, les diverses colonies françaises et portugaises ; en Asie : les Indes, la Perse, le Japon, la Turquie et la Russie d'Asie, le Siam, l'Indo-Chine française, les colonies hollandaises et portugaises, etc. ; en Australie : la Fédération australienne, la Nouvelle-Zélande et la Nouvelle-Calédonie ; en Amérique : l'Argentine, la Bolivie, le Brésil, le Chili et l'Uruguay.

Outre les pays précédents, l'Amérique britannique, les Etats-Unis de l'Amérique du Nord, la presque totalité des Etats de l'Amérique centrale et méridionale, les îles des Antilles, les Philippines, la Chine, le Maroc par Tanger, les Açores. etc., sont également rattachés au réseau télégraphique universel par des conventions spéciales.

Voici, en ce qui touche les États de l'Europe, le nombre des bureaux télégraphiques, la longueur kilométrique des fils et le chiffre des dépêches de toute nature transmises en 1883 et 1908 :

Tableau comparatif des communications télégraphiques de l'Europe en 1883 et en 1908.

Pays	1883			1908		
	Nombre des bureaux	Longueur des fils	Nombre des dépêches	Nombre des bureaux	Longueur des fils	Nombre des dépêches
	Unités	Kilomètres	Milliers	Unités	Kilom.	Milliers
Allemag.	12.258	288 011	18.850	41.276	1.537 523	54 099
Angleter.	4 375	(1)225 993	33 278	13.575	801 633	89 105
Aut.-H.	4.151	157 244	10.197	10 897	361 853	30 731
Belgique.	865	28 956	4.163	1 561	38 915	7 728
Bulgarie	62	3.164	311	293	12 000	1 737
Danem.	323	(1) 3 777	1.297	547	12.231	3 063
Espagne.	841	42 423	3 026	(2) 1.721	(2) 80 417	(2) 5 666
France.	3.620	328.755	29.65[illegible]	18 595	653.138	60 625
Grèce.	(1) 127	(1) 6 223	618	581	16 523	1 429
Italie.	(1)1 848	97 136	6.537	7 315	255.157	16 367
Luxemb.	64	1 213	85	286	1.085	203
Norvège.	(1) 138	(1) 13.637	871	1 104	62 748	2 811
Pays-Bas	508	(1) 15 715	3 380	1 302	35 088	6 332
Portugal	237	(1) 11 612	693	(3) 506	(3) 19.762	(3) 3 759
Rouman	229	9 990	1 241	3.058	21.787	2.937
Russie.	(4)3.171	(4) 237 635	(4) 10.223	7 558	669.894	30.195
Serbie	(1) 94	3 813	411	181	9.117	815
Suède.	396	20 712	1 209	2.660	32 019	3.953
Suisse.	1 271	(1) 16.551	2.978	2.255	25.337	5 126
Turquie.	»	»	»	1 095	75 039	7 161
Totaux :	34 578	1 512.561	128 819	116.672	1 721 275	333.805

(1) Lignes de l'État seulement ; (2) année 1907 ; (3) année 1906 ; (4) non compris la Finlande.

Entre 1883 et 1908, le nombre des bureaux télégraphiques de l'Europe s'est élevé de 34 578 à 116.672, celui des dépêches expédiées de 129 millions à 331 millions, et la longueur des fils de l'ensemble du réseau télégraphique de 1.512.561 kilomètres à 4.721.275 kilomètres.

Cela revient à dire qu'il y avait 9.691 Européens pour un 1 bureau télégraphique en 1883 et 3 737 en 1908 ; qu il fonctionnait 4 mètres linéaires de fils par Européen en 1883 et 10 mètres en 1908 ; enfin, que le nombre de dépêches expédiées par 100 Européens était passé de 38 en 1883 à 77 en 1908.

La moyenne annuelle des télégrammes par Européen a doublé entre les deux années observées, alors que pendant la même période, la moyenne annuelle des lettres et cartes postales a triplé ; mais cette différence est trop naturelle pour qu'il soit nécessaire de l expliquer.

Dans les grands États de l Europe, la progression des dépêches par 100 habitants a été, entre 1883 et 1908 : Angleterre : 93 à 198; France : 78 à 155. Allemagne : 41 à 85 ; Autriche Hongrie : 26 a 61 ; Italie : 22 a 49 ; Russie : 12 a 23.

La statistique officielle française nous indique qu'en 1908 il a été émis en France 257 millions de francs de mandats télégraphiques intérieurs, 6 millions de francs de mandats internationaux et qu'il a été payé à nos guichets 11 millions de francs de mandats télégraphiques étrangers.

En 1883, le service des mandats internationaux n'existait pas encore, et le montant des mandats télégraphiques intérieurs ne fut que de 50 millions de francs.

Les recettes du Trésor provenant des télégraphes ont été de 29 013.000 francs en 1883 et de 50 217.000 francs en 1908.

5. — LA TÉLÉGRAPHIE SANS FIL.

Les remarquables expériences de Maxwell et de Hertz relativement à l'identification de l'électricité et de la lumière et à la transmission des ondes électriques ont été le point de départ de la télégraphie sans fil, que les travaux postérieurs de Calzecchi, Onesti, de Branly, de Lodge, de Popoff, d'Edison, de Treece, de Stevenson, de Rathenau, et surtout de Marconi, ont pratiquement réalisée.

Ici encore les gouvernements firent grise mine à l'invention nouvelle qui menaçait leurs réseaux télégraphiques respectifs ; mais les résultats décisifs que Marconi obtint en 1898 avec la ligne radiotélégraphique qu'il avait installée entre Wimereux, près de Boulogne, et un poste de la côte anglaise situé à 50 kilometres de distance, donnèrent l'impulsion définitive.

Dès l'année suivante, les navires de la flotte anglaise purent communiquer entre eux à plus de 55 kilomètres de distance, et en 1900, grâce aux perfectionnements apportés par le lieutenant de vaisseau Tissot, le cuirassé français *Masséna* transmit des dépêches au fort de Portzic, éloigné de 65 kilomètres environ.

Depuis cette époque, la télégraphie sans fil a réalisé de tels progrès que les gouvernements ont dû s'en occuper et organiser les communications radiotélégraphiques internationales, comme ils avaient, par des conventions successives, assuré la transmission universelle des dépêches télégraphiques ordinaires.

Les négociations engagées dans le courant de 1906 entre les principales puissances du monde aboutirent à la *Convention radiotélégraphique internationale* signée à Berlin le 3 novembre 1906, en vertu de laquelle le Bureau international de l'*Union télégraphique* de Berne fut investi d'attributions semblables à celles qu'il avait déjà pour la télégraphie avec fils.

Cette Convention a été signée par l'Allemagne, les États-Unis de l'Amérique du Nord, la République Argentine, l'Autriche-Hongrie, la Belgique, le Brésil, la Bulgarie, le Chili, le Danemark, l'Espagne, la France, la Grande-Bretagne, la Grèce, l'Italie, le Japon, le Mexique, la principauté de Monaco, la Norvège, les Pays-Bas, la Perse, le Portugal, la Roumanie, la Russie, la Suède, la Turquie et l'Uruguay.

Toutes les nations de l'Europe — sauf cependant la Serbie, la Suisse et le Luxembourg, qui n'ont pas de côtes maritimes — ont donc adhéré à la Convention de Berlin, et, depuis le 1er juillet 1908, les transmissions radiotélégraphiques entre les divers pays signataires sont régulièrement assurées.

La télégraphie sans fil est une application merveilleuse de l'électricité, qui rend déjà de très grands services à la navigation et qui est appelée — quand elle sera plus perfectionnée encore — non seulement à remplacer l'exploitation coûteuse des câbles sous-marins, mais aussi à résoudre le vaste problème du transport de la force à distance par simple radiation, problème dont la solution peut avoir des conséquences formidables pour l'humanité.

6. — LES TÉLÉPHONES.

Plusieurs physiciens ont attaché leur nom à l'invention du téléphone, mais il est malaisé d'indiquer celui qui a le plus contribué à le rendre pratiquement industriel.

R. Hooke, contemporain de Newton, imagina le téléphone à ficelle, qui est resté un jouet d'enfant. En 1837, le physicien américain Page trouva le moyen, à l'aide d'une tige magnétique tour à tour aimantée et désaimantée, de transformer des vibrations électriques en vibrations de l'air ; en 1854, Charles Bourseul étudia la transmission à distance des vibrations de l'air : l'année suivante, Scott de Martinville construisit un appareil, le *phonautographe*, qui inscrivait graphiquement les vibrations ; mais il semble que le problème de la transformation des vibrations de l'air en vibrations électriques, de la transmission à distance de ces dernières vibrations et de leur transformation nouvelle en vibrations de l'air, c'est-à-dire des trois opérations sur lesquelles le téléphone moderne est basé, a été complètement résolu par Reis en 1860.

L'appareil de Reis, d'ailleurs très imcomplet, ne pouvait servir qu'à la transmission des sons musicaux. En cherchant à le perfectionner, Elisha Gray et Graham Bell trouvèrent enfin le moyen de transmettre très nettement la voix humaine, et le hasard fit qu'ils déposèrent le même jour (14 février 1876) la description de leur appareil respectif au bureau des brevets de Washington.

A partir de cette date mémorable, l'emploi du téléphone se généralisa très rapidement : il fut perfectionné par d'autres inventeurs et, parmi les additions qui l'ont rendu utilisable pour les grandes distances, nous citerons le microphone de Hugues et la bobine d'induction d'Edison qui ont considérablement augmenté sa sensibilité et sa puissance.

On eut d'abord l'idée de se servir des réseaux télégraphiques pour relier les habitants d'une même ville par le téléphone ; mais l'expérience ayant mal réussi à New-York et à Philadelphie on construisit un premier réseau spécial à New-Haven, dans le Connecticut, qui fut ouvert au public le 1er janvier 1878.

Trois sociétés privées obtinrent l'autorisation de créer des réseaux téléphoniques en France ; le premier de ces réseaux ayant été inauguré avec succès à Paris le 8 septembre 1879, les trois Sociétés fusionnèrent le 30 octobre 1880, sous le nom de *Société générale des Téléphones*.

La concession de cette Société avait une durée de cinq années et s'étendait à Paris et à un certain nombre de grandes villes de province : Lyon, Marseille, Bordeaux, etc. ; mais après une prorogation de cinq nouvelles années, le Parlement, par la loi du 16 juillet 1889, décida la reprise complète par l'Etat de tous les réseaux concédés à l'industrie privée. A cette époque l'Etat possédait et exploitait lui-même 15 réseaux ayant 2 330 abonnés. Quant à la *Société générale des Téléphones*, son exploitation portait sur 11 réseaux et 6.500 abonnés, soit au total : 26 réseaux et 8.830 abonnés.

Au point de vue international, il n'existe pas d'Union téléphonique, mais chacun des Etats de l'Europe a signé des conventions spéciales avec ses voisins immédiats pour assurer le service des lignes communes.

En ce qui touche la France, nous citerons d'abord la convention franco-belge du 1er décembre 1886 (la première en date) visant la ligne Paris-Bruxelles ouverte en 1887.

Ont suivi plus tard : la convention franco-anglaise de 1891 ; la convention franco-suisse de 1892 ; la convention franco-luxembourgeoise de 1898 ; la convention franco-italienne de 1899 ; la convention franco-allemande du 28 mars 1900 relative aux circuits Paris-Berlin, Paris-Francfort, Nancy-Metz, Belfort-Mulhouse.

Tableau comparatif des Téléphones de l'Europe en 1898 et en 1908.

Pays	Nombre des postes		Longueur des fils	
	1898	1908	1898	1908
	Unités	Unités	Kilom	Kilom
Allemagne	213 037	883.335	524 980	4.092 546
Angleterre (2)	»	(1) 587 703	»	(1) 2.594.798
Autriche-Hongrie	40 651	126 286	143 473	651.061
Belgique	14.247	38 034	37.503	204.370
Bulgarie	362	1 944	1 976	7.784
Danemark	21.825	80.194	49 190	314.151
Espagne	11 793	848	44 991	14 261
France	53.449	201.064	249.661	1.133 972
Grèce	151	1.308	5.682	5.300
Italie (2)	»	36.548	»	143 314
Luxembourg (2)	»	2 987	»	5.790
Norvège	»	24.040	26 258	165 708
Pays-Bas	13 213	33 814	30 947	318.626
Portugal (3)	»	»	»	»
Roumanie	67	11.290	3.201	51.014
Russie	23 841	113 583	30.947	318.626
Serbie (2)	»	1 572	»	11.63[illegible]
Suède	61 991	151.902	111 003	327 710
Suisse	35 824	69 871	75.144	281.803
Turquie (3)	»	»	»	»
Totaux	490.451	2.366.323	1.334.956	10.642.472

(1) Y compris les postes et lignes de la *National Telephone C°.*
(2) Pas de renseignements sur le nombre des postes-cabines.
(3) Renseignements incomplets.

Le tableau précédent, tiré des statistiques particulières de chaque pays, donne le nombre des postes ou cabines et la longueur kilométrique des fils téléphoniques à la fin de 1898 et de 1908. Il nous a été impossible de remonter au delà de la première de ces deux années.

Les détails d'ensemble sur la téléphonie européenne font absolument défaut ; mais on se fera une idée suffisante de son développement en constatant qu'à dix années d'intervalle le nombre des postes ou cabines a augmenté de 1.875.872 unités et que la longueur des fils employés (souterrains et aériens), qui n'était que de 1.334.956 kilomètres en 1898, atteignait 10.642.472 kilomètres à la fin de 1908.

Cette augmentation de 9.307.516 kilomètres de fils est d'autant plus remarquable que le réseau télégraphique européen tout entier n a progressé que de 3.208.714 kilomètres de fils entre 1883 et 1908, c'est-à-dire pendant une période de 25 années, qu'à la fin de 1908, son développement total n'atteignait que 4.721.275 kilomètres.

De 1888 à 1908 l'Allemagne a accru la longueur de ses fils téléphoniques de 3.567.566 kilomètres ; l'Angleterre de 2.544.758 kilomètres ; la France de 884. 311 kilomètres ; l'Autriche-Hongrie de 507.588 kilomètres, et la Russie de 277.679 kilomètres. Soit pour les cinq pays, 86 0/0 de l'augmentation totale de l'Europe.

En 1890, première année de l'exploitation complète des téléphones par l'État, le nombre des abonnés était en France de 14.377 et les recettes totales de l'exploitation furent de 5.373.000 francs. En 1898, les abonnés s'élevèrent à 42.263 et les recettes totales à 12.535.000 francs. En 1909 les abonnés ont atteint le chiffre énorme de 156.878 et les recettes totales ont dépassé 31 millions de francs.

Ces résultats prouvent que le téléphone est devenu un instrument indispensable et qu'on est obligé de s'en servir... malgré ses demoiselles.

V

Les banques d'émission et la circulation monétaire métallique de l'Europe.

1. *Situation d'ensemble.* — 2. *Banque de France.* — 3. *Banque impériale d'Allemagne.* — 4. *Banque d'Angleterre.* — 5. *Banque d'Autriche-Hongrie* — 6. *Banque nationale de Belgique.* — 7. *Banque nationale de Bulgarie.* — 8. *Banque nationale du Danemark.* — 9. *Banque d'Espagne.* — 10. *Banque nationale de Grèce.* — 11 *Banques italiennes d'émission.* — 12. *Banque de Norvège.* — 13. *Banque des Pays-Bas.* — 14. *Banque du Portugal* — 15. *Banque nationale de Roumanie.* — 16. *Banque de l'État de Russie et Banque de Finlande.* — 17. *Banque nationale de Serbie.* — 18. *Banque de l'État de Suède.* — 19. *Banque nationale suisse.* — 20. *Stock monétaire métallique de l'Europe en* 1898 *et* 1908.

1. — SITUATION D'ENSEMBLE.

Les 25 ou 26 milliards de francs de numéraire or que l'Europe possède actuellement seraient manifestement insuffisants pour faire face aux milliers de milliards de francs de transactions annuelles qui y ont la monnaie pour base, s'il n'existait de puissants instruments de crédit, très perfectionnés, qui activent la circulation de la monnaie et la remplacent dans une foule de cas.

Mais il ne faut cependant point s'y tromper : les billets de banques, les lettres de change, les chèques à vue, les chèques de virement, les bons de compensation, les effets de commerce, etc.., ne sont que de simples *attributs* monétaires que les créditeurs n'acceptent en paiement de leur dette, que parce qu'il est expressément convenu qu'à présentation, ou à l'échéance stipulée, les débiteurs rembourseront ces *attributs* en véritable monnaie.

On peut même affirmer que les titres mobiliers eux-mêmes, dont la masse, en Europe, est aujourd'hui douze ou quinze fois plus importante que la monnaie d'or qui y circule, tirent une grande partie de leur valeur du fait que ceux qui les détiennent peuvent, à volonté, les convertir en monnaie en les vendant à la Bourse... et le même raisonnement peut s'appliquer aux immeubles et à tous les objets susceptibles de se vendre.

Ce bref exposé suffit pour expliquer le rôle capital que les banques d'émission jouent dans notre société moderne, car ce sont elles qui, contrôlant et régularisant la circulation monétaire, remédient dans une large mesure à l'insuffisance de cette circulation et donnent au crédit de leur pays respectif une ampleur et une stabilité dont la production et le commerce indigènes sont les premiers à bénéficier.

Toutes les nations de l'Europe possèdent au moins une banque d'émission, et quelques-unes en ont même plusieurs. C'est le cas de la Grande-Bretagne où, indépendamment de la *Banque d'Angleterre*, il existe 8 banques d'émission en Écosse et 6 en Irlande. C'est également le cas de l'Allemagne qui a 1 grande banque centrale : la *Reichsbank*, et 4 banques privées : la *Banque de Bade*, la *Banque de Saxe*, la *Banque de Bavière* et la *Banque de Würtemberg*.

Les banques d'émission d'Écosse et d'Irlande et les banques privées allemandes n'ont qu'une activité très restreinte ; nous en parlerons cependant quand nous examinerons la situation monétaire de l'Angleterre et de l'Allemagne ; mais nous les négligerons dans notre situation d'ensemble.

L'Italie a trois banques d'émission : la *Banque d'Italie*, la *Banque de Naples* et la *Banque de Sicile ;* nous réunirons leurs opérations sous la rubrique « Italie ».

Enfin nous négligerons dans notre situation d'ensemble la *Banque impériale ottomane*, qui est investie du privilège de l'émision pour la Turquie, mais qui n'en use que d'une manière insignifiante, puisque sa circulation fiduciaire ne dépasse guère 25 millions de francs.

Dans tous les pays de l'Europe la frappe de l'or est libre et les monnaies d'or ont puissance libératoire illimitée ; dans les cinq pays formant l'*Union latine* : France, Italie, Belgique, Suisse et Grèce, les pièces d'argent de 5 francs ont également puissance libératoire illimitée ; et il en est de même en Espagne pour les pièces d'argent de 5 pesetas, et en Hollande pour les pièces de 2 florins 1/2, 1 florin et 1/2 florin. Mais comme la frappe libre de l'argent est absolument supprimée en Europe (depuis 1876 pour l'*Union latine*), l'encaisse argent des banques européennes d'émission n'a augmenté que de 122 millions de francs entre 1880 et 1895, et 316 millions entre 1895 et 1909.

Le tableau suivant donne, à la fin des annees 1880, 1895 et 1909, la décomposition, en or et en argent, de l'encaisse métallique des banques d'émission de l'Europe :

Encaisse métallique des banques d'émission de l'Europe (à la fin des années 1880, 1895 et 1909)

(*Millions de francs.*)

États	Or			Argent		
	1880	1895	1909	1880	1895	**1909**
Allemagne	240	714	851	413	353	**293**
Angleterre	606	1 090	816	»	»	»
Autriche-Hongrie	163	513	1 422	271	266	**314**
Belgique	73	87	115	26	14	**44**
Bulgarie	»	2	31	»	5	**17**
Danemark	60	78	109	»	»	»
Espagne	117	200	403	78	257	**770**
France	568	1 963	3.507	1 226	1 240	**892**
Grèce	7	1	1	7	1	**3**
Italie	78	441	1.204	97	66	**129**
Norvège	33	34	42	»	»	»
Pays-Bas	98	93	254	191	173	**77**
Portugal	8	27	31	6	41	**37**
Roumanie	3	61	94	1	3	**1**
Russie	791	2 504	3.131	8	21	**190**
Banque de Finlande	18	22	25	9	3	**3**
Serbie	»	6	13	»	5	**7**
Suède	29	11	113	6	24	**6**
Suisse	(1) 19	83	136	(1) 20	12	**17**
Totaux	2 941	7 963	12.298	2.362	2 484	**2.800**

L'augmentation de l'encaisse argent a pour origine unique les frappes en Espagne de pièces de 5 pesetas qui se sont poursuivies jusqu'en 1901, époque à laquelle une loi (28 novembre) a enfin interdit ces frappes au Trésor espagnol. Aussi l'encaisse argent de la *Banque d'Espagne*, qui n'était que de 78 millions de francs en 1880, s'est successivement élevée à 257 millions en 1895 et a 770 millions à la fin de 1909, constituant une augmentation totale de 692 millions, dépassant de 260 millions de francs l'accroissement constaté pour l'ensemble des en-

(1) En 1886.

caisses argent de toutes les banques européennes d'émission pendant la même période.

La légère augmentation relevée pour la Belgique, l'Italie et la Suisse entre 1895 et 1909, provient d'une amélioration de la situation monétaire de ces trois pays, qui y a fait revenir une partie des pièces de 5 francs de l'*Union latine* que la circulation française avait absorbées après la suspension de leur frappe libre.

*
* *

En ce qui concerne l'encaisse or, toutes les banques d'émission se présentent en augmentation, sauf la *Banque Nationale de Grèce*, qui n'a, pour ainsi dire, aucune encaisse métallique, et le total de ces augmentations atteint la somme de 9.354 millions de francs entre la fin de 1880 et la fin de 1909.

Les augmentations les plus fortes, constatées entre la fin des années 1880 et 1909, sont celles de la *Banque de France* : 2.939 millions de francs ; de la *Banque de l'Etat de Russie* : 2.337 millions ; de la *Banque d'Autriche-Hongrie* : 1.259 millions ; de la *Banque d'Italie* et des deux autres banques italiennes d'émission : 1.126 millions. et de la *Banque de l'Empire d'Allemagne* (Reichsbank) : 611 millions de francs. L'augmentation de ces cinq établissements réunis représente à elle seule 8.272 millions de francs, c'est-à-dire 88 0/0 de l'augmentation globale de toutes les banques européennes d'émission.

Après viennent, par ordre d'importance d'augmentation : la *Banque d'Espagne* : 286 millions ; la *Banque d'Angleterre* : 210 millions ; la *Banque Néerlandaise* (Pays-Bas) : 156 millions ; la *Banque Nationale de Roumanie* : 91 millions, etc.

Il est curieux de constater que la *Banque d'Angleterre*, qui avait, en 1880, le second rang comme importance de l'encaisse or et le troisième rang en 1895, soit tombée au sixième en 1909. Cela tient surtout à la fonction spéciale que l'Angleterre exerce, au point de vue des changes internationaux, fonction que nous examinerons plus en détail quand nous ferons l'historique de ce grand établissement.

Entre 1881 et 1909 inclusivement, la production mondiale de l'or a donné les résultats suivants :

Production universelle de l'or du 1er janvier 1881 au 31 décembre 1909.

Périodes	Production totale (Millions de francs)	Moyenne annuelle (Millions de francs)
1881-1885	2.646 1	529 0
1886-1890	2.925 4	585 1
1891-1895	4.222 3	844 5
1896-1900	6 667 3	1 333 5
1901-1905	8.360 2	1 672 0
1906-1909	8.865 0	2 216 2
Total et moyenne	33.686 3	1 196 7

Sur cette somme de 33.686 millions, les banques européennes d'émission ont retenu, par devers elles, 9.354 millions, soit environ 28 0/0 ; la circulation publique européenne a absorbé, pour sa part, entre 7 et 8 milliards de francs, et le surplus est allé grossir l'encaisse des banques des deux Amériques, de l'Australie, du Japon, etc., ou enrichir la circulation monétaire de ces divers pays, ou, enfin, a été employé à des usages industriels et artistiques.

Mais ce qu'il faut retenir des chiffres précédents, c'est que le stock monétaire d'or européen a augmenté d'environ 17 milliards de francs entre les années 1880 et 1909 et que c'est cette augmentation, inespérée jusqu'à la découverte des champs d'or du

Transvaal, qui a permis à l'Europe de surmonter les effets désastreux de la disqualification de l'argent comme instrument d'échange international, survenue à la suite de la réforme monétaire allemande de 1871.

La circulation fiduciaire des banques européennes d'émission s'est considérablement augmentée et améliorée depuis 1880, ainsi qu'en témoigne le tableau suivant :

Circulation fiduciaire des banques d'émission de l'Europe à la fin des années 1880, 1895 et 1909
(*Millions de francs.*)

États	Circulation fiduciaire			Rapport de l'or à la circul. fiduciaire		
	1880	1895	1909	1880	1895	1909
Allemagne	1.008	1 650	2.589	24	43	33
Angleterre	658	657	721	92	166	113
Autriche-Hongrie	822	1 301	2.297	20	39	62
Belgique	340	477	845	21	18	14
Bulgarie	»	2	72	»	94	43
Danemark	84	116	171	72	67	64
Espagne	241	994	1.671	48	20	24
France	2.409	3 485	5.166	24	56	68
Grèce	65	112	135	11	1	1
Italie	1.688	1.085	1 932	5	41	62
Norvège	54	71	109	61	48	39
Pays-Bas	393	433	622	25	21	41
Portugal	26	313	392	31	9	8
Roumanie	8	132	283	37	46	33
Russie	4.340	4 221	3 124	18	59	100
Banque de Finlande	49	56	112	37	39	22
Serbie	»	25	50	»	25	27
Suède	137	165	283	21	27	40
Suisse	(1) 135	190	286	(1) 37	44	48
Totaux	12.457	15.485	20.860	24	51	59

(1) En 1885.

La circulation fiduciaire de l'Europe est donc passée de 12.457 millions de francs à la fin de 1880 à 15.485 millions à la fin de 1895 et à 20 860 millions à la fin de 1909 : c'est une augmentation totale de 8.403 millions, dont 3.028 millions pour la période 1880-1895 et 5.375 millions pour la période 1895-1909.

Mais l'augmentation totale des billets mis en circulation par toutes les banques européennes a été inférieure de 951 millions de francs à celle du stock d'or constitué par les mêmes établissements ; de sorte que la réserve d'or, pour 100 francs de billets émis, s'est élevée de 24 francs en 1880, à 51 francs en 1895 et à 59 francs en 1909.

C'est la *Banque de France* qui a la plus forte circulation fiduciaire de l'Europe (et on peut ajouter du monde entier) avec 5.166 millions de francs : son augmentation, par rapport à 1880, a été de 2.757 millions, mais nous savons que pendant la même période sa réserve d'or a progressé exactement de 2.939 millions, ce qui a porté son rapport de l'or à la circulation fiduciaire de 24 0/0 à la fin de 1880, à 68 0/0 à la fin de 1909. Nous verrons plus loin quelles ont été les heureuses conséquences, pour notre commerce et notre industrie, de cette amélioration de rapport.

Grâce à la réforme monétaire du 7-19 juin 1899, la *Banque de l'État de Russie* a vu sa circulation fiduciaire s'abaisser de 4.340 millions de francs à la fin de 1880, à 3.124 millions à la fin de 1909, alors qu'aux mêmes dates le stock d'or existant dans ce grand établissement passait de 794 millions à 3.131 millions de francs. Le rapport de l'or à la circulation fiduciaire russe a conséquemment progressé de 18 0/0 à la fin de 1880, à un peu plus de 100 0/0 à la fin de 1909.

La réforme monétaire austro-hongroise du 2 août 1892 a, au contraire, porté la circulation fiduciaire de la *Banque d'Autriche-Hongrie* de 822 millions de francs en 1880, à 2.297 millions en 1909, soit une augmentation de 1.475 millions, compensée en grande partie par l'augmentation de 1.259 millions du stock d'or détenu par la banque à la fin de 1909. Le rapport de l'or à la circulation fiduciaire austro-hongroise s'est par suite relevé, entre les deux dates, de 20 0/0 à 62 0/0.

Le malheur, c'est que la réforme monétaire austro-hongroise, légalement décidée depuis dix-huit années, n'a pas encore reçu la sanction définitive de la reprise des paiements en espèces par la *Banque d'Autriche-Hongrie*.

Entre 1880 et 1909 la circulation fiduciaire de la *Banque de l'Empire d'Allemagne* s'est accrue de 1.581 millions de francs, alors que l'accroissement de son stock d'or n'a été que de 611 millions. Aussi le rapport de l'or à la circulation fiduciaire allemande, qui était de 24 0/0 à la fin de 1880 (comme celui de la France à la même époque), après s'être élevé à 43 0/0 en 1895, est retombé à 33 0/0 à la fin de 1909.

La *Banque d'Angleterre* avait à la fin de 1909 une circulation fiduciaire de 721 millions de francs, à peine supérieure de 63 millions au chiffre de 1880. Son encaisse or ayant augmenté de 210 millions entre les deux dates, le rapport de l'or à la circulation a lui-même progressé de 92 0/0 à 113 0/0.

Mais la circulation fiduciaire de la *Banque d'Angleterre* est réellement insignifiante comparativement au rôle que ce doyen des établissements d'émission joue dans le régime monétaire universel ; en effet, elle arrive au huitième rang, après la circulation fiduciaire dela *Banque de Belgique*, et sa valeur, à la fin de 1909, était à celle de la circulation de la *Banque deFrance* comme 1 est à 7.16 ; à celle de la *Banque de l'Etat de Russie* comme 1 est à 4.33 ; à celle de la *Banque impériale d'Allemagne* comme 1 est à 3.59 ; à celle de la *Banque d'Autriche-Hongrie* comme 1 est à 3.18 ; à celle de la *Banque d'Italie* comme 1 est à 2.68 ; à celle de la *Banque d'Espagne* comme 1 est à 2.32, et à celle de la *Banque nationale de Belgique* comme 1 est à 1.17.

La circulation fiduciaire de la *Banque d'Italie* s'est considérablement améliorée depuis 1880. A cette date, elle était pratiquement inconvertible, comme les 340 millions de papier-monnaie que l'État avait alors en circulation, car son rapport avec l'or qu'elle possédait atteignait à peine 5 0/0. Le tableau précédent montre que ce rapport est monté à 62 0/0 à la fin de 1909 et, à cette même date, le Trésor détenait dans ses caisses particulières un stock d'or suffisant pour assurer la convertibilité des billets émis par l'État. Aussi le change italien, qui perdit jusqu'à 15.95 0/0 en 1893, a progressivement reconquis le pair depuis 1903.

Nous examinerons la situation de la circulation fiduciaire des autres banques européennes d'émission dans le chapitre spécial que nous consacrerons à chacune d'elles.

Les principales opérations productives des banques d'émission sont l'escompte des effets de commerce et les avances sur titres ; quelques-unes, telle que la *Reichsbank*, font également des prêts sur marchandises.

Elles réalisent ces opérations avec deux sources de crédit : 1° leur circulation fiduciaire à découvert, c'est-à-dire la différence entre leur encaisse métallique et leur circulation fiduciaire totale ; 2° le montant de leurs dépôts et comptes courants créditeurs.

Étudions d'abord le développement de l'escompte et des avances sur titres pour l'ensemble des banques européennes d'émission :

Portefeuille de l'Escompte et des Avances sur titres des Banques d'Émission de l'Europe à la fin des années 1880, 1895 et 1909.

(Millions de francs.)

États	Portefeuille Escompte			Avances sur titres		
	1880	1895	1909	1880	1895	1909
Allemagne	494	961	1.54[illegible]	120	261	365
Angleterre (1)	601	665	1.01[illegible]	»	»	»
Autriche-Hongrie	383	475	785	52	97	94
Belgique	284	365	716	8	22	63
Bulgarie	»	18	35	»	11	45
Danemark	15	25	45	20	9	11
Espagne	24	132	29[illegible]	111	224	490
France	927	626	889	168	369	533
Grèce	27	13	33	13	4	32
Italie	424	279	714	147	55	154
Norvège	28	43	61	1	2	1
Pays-Bas	82	108	155	95	112	156
Portugal	20	72	99	6	28	53
Roumanie	»	25	10[illegible]	12	18	32
Russie	304	595	531	394	624	690
Banque de Finlande	11	22	50	8	11	24
Serbie	»	7	10	»	8	18
Suède	126	267	223	280	292	80
Suisse	195	178	32[illegible]	356	572	1.204
Totaux	3.945	4.876	7.659	1.791	2.722	4.045

(1) Portefeuille escompte et avances sur titres réunis.

Toutes les banques d'émission de l'Europe, sauf la *Banque d'Angleterre*, présentent séparément leur portefeuille d'escompte et leur portefeuille d avances sur titres. En groupant les deux ordres d'opérations on obtient, pour la fin de l'année 1909, un total de 11.704 millions de francs contre 5.736 millions fin 1880, c'est-à-dire une augmentation de 5.968 millions de francs pour la période entière.

C'est peu, si l'on observe qu'entre 1880 et 1909 l'encaisse métallique des mêmes banques (or et argent réunis) a progressé de 9.792 millions de francs et leur circulation fiduciaire totale de 8.403 millions.

A la fin de 1880, les banques européennes travaillaient avec une circulation fiduciaire de 12.457 millions de francs de billets émis, moins 5.306 millions d'encaisse métallique, soit 7.151 millions de billets à découvert auxquels il fallait ajouter 3.337 millions de dépôts et comptes courants créditeurs, soit au total 10.448 millions de francs.

A la fin de 1909, la circulation fiduciaire des mêmes établissements s'élevait à 20.860 millions; leur encaisse métallique à 15.098 millions, laissant une circulation à découvert de seulement 5.762 millions de francs ; mais le montant de leurs dépôts et comptes courants créditeurs atteignait 6.330 millions, portant ainsi leurs ressources utilisables à 12.092 millions de francs.

Ces chiffres prouvent qu'en 1909 les banques européennes d'émission avaient réalisé de grands progrès dans leurs services publics, car, avec des disponibilités à peine supérieures de 1.660 millions de francs à celles de fin 1880, elles avaient escompté des effets de commerce ou consenti des avances pour une somme totale de 11.704 millions, alors que le chiffre de leurs escomptes et de leurs avances ne dépassait pas 5.736 millions en 1880.

Mais il convient d'ajouter qu'à cette dernière époque un certain nombre de grands États européens avaient mis à contribution, pour leurs besoins budgétaires, la circulation fiduciaire de leur banque d'émission respective, et que ces avances d'États, gagées par des bons du Trésor ou des titres de rentes, ne figuraient pas dans les rubriques *escomptes* et *avances* des établissements prêteurs.

Les 11.704 millions de francs d'effets escomptés, ou d'avances consenties par les banques européennes d'émission à la fin de 1909, ne représentent que les services directs que ces établissements rendent au public ; mais l'ensemble de leur circulation fiduciaire et la simplification monétaire que chacune d'elles réalise dans son pays respectif, en servant de véritable *clearing house* pour les règlements intérieurs, permet aux autres établissements financiers indigènes de travailler avec un minimum d'espèces métalliques et d'élargir ainsi leur sphère d'action au grand profit de tous les intérêts nationaux.

Dans beaucoup de grands États de l'Europe les établissements financiers privés ont bénéficié, plus que la banque d'émission elle-même, des avantages énormes que procure la rapide circulation d'une monnaie abondante, rigoureusement contrôlée, se prêtant facilement à tous les besoins du pays, jouissant d'un crédit parfait et, par cela même, ayant une valeur toujours stable.

Pour ne citer que quelques exemples, il nous suffira de rappeler qu'à la fin de 1880 le portefeuille commercial de la *Banque de France* (effets escomptés) était de 927 millions de francs et ceux des cinq grandes Sociétés françaises de dépôts réunies (*Crédit Lyonnais*, *Comptoir d'Escompte*, *Société Générale*, *Crédit Industriel* et *Société Marseillaise*) de 484 millions.

A la fin de 1909, le portefeuille de la *Banque de France* est descendu à 889 millions de francs, tandis que le total des portefeuilles commerciaux de nos cinq grands établissements de dépôts s'est élevé au chiffre formidable de 3.066 millions de francs.

En 1895, les neuf principales banques de Berlin avaient un total d'effets escomptés inférieur de près de la moitié au chiffre de la *Reichsbank*. En 1909, le portefeuille de cet établissement d'émission s'est élevé à 1.546 millions, mais celui des neuf principales banques privées berlinoises a dépassé 1.888 millions de francs.

Quant à l'Angleterre, on estime que le portefeuille de l'escompte et des avances sur titres de la *Banque d'Angleterre* s'élevant à 1.044 millions de francs à la fin de l'année 1909, représente à peine 7 0/0 des escomptes et des avances de toutes les banques privées du Royaume-Uni.

*
* *

Le tableau précédent nous a montré une particularité curieuse : les banques d'émission de la Suisse (*Banque Nationale* et anciennes banques cantonales) avec une circulation fiduciaire à découvert de seulement 133 millions de francs, avaient, à la fin de 1909, un portefeuille d'escompte de 326 millions et un portefeuille d'avances sur titres de 1.204 millions : soit au total 1.530 millions de francs d'opérations productives.

Le tableau suivant va nous donner l'explication de ce phénomène :

Comptes courants créditeurs et dépôts particuliers des Banques d'émission de l'Europe à la fin des années 1880, 1895 et 1909 et taux de l'escompte à la fin des années 1880, 1890, 1895, 1900, 1905 et 1909.

États	Comptes courants et dépôts particuliers			Taux de l'escompte %					
	1880	1895	1909	1880	1890	1895	1900	1905	1909
	Millions de fr.								
Allemagne.	217	549	690	4	5 1/2	4	5	6	5
Angleterre.	621	1 213	1.255	3	5	2	4	4	4 1/2
Autrich.-Hon.	13	54	194	4	5 1/2	5	4 1/2	4 1/2	4
Belgique.	43	45	86	3 1/2	3	2 1/2	4	4	3 1/2
Bulgarie.	»	46	116	»	8	8	8	8	7
Danemark.	23	13	10	4	3 1/2	3 1/2	6	4	5
Espagne.	237	385	510	4	4	4 1/2	3 1/2	4 1/2	4 1/2
France.	422	606	603	3 1/2	3	2	3	3	3
Grèce.	54	94	147	7	7	6 1/2	6 1/2	6 1/2	6
Italie.	243	324	306	4	6	5	5	5	5
Norvège.	15	13	11	4	4 1/2	3 1/2	6 1/2	5 1/2	4 1/2
Pays Bas.	38	9	12	3	3	2 1/2	3 1/2	3	3
Portugal.	16	9	10	5 1/2	7	6	5 1/2	5 1/2	6
Roumanie.	»	12	52	5	5	5	8	5	5
Russie.	673	652	558	6	5	4 1/2	5 1/2	7	4 1/2
B.de Finlande	10	16	6	4 1/2	5	4	6	5	5
Serbie.	»	1	8	»	8	7 1/2	7 1/2	6	8
Suède.	240	542	101	4	6	4	6	5 1/2	5
Suisse.	(1 472	749	1.655	4 (1)	4 1/2	4 1/2	5	5	4
Tot. et moyen.	3.337	5.332	6.330	4.3	5 2	4.4	5.4	5.1	4.8

Ainsi, ce sont les banques suisses qui ont, de toutes les banques européennes d'émission, le plus fort chiffre de dépôts et comptes courants particuliers. A la fin de l'année 1909, ce chiffre atteignait

(1) En 1885.

1.655 millions de francs, alors que celui de la *Banque d'Angleterre*, qui vient immédiatement après comme importance, ne s'élevait qu'à 1.255 millions.

Entre la fin de 1895 et la fin de 1899, l'augmentation de ce chapitre spécial a été de 906 millions de francs pour l'ensemble des banques suisses d'émission, alors qu'elle n'a pas dépassé 141 millions à la *Reichsbank*, 140 millions à la *Banque d'Autriche-Hongrie*, 42 millions à la *Banque d'Angleterre*, et qu'il y a eu au contraire une diminution de 3 millions à la *Banque de France*, de 18 millions à la *Banque d'Italie* et de 94 millions à la *Banque d'État de Russie*.

On peut attribuer ce phénomène à deux causes principales : 1° au développement de la richesse de la Confédération helvétique qui a porté vers les 33 anciennes banques d'émission suisses et la *Banque Nationale*, créée en 1905, la nouvelle épargne du pays ; 2° l'exode vers la Suisse des capitaux français survenu surtout depuis 1906.

Il est incontestable que la crainte de l'inquisition fiscale a poussé hors de France beaucoup de capitaux ; mais ce sont les valeurs mobilières, plutôt que le numéraire, qui ont pris le chemin de l'exil. D'ailleurs, il ne faut pas oublier qu'avec le système de la pluralité des banques d'émission qui a subsisté en Suisse jusqu'à la promulgation de la loi du 6 octobre 1905, les 33 banques investies du privilège d'émettre des billets remboursables à vue, opéraient à la fois comme banques privilégiées et comme banques privées, d'après le système de nos grandes Sociétés de dépôts : cela revient à dire qu'elles concentraient chez elles toute l'épargne nouvelle de la Confédération.

Ce qui prouve le bien-fondé de cette hypothèse, c'est que la *Banque Nationale*, qui fonctionne depuis près de cinq années et qui avait, à la fin de 1909, une circulation fiduciaire de 261 millions de francs, alors que les billets émis par les anciennes banques et circulant encore à cette date ne dépassaient pas 25 millions de francs, ne disposait que de 37 millions de dépôts et comptes courants créditeurs particuliers, alors que le montant des dépôts et comptes courants des anciennes banques d'émission, cantonales ou privées, atteignait 1.618 millions de francs.

Le tableau précédent donne également le taux de l'escompte pratiqué par les banques européennes d'émission à la fin des années 1880, 1890, 1895, 1900, 1905 et 1909. C'est à la *Banque de France* que le taux a été le plus régulier et le plus favorable.

En 1895, au commencement du développement de la production aurifère universelle, on supposa que le taux de loyer du capital s'abaisserait rapidement si cette production venait à doubler de valeur.

Pendant la période 1886-1890, les mines d'or fournirent au monde civilisé une moyenne annuelle de 585 millions de francs de métal jaune ; pour la période 1891-1895 la moyenne annuelle s'établit à 844 millions et cette augmentation, coïncidant avec une forte hausse des valeurs mobilières, permit de croire qu'il s'agissait là d'un rapport de cause à effet. Mais entre le 1er janvier 1906 et le 31 décembre 1909 la production moyenne annuelle de l'or a atteint 2.216 millions de francs, presque le triple de la moyenne de 1891-1895, et malgré cette augmentation extraordinaire, jamais le marché monétaire mondial n'a été aussi précaire que pendant la période 1906-1909.

La vérité, c'est que, parallèlement à l'augmentation du stock d'or monnayé, constatée par nos précédentes statistiques, il s'est créé dans l'univers de nouveaux besoins de capitaux ayant uniquement l'or pour base, que les nouveaux apports des mines, et le perfectionnement des instruments d'échanges internationaux, ne peuvent complètement satisfaire qu'en temps de calme plat. Mais dès que quelques nuages surgissent à l'horizon financier de l'Europe ou de l'Amérique, la couverture d'or devient trop étroite, parce que chaque marché veut la tirer à lui.

2. — LA BANQUE DE FRANCE.

La *Banque de France*, créée au capital de 30 millions de francs, le 24 pluviôse an VIII (13 février 1800), obtint son privilège d'émission le 24 germinal an XI (14 avril 1803) et ce privilège lui a été successivement renouvelé par les lois des 22 avril 1806, 30 juin 1840, 9 juin 1857 et 17 novembre 1897. Son capital, porté à 45 millions en 1803, fut élevé à 90 millions en 1806, puis réduit, par des rachats d'actions, à 67.900.000 francs sous la Restauration, et relevé à 91.250.000 francs en 1848 — époque à laquelle elle devint Banque unique d'émission par l'absorption des Banques départementales (dont le capital total était de 23.250.000 francs) — et à 182.500.000 francs en 1857.

La loi du 22 avril 1806 donna à la *Banque de France* l'investiture de l'État en réservant au gouvernement la nomination de son gouverneur, de ses deux sous-gouverneurs et, plus tard, de ses principaux fonctionnaires. Depuis cette époque, et bien qu'étant la propriété privée de ses actionnaires, la Banque a toujours fonctionné sous le contrôle de l'Etat.

En effet, son Conseil général comprend quinze régents et trois censeurs, nommés par l'assemblée générale composée des deux cents plus forts actionnaires français n'ayant chacun qu'une voix, quel que soit le nombre de leurs actions; mais il est présidé par le gouverneur qui signe tous traités et conventions, qui est chargé de l'administration intérieure et qui dirige effectivement toutes les affaires de la Banque.

Il est inutile d'insister sur les avantages que ce régime procure à l'Etat, sans qu'il ait à courir aucune espèce de risques.

Le privilège exclusif de l'émission des billets de banque oblige la *Banque de France* à rembourser ses billets en espèces et à présentation. Cette règle peut être suspendue par une loi donnant *cours forcé* aux billets ; depuis l'origine de l'établissement ce cas ne s'est présenté que deux fois : du 15 mars 1848 au 6 août 1850, et du 12 août 1870 au 31 décembre 1877.

Aucune disposition spéciale n'est imposée à la *Banque de France* pour son encaisse métallique, mais la loi fixe un maximum à sa circulation fiduciaire.

Le décret du 15 mars 1848 avait limité à 350 millions de francs le chiffre de la circulation des billets de la Banque et de ses comptoirs. Les décrets des 27 avril et 2 mai 1848 ont étendu cette limite à 452 millions; la loi du 22 décembre 1849, à 525 millions. La loi du 6 août 1850, en supprimant le cours forcé, supprima également la limite de la circulation, qui ne fut rétablie que par la loi du 12 août 1870, en même temps que l'obligation de rembourser les billets en espèces était de nouveau suspendue. Cette loi du 12 août 1870 fixa la limite de la circulation à 1.800 millions ; celle du 14 août 1870 la porta à 2.400 millions ; celle du 29 décembre 1871, à 2.800 millions ; celle du 15 juillet 1872, à 3.200 millions, chiffre élevé à 3.500 millions par la loi de finances du 30 janvier 1884, à 4 milliards par la loi du 25 janvier 1893 ; à 5 milliards par la loi du 17 novembre 1897, et enfin à 5 800 millions par la loi du 9 février 1906.

Par la loi du 17 novembre 1897, — prorogeant son privilège jusqu'au 31 décembre 1920, — la *Banque de France* est tenue de verser à l'État chaque année, et par semestre (pour le fonctionnement du *Crédit Agricole*), une redevance égale au produit du huitième du taux de l'escompte par le chiffre de la circulation productive, sans qu'elle puisse jamais être inférieure à 2 millions de francs. En outre, l'avance de 60 millions de francs consentie par la Banque à l'Etat en vertu du traité du 10 juin 1857 moyennant un intérêt de 3 0/0 et l'avance de 80 millions approuvée par la loi du 13 juin 1878 moyennant un intérêt de 1 0/0, ont cessé de lui porter intérêt à partir du 1er janvier 1896, et la Banque s'est engagée à ne réclamer ni le remboursement de ces 140 millions pendant toute la durée de son privilège, ni celui de la nouvelle somme de 40 millions qu'elle a mise à la disposition de l'État, sans intérêt, pour la création du *Crédit Agricole*.

A ce propos, il est intéressant de rechercher, d'après les rapports annuels du gouverneur, ce que le privilège d'émission — c'est-à-dire le droit d'escompter des effets de commerce et de faire des avances sur titres avec les billets à vue qu'elle fabrique elle-même — a coûté à la *Banque de France* depuis le 1er janvier 1897, date à laquelle la loi du 17 novembre 1897 a reporté le paiement de la redevance spéciale dont il est question ci-dessus.

Charges spéciales payées par la *Banque de France* du 1er juin 1897 au 31 décembre 1909.

(*Milliers de francs.*)

Années	Redevance à l'Etat	Timbre des billets	Frais de fabrication des billets	Réunion
1897	2.742	1.067	919	4 728
1898	3.243	1.097	927	5 267
1899	4.857	1 149	910	6.916
1900	5 655	1.221	931	7 807
1901	4.108	1 152	834	6 094
1902	3.777	1.135	804	5 716
1903	4 315	1.208	780	6 303
1904	4 522	1 219	772	6.513
1905	4.225	1.220	778	6.223
1906	5.333	1.359	778	7.470
1907	7 357	1.473	765	9 595
1908	5 534	1.405	780	7 719
1909	4 791	1.400	803	6.994
Totaux	60 459	16.105	10.781	87.345

La redevance à l'État figurant dans la première colonne est le produit du montant de la circulation productive multiplié par le huitième du taux moyen de l'escompte annuel. La Banque verse cette redevance au Trésor, qui la consacre au fonctionnement du *Crédit Agricole*, au même titre que les 40 millions avancés gratuitement à l'État au moment de la promulgation de la loi du 17 novembre 1897.

Ainsi, outre les impôts ordinaires qu'elle paie à l État comme toutes les banques par actions, et qui se sont élevés pendant la même période au total de 24.310.000 francs, la *Banque de France*, du chef unique de la circulation de ses billets, a versé au Trésor 60.459.000 francs de *redevance spéciale* et 16.105.000 francs pour le timbre des billets, soit au total 76.564.000 francs. Et indépendamment de cette charge, elle a dû dépenser 10.781.000 francs pour la fabrication des mêmes billets.

Ce qui revient à dire que l'exercice de son privilège d'émission lui a réellement coûté 87 millions 345.000 francs, depuis 1897, soit une moyenne annuelle de 6.719.000 francs, sans compter les autres sacrifices dont nous parlerons plus loin.

Pour l'année 1909, la circulation productive de la *Banque de France* (c'est-à-dire les billets employés en escompte et en avances sur titres) ayant été de 1.277 millions de francs, et les charges spéciales à l'émission des billets, de 6.994 000 francs : ces charges représentent, par rapport à la circulation productive, une dépense annuelle de 0 fr. 55 0/0, supérieure à l'intérêt annuel que nos grandes Sociétés de crédit paient à leurs déposants à vue et à leurs comptes courants créditeurs.

Si l'on voulait être tout à fait exact, il faudrait même ajouter à ces 0,55 0 0 les frais multiples résultant de la manipulation des billets par un personnel nombreux et uniquement occupé aux triages, classements, vérifications, etc. On devrait aussi tenir compte de l'amortissement d'un matériel d'imprimerie, très coûteux et très délicat, ne servant absolument qu'à l'impression des billets à vignettes.

Or, avec sa circulation productive, qui lui revient certaines années jusqu'à 0 fr. 75 0/0, la *Banque de France* ne fait que de l'escompte (à trois signatures et à taux unique) et des avances sur titres de l'État français, sur obligations de villes et départements français, sur actions et obligations de chemins de fer français, sur obligations du *Crédit Foncier de France* et sur obligations des gouvernements de l'Algérie, de la Tunisie et de l'Indo-Chine.

Si elle n'avait pas le privilège de l'émission, c'est-à-dire si elle était une simple Société comme le *Crédit Lyonnais*, le *Comptoir d'Escompte* ou la *Société Générale*, elle pourrait d'abord employer son capital social, aujourd'hui immobilisé en rentes françaises 3 0/0, en valeurs ou en placements beaucoup plus rémunérateurs. Elle pourrait escompter les effets de commerce à un taux variable, selon le crédit des signatures, consentir des avances sur une foule d'excellentes valeurs françaises et étrangères qu'elle ignore actuellement, faire des reports en Bourse, etc. Enfin, il lui serait loisible de participer aux émissions de valeurs françaises et étrangères, qui sont des opérations infiniment plus productives que celles dont elle s'occupe actuellement.

Mais indépendamment des sacrifices *visibles* que nous venons de mentionner, le privilège d'émission impose à la *Banque de France* des obligations qui grèvent lourdement ses frais d'exploitation. Ainsi, par exemple, étant tenue de rembourser ses billets en espèces dans toutes ses succursales, elle doit les approvisionner de monnaies d'or et d'argent, et comme, pour une même ville, les versements en espèces ne correspondent presque jamais avec les demandes de remboursement des billets, la Banque doit effectuer, à ses frais, des transports de monnaies et de billets pendant toute l'année.

Ces frais de transport peuvent être évalués à 133.231 francs en moyenne par année, soit 1 million 732. 000 francs pour la période 1897-1909.

La *Banque de France* est également obligée de payer gratuitement, pour le compte du Trésor, tous les coupons de rentes françaises et valeurs du Trésor qui sont présentés à ses guichets et d'ouvrir gratuitement ses guichets aux émissions de rentes françaises et des valeurs du Trésor.

Enfin l'État a encore imposé à la Banque une charge beaucoup plus lourde que les deux précédentes : celle d'opérer *gratuitement* les mouvements de fonds des comptables du Trésor (versements et prélèvements), tant à Paris que dans les départements.

Le tableau suivant, récapitulant les mouvements annuels du compte courant du Trésor à la *Banque de France* depuis 1897, donnera une idée très précise de la responsabilité et des frais de personnel que ce service représente :

Mouvement annuel du Compte courant du Trésor à la *Banque de France* depuis 1897 : Versements et prélèvements réunis :

Années	Millions de francs	Années	Millions de francs
1897.	6.546	1904.	9 385
1898	6.672	1905.	9.642
1899.	6.591	1906.	9 319
1900.	6.938	1907.	9.611
1901.	9 873	1908.	10 088
1902.	8 800	1909.	11.398
1903.	9.138	Total. . .	114.001

On peut dire que les trois quarts au moins des recettes et des dépenses de l'État passent par la *Banque de France*, car c'est la caisse où, quotidiennement, les trésoriers-payeurs généraux et tous les comptables du Trésor versent leurs disponibilités et prélèvent les fonds nécessaires à leurs règlements locaux. Or, cet immense mouvement de trésorerie ne coûte pas un centime à l'État.

En appliquant aux versements et prélèvements des trésoriers-payeurs généraux en province, qui comportent virement déplacé au crédit ou au débit du compte unique du Trésor, la commission réglementaire de 1/4 0/00, et aux effets et mandats du Trésor remis à l'encaissement, les commissions qui sont prélevées sur les remises de même nature faites par les particuliers, on arrive à un total de 917.385 francs par année moyenne, ou de 11.926 000 francs pour la période entière 1897-1909, représentant ainsi l'abandon par la Banque de commissions sur les opérations effectuées gratuitement pour le compte du Trésor.

En résumé, l'exercice du privilège d'émission a coûté à la *Banque de France* de 1897 à 1909 inclusivement, une somme totale de 101.003 000 francs, c'est-à-dire lui a imposé une charge annuelle de 7.769.237 francs. Pendant cette même période de treize années, sa circulation fiduciaire à découvert a été en moyenne de 678 800 000 francs par année et ses dépôts de comptes courants créditeurs de 524.100.000 francs : soit une somme globale moyenne annuelle de 1.202.900.000 francs, lui ayant servi à réaliser ses opérations productives : escomptes et avances sur titres.

Si la *Banque de France* n'avait été qu'une simple

banque de dépôts, ces 1.202.900.000 francs ne lui auraient coûté que l'intérêt annuel servi aux déposants à vue des grandes Sociétés de crédit (0 50 0/0), représentant une charge annuelle de 6 014.000 francs.

Ce qui revient finalement à dire que le privilège d'émission, loin d être favorable aux intérêts particuliers de la *Banque de France*, lui a fait perdre chaque année depuis 1897 une somme moyenne d'environ 1.755.000 francs.

La loi du 17 novembre 1897 imposa à la *Banque de France* l'obligation de porter, dans un délai de deux années, le nombre de ses succursales de 96 à 112 par la transformation de 18 bureaux auxiliaires en succursales, d'ouvrir une succursale dans tous les chefs-lieux de département qui n'en possédaient point, de créer 30 nouveaux bureaux auxiliaires et, à partir de 1900, d'ouvrir, chaque année, un nouveau bureau auxiliaire jusqu'à concurrence de 15.

En ce qui concerne cette dernière obligation, la *Banque de France* ne s'en est point tenue aux termes de la loi de prorogation de son privilège, car nous savons, d'après le dernier rapport de l'honorable M. Georges Pallain, son gouverneur, qu'à la date du 31 décembre 1909, la Banque avait, outre son siège central, 128 succursales, 69 bureaux auxiliaires et 305 villes rattachées, soit en tout 503 places bancables, alors qu'elle n'en comprenait que 261 à la fin de 1897 et que la loi du renouvellement n'en prévoyait elle-même que 317.

*
* *

Après avoir résumé à grands traits les services particuliers que la *Banque de France* rend à l'Etat, il est nécessaire de dire quelques mots des services généraux qu'elle rend au public français.

Depuis 30 ans, la politique monétaire de notre grand établissement d'émission a été constamment orientée vers l'accroissement de sa réserve d'or, et nous pouvons ajouter que cette politique a obtenu des résultats sérieux. En effet, le stock d'or de la Banque n'était que de 568 millions de francs à la fin de l'année 1880 et son rapport avec les billets en circulation n'atteignait à cette date que 24 0/0. En 1890, le stock d'or s'élève à 1.126 millions, avec un rapport de 37 0/0 ; en 1900, il progresse à 2.339 millions, avec un rapport de 56 0/0, et nous le trouvons enfin à 3.507 millions au 31 décembre 1909, avec un rapport de 68 0/0.

Les avantages que l'industrie, l'agriculture et le commerce français ont retirés de l'augmentation des réserves d'or de la *Banque de France* sont de deux natures : 1° baisse très sensible du taux de loyer des capitaux par rapport aux autres grands pays ; 2° stabilité remarquable de ce taux, malgré les variations constatées sur les principaux marchés de l'étranger.

Quand la circulation fiduciaire de la *Banque de France* n'avait comme couverture que 24 francs d'or par 100 francs de billets émis, le marché monétaire français était sous la dépendance absolue du marché anglais, et la Banque ne pouvait alors défendre le chèque sur Londres, clé de voûte de notre change extérieur, qu'en maintenant son taux d'escompte au niveau du taux de la *Banque d'Angleterre*. Par conséquent, dès que ce dernier établissement élevait son escompte, la *Banque de France*, pour empêcher la hausse du chèque et éviter le drainage de l'or circulant dans le public, devait, bon gré mal gré, suivre le mouvement.

En réalité, la défense de notre change extérieur s'effectuait au détriment des intérêts de la production et du commerce français.

Mais lorsque notre grand établissement d'émission a eu à sa disposition un stock d'or beaucoup plus important, il a pu défendre le change extérieur français sans toucher à son taux d'escompte, car il lui suffit maintenant, pour enrayer la hausse du chèque sur Londres, de consentir des remises d'or au moment précis où il faut les faire.

C'est ainsi que, pendant une période consécutive de près de sept années, du 31 mai 1900 au 21 mars 1907, la *Banque de France* a pu maintenir son escompte au taux invariable de 3 0/0, alors que, pendant la même période, il a été modifié en moyenne trois ou quatre fois par an en Angleterre et en Allemagne, et avec des différences en hausse souvent considérables.

A la fin de 1907, point culminant de la crise américaine, l'escompte atteignait 7 1/2 0 0 à Berlin, 7 0,0 à Londres, 6 0/0 à Vienne, 6 0/0 à Bruxelles ; il n'était que de 4 0/0 à Paris et il s'abaissait à 3 1/2 le 9 janvier 1908, pour reprendre, dès le 23 janvier suivant, le taux de 3 0/0, qu'il n'a jamais plus quitté depuis.

A cette dernière date, nous le trouvons encore à 6 1/2 0/0 à Berlin, à 5 0,0 à Vienne, à 5 0/0 à Bruxelles, à 4 0/0 à Londres. et personne n'ignore que ce sont précisément les remises d'or que la *Banque de France* fit, en décembre 1907, au marché anglais qui calmèrent la panique américaine. C'est ainsi que la crise monétaire, qui menaçait par répercussion tous les marchés de l'Europe, — et dont les intérêts français auraient cruellement souffert, — se trouva brusquement conjurée.

La politique monétaire de la *Banque de France* a donc rendu d'immenses services à l'agriculture, à l'industrie et au commerce de notre pays. Quels profits ses propres actionnaires en ont-ils retirés ? Aucun On peut même démontrer que cette politique leur a été absolument préjudiciable.

En effet, pour chaque million de francs d'or étranger qui entre à la *Banque de France*, il sort de cet établissement un million de francs en billets, car la Banque ne peut acheter l'or au-dessous du prix que les porteurs de monnaies étrangères ou de lingots en retireraient eux-mêmes à notre Hôtel des Monnaies en les faisant convertir en louis d'or. Elle retient simplement les frais de frappe qu'elle est obligée de payer, comme tout le monde, pour convertir l'or étranger en monnaie française (6 fr. 70 par kilogr. d'or). Au contraire, chaque billet de mille francs, donné en échange d'une somme équivalente d'or, lui coûte environ 0 fr. 60 pour droit de timbre et frais de fabrication.

Mais l'augmentation de l'encaisse or de la *Banque de France* ayant permis à notre marché de s'affranchir de l'influence monétaire anglaise et, conséquemment, d'y maintenir le taux de l'escompte à un taux moyen très sensiblement inférieur au taux pratiqué sur les autres grands marchés financiers, la *Banque de France*, qui ne tire ses profits que de l'escompte et des avances sur titres, a vu ses bénéfices diminuer dans la proportion de la réduction du taux de loyer des capitaux sur le marché français.

Et elle n'a pu regagner cette perte par un plus large développement de ses affaires productives, car depuis surtout dix années elle subit la concurrence des grandes Sociétés de dépôts qui, n'ayant à s'occuper que de l'intérêt de leurs actionnaires, ont réussi à prendre, dans notre pays, une importance dont la fortune publique française, il convient de le reconnaître, a largement profité.

Voici quelques chiffres intéressants :

Situation à la fin des années 1899 et 1909
(*Millions de francs*)

A. Banque de France :	1899	1909	Différence	en 1909
—				%
Circulation fiduciaire. . .	3 924	5.166	+ 1 242	+ 32
Encaisse or.	1.879	3.507	+ 1 628	+ 87
Rapport de l'or à la circulation	48 %	68 %	»	+ 42
Portefeuille commercial. . .	1.049	889	— 160	— 15
Avances sur titres. . . .	487	533	+ 46	+ 9
Total.	1 536	1.422	— 114	— 7
B. Crédit Lyonnais. — Comptoir d'Escompte — Société Générale — Crédit Industriel — Société Marseillaise :				
—				
Portefeuille commercial. . .	1.297	3 066	+ 1.769	+ 136
Avances et Reports. . . .	618	1 147	+ 529	+ 86
Total.	1.915	4.213	+ 2.298	+ 120

Ce tableau prouve que les grandes Banques de dépôts, libres de leurs mouvements et dégagées des entraves qui rivent la *Banque de France* à sa fonction de banque d'émission, ont tiré un admirable parti de l'abondante et solide circulation monétaire que cet établissement privilégié a assurée à notre pays entre 1899 et 1909.

Les dépôts qui viennent s'accumuler dans leurs caisses, et dont elles se servent pour des opérations à court terme, facilement réalisables, ne leur coûtent pas plus cher, ou guère plus cher, que les billets de la circulation productive de la *Banque de France*, et ces dépôts, ainsi employés, leur permettent de faire avec leurs fonds sociaux et leurs réserves, un certain nombre d'opérations infiniment plus fructueuses que l'escompte des effets à trois signatures et les avances sur titres garantis par l'Etat français, qui sont les uniques sources de profit de la *Banque de France*.

On peut donc se demander si avec sa puissante organisation actuelle, son personnel d'élite, ses immeubles, son capital social et les réserves qui appartiennent à ses actionnaires – dont la valeur d'ensemble doit représenter aujourd'hui près de 350 millions de francs – la *Banque de France* n'aurait pas intérêt à renoncer à son privilège d'émission et à devenir une Banque libre comme le *Crédit Lyonnais*, la *Société Générale* ou le *Comptoir national d'Escompte*.

*
* *

Ainsi que nous l'avons dit plus haut, le maximum de la circulation fiduciaire de la *Banque de France* a été fixé à 5.800 millions de francs par la loi du 9 février 1906. Au 23 décembre dernier, cette circulation s'élevait à la somme de 5.139.465.135 francs et voici quelle était sa décomposition :

Décomposition de la circulation fiduciaire de la *Banque de France* au 23 décembre 1909.

Coupures	Nombre de billets	Valeur des billets (En francs)
1.000 francs.	1.438 227	1.438 227.000
500	591.201	295.600 500
100 —	26 981.050	2.698.105 000
50 —	14.104.562	705 228 100
25 —	15.316	382 900
20 —	62 157	1.243 140
5 —	135 699	678 495
Totaux.	43.328.212	5.139.465.135

Ce sont les billets de 100 francs qui sont le plus demandés par le public, car ils servent dans les paiements courants comme de véritables chèques payables au porteur, dont personne ne discute la signature.

On remarquera qu'il existe encore en circulation un certain nombre de billets de 25 francs, de 20 francs et de 5 francs, émis pendant et après la guerre de 1870-1871 et dont le retrait fut décidé en 1878. Ces billets n'ont plus cours légal, mais la Banque continue à les rembourser au fur et à mesure de leur présentation. Leur montant en circulation était de 2.526.780 francs en 1898, et il s'est réduit, par remboursements successifs, à 2 335.506 francs en 1906, à 2.314 255 francs en 1908 et à 2.304.535 francs en 1909.

La circulation fiduciaire de la *Banque de France* s'accroît en même temps que son stock de métal or, et voici les variations qu'elle a subies pendant les trois dernières années :

Variations de la circulation fiduciaire de la *Banque de France* en 1907, 1908 et 1909
(*Millions de francs.*)

Années	Maximum	Minimum	Moyenne	Encaisse or (moyenne)
1907.	5.093	4 585	4.801	2.703
1908.	5 116	4 655	4.853	3 052
1909.	5.415	4 875	5 080	3 630

Comme on le voit par le tableau ci-dessus, c'est en 1909 que la circulation fiduciaire de la *Banque de France* a atteint le chiffre le plus élevé mais ce même exercice a été également un record pour l'encaisse or, dont la moyenne s'est établie à 3.630 millions de francs, et le maximum (18 juin 1909) à 3.714 millions.

Ce dernier chiffre, exprimé en louis d'or, représentait un poids de 1.200 tonnes environ, c'est-à-dire le chargement complet de deux trains à 60 wagons de 10 tonnes.

Situation des principaux postes de la *Banque de France* à la fin des années suivantes.

Années	Encaisse métallique — Or	Encaisse métallique — Argent	Circulation fiduciaire	Rapport de l'or à la circulation	Portefeuille — Escomptes	Portefeuille — Avances sur titres	Taux de l'escompte au 31 déc.	Comptes cour. et dépôts des particuliers
	Millions de francs			%	Millions de francs		%	Millions de fr
1880.	568	1 226	2 409	21	927	168	$3\frac{1}{2}$	422
1883.	961	1.003	2 939	33	1 030	306	3	423
1885	1 167	1.090	2 785	42	616	285	3	371
1890	1 126	1 216	3 052	37	868	264	3	432
1895.	1.963	1.210	3.485	56	626	369	2	605
1900.	2 339	1.110	4.146	56	759	510	3	454
1905.	2 885	1.079	4 515	64	905	500	3	624
1908.	3.497	888	4 949	71	720	520	3	638
1909.	3.507	892	5.166	68	889	533	3	603

Dans le tableau rétrospectif qui précède, donnant comparativement la situation des principaux postes de la Banque de 1880 à 1909 inclusivement, les chiffres des quatre premières colonnes montrent l'importance des services que la *Banque de France* a rendus à notre pays au point de vue monétaire.

Entre la fin des années 1880 et 1909 son encaisse or a augmenté de 2.939 millions de francs, et le rapport de cette encaisse à sa circulation fiduciaire s'est élevé, pendant la même période, de 24 à 68 0/0. C'est incontestablement à ce renforcement des réserves or de la Banque et au crédit de sa circulation fiduciaire, qui a toujours été acceptée au pair de l'or, que la France a pu sans aucun inconvénient — nous pouvons même dire avec avantage — maintenir au pair de l'or dans sa circulation intérieure plus de 2 milliards de francs de monnaies d'argent que les fanatiques du monométallisme-or anglais lui conseillaient de démonétiser après la réforme monétaire allemande de 1871, et sur lesquelles le Trésor aurait perdu peut-être un milliard de francs sans profit pour personne.

*
* *

Les monnaies françaises sont assujetties, sous le rapport de leurs divisions, au système métrique décimal des poids et mesures. D'après la loi du 18 germinal an III (7 avril 1795), créatrice de notre système des poids et mesures, l'unité monétaire a pris le nom de *franc*. La loi du 28 thermidor an III, sur les monnaies, porte : que l'unité monétaire conserve le nom de *franc* ; que le titre de la monnaie d'argent sera de 9 parties de ce métal pur et d'une partie d'alliage ; que la pièce de un franc sera à la taille de 5 grammes, celle de deux francs à la taille de 10 grammes, celle de cinq francs à la taille de 25 grammes.

Huit ans plus tard, la loi du 7 germinal an XI (28 mars 1803), loi constitutive de notre système monétaire actuel, a répété que 5 grammes d'argent, au titre de 9 dixièmes de fin, forment l'unité monétaire sous le nom de *franc*, et ordonné de frapper des pièces d'or de 20 francs, également au titre de 9 dixièmes et à la taille de 155 au kilogramme.

Le système monétaire français, connu dans l'histoire sous le nom de *bimétallisme*, comportait donc la frappe libre et illimitée de l'or et de l'argent dans le rapport de 1 à 15 1/2.

Cela revient à dire que 1 kilogramme de monnaies d'or frappées aux conditions ci-dessus indiquées, avait la même valeur que 15 kilog. 1/2 de monnaies d'argent.

Par une loi du 25 mai 1864, la fabrication des pièces de 50 centimes et 20 centimes a été ordonnée au titre de 835 millièmes de fin. Une autre loi du 14 juillet 1866 ordonne la fabrication au même titre 835 des pièces de 1 franc et 2 francs. Les pièces de 20 et 50 centimes, de 1 franc et 2 francs, au titre de 900 millièmes de fin, ont été refondues et employées à la fabrication des nouvelles pièces.

Une convention monétaire (*Union latine*), conclue le 23 décembre 1865 entre la France, la Belgique, l'Italie et la Suisse, promulguée le 20 juillet 1866, et à laquelle la Grèce a adhéré en 1868 a reçu son exécution du 1er août 1866 au 31 décembre 1879. Elle a mis ces pays en état d'union pour ce qui regarde le titre, le poids, le diamètre et le cours de leurs espèces monnayées d'or et d'argent.

La réforme monétaire décidée par l'Allemagne le 4 décembre 1871 — passage de l'Allemagne à l'étalon d'or et démonétisation de l'argent allemand — ayant eu pour conséquence une forte dépréciation de la valeur en or du métal argent, les nations composant l'Union latine limitèrent d'abord, puis suspendirent totalement la frappe libre de l'argent. En ce qui concerne spécialement la France, la limitation date du 6 septembre 1873 et la suspension définitive du 5 août 1876.

Depuis cette dernière date, le *bimétallisme* français n'existe plus en fait, puisque la frappe libre a été seule maintenue en faveur de l'or ; mais il subsiste encore au point de vue légal, car les pièces de 5 francs d'argent, frappées antérieurement à 1876, continuent à être reçues, sans limitation, par les caisses publiques et jouissent, sur toute l'étendue du territoire de la République, du cours forcé à l'égard des particuliers.

Monnaies françaises frappées de 1803 à 1908

Monnaies d'or

Valeur des pièces	Nombre	Valeur en francs
Pièces de 100 francs. . .	760 391	76 039 400
— de 50 — . . .	958 321	47 916.050
— de 40 — . . .	5.110 809	204.432 360
— de 20 — . .	461.743.013	9.294 860.860
— de 10 — . . .	118 237.405	1.182.374.050
— de 5 — . . .	46.688 026	233 440.130
Totaux.	636.497.9[illegible]8	11.039 062.850

MONNAIES D'ARGENT

Valeur des pièces.	Nombre	Valeur en francs
5 francs.	1 012 121 248	5 060 606.240 »
2 —	99.293 575	198.587 150 »
1 —	267.101 574	267.101.574 »
0 fr. 50.	303 713.704	151 856 852 »
0 fr. 25.	30.684 405	7.671 101 25
0 fr. 20.	41.263 603	8 252.720 60
Totaux.	1.754.178.109	5.694.075.637 85

Entre 1903 et 1908 il a été fabriqué 10 millions de francs de pièces en nickel de 0 fr. 25 Enfin entre 1852 et 1908, on a frappé 76.185.909 fr. 39 de monnaies de bronze, ce qui porte le total des frappes françaises à 16.819.324.297 fr. 24, dont il faut déduire comme pièces démonétisées ou refondues 286.145.780 francs de monnaies d'or et 372.905.514 fr. 75 de monnaies d'argent.

Nous avions ainsi, à la fin de 1908, une frappe nette de :

	Francs
Monnaies d'or.	10.752.916.970 »
ARGENT	
Pièces de 5 francs (900 Mmes). . .	4.927.267.545 »
Monnaies divisionnaires (835 Mmes)	393 902.578 10
— de nickel.	10 000 000 »
— de bronze.	76 185 909 39
Total.	16 160.273.002 49

Rappelons, à titre d'indication, qu'entre 1899 et 1908 il a été frappé 1.527.574.810 francs de monnaies d'or, 107.356.513 fr. 50 de monnaies divisionnaires d'argent, 10 millions de francs de monnaies de nickel et 6.907.387 fr. 89 de monnaies de bronze.

Que restait-il dans la circulation française, à la

fin de 1908, des 16 160 millions de francs de monnaies frappées à l'effigie nationale depuis 1803 et continuant à avoir cours légal dans notre pays ? On ne peut répondre à cette question que d'une manière très approximative, car à l'époque où le bimétallisme français fonctionnait dans sa plénitude, c'est-à-dire que chacun avait le droit de faire convertir des lingots d'or ou des lingots d'argent en monnaies ayant cours forcé en France, il existait, selon la production respective des deux métaux précieux et selon les demandes particulières de l'Angleterre, pays à étalon unique d'or, et des nations qui n'avaient que l'argent comme étalon monétaire (Indes, Chine, Mexique, etc...), des courants métalliques qui tantôt attiraient l'or dans notre pays et en exportaient l'argent et tantôt attiraient l'argent et en exportaient l'or.

D'autre part, la bijouterie, l'orfèvrerie et l'industrie artistique prennent souvent, pour leurs besoins professionnels, des louis d'or neufs dans la circulation, car sur le métal précieux ainsi obtenu les fondeurs ne perdent que les frais de frappe, soit à peine 2 fr. 16 par 1.000 francs Il en était de même pour l'argent avant 1872, c'est-à-dire à l'époque où ce métal valait sur le marché son pair monétaire de 222 francs le kilogramme.

Pour déterminer les quantités de monnaies d'or et d'argent qui ont échappé à l'exportation ou à la fonte, M. de Foville a imaginé une ingénieuse méthode qui consiste à utiliser les recensements monétaires opérés à intervalles réguliers par le ministère des finances, en relevant le millésime des pièces d'or et des pièces de 5 francs françaises recensées.

En s'appuyant sur les résultats de l'enquête monétaire du 15 octobre 1903, M. de Foville a calculé qu'à cette date il devait y avoir dans la circulation française 4.800 millions de francs de monnaie d'or, 1.800 millions de pièces de 5 francs, 330 millions de francs de monnaie divisionnaire et 60 millions de monnaie de bronze ou de nickel ; soit, au total, 6.990 millions de francs.

Partant de ces chiffres et tenant compte : 1° du mouvement de l'or survenu entre la France et l'étranger du 1er janvier 1904 au 31 décembre 1908 ; 2° de l'accroissement du stock d'or de la *Banque de France* ; 3° des frappes de monnaies d'or et d'argent opérées à la Monnaie de Paris pendant la même période ; 4° et des 12 à 15 millions de francs de monnaies d'argent que nous exportons chaque année en Algérie et dans nos colonies africaines, d'où l'argent monnayé ne revient jamais plus, nous croyons qu'à la fin de 1908 la valeur approximative du stock monétaire français devait se décomposer ainsi :

Valeur approximative du stock monétaire de la France à la fin de 1908

(*Millions de francs.*)

	Banque de France	Circulat. publique	Total
Or (monnaies ou lingots).	3 497	3.103	6.600
Argent : pièces de 5 francs	888 (1)	812	1.700
— monnaies divisionnaires.	»	365	365
Bronze ou billon. . . .	»	68	68
Billets de la Banq. de France	»	5 166	781 (2)
Totaux. . . .	4 385	9.514	9.514

(1) Ce chiffre de 888 millions comprend, outre les pièces de 5 francs, les monnaies divisionnaires et les monnaies de billon, qui ne figurent d'ailleurs que pour un montant de 61 millions environ.

(2) Circulation fiduciaire à découvert, c'est-à-dire non gagée par de l'encaisse métallique.

Ce total de 9.514 millions de francs, qu'il ne faut cependant considérer que comme une évaluation approximative, représente une moyenne d'environ 242 francs par habitant, supérieure à la moyenne de tous les pays à monnaie métallique.

Le tableau précédent démontre que la circulation fiduciaire de la *Banque de France* constitue aujourd'hui la véritable monnaie de compte de notre pays, ainsi que les enquêtes monétaires de 1885, 1891, 1897 et 1903 l'ont d'ailleurs établi.

En effet, le 15 octobre 1903, sur 276.310.738 francs de numéraire recensé par les agents comptables du Trésor et par les grands établissements de crédit français et leurs succursales, les billets de banque s'élevaient à 236.413.195 francs, ou 85,56 0/0, et les espèces métalliques à 39.897.543 francs, ou 14,44 0/0, ainsi décomposés : monnaies d'or, 9,13 0/0, écus de 5 francs 3,62 0/0 ; monnaies divisionnaires, 1,58 0/0 ; billon, 0,11 0/0.

Mais il ne s'agit ici que des *versements en numéraire* effectués par le public aux grandes Sociétés de crédit dans la journée du 15 octobre 1903 (176.874.665 francs), et des sommes, également en numéraire, existant le soir du même jour dans les caisses des agents comptables du Trésor (99 millions 436.073 francs). Si on avait ajouté à ces deux sommes le mouvement des comptes courants à la *Banque de France* et dans les grandes Sociétés de crédit, se traduisant par des remises de chèques ou de simples virements de comptes, on serait arrivé à un total au moins dix fois supérieur.

Si on déduit de la somme inventoriée en 1903 la monnaie d'appoint et le billon et si on compare les résultats obtenus à ceux des recensements antérieurs, on obtient le tableau suivant :

roportion du numéraire trouvé dans les recensements de 1885, 1891, 1897 et 1903.

Numéraire	1885	1891	1897	1903
	%	%	%	%
Billets de banque. . . .	67.63	80,51	84.21	87,02
Monnaies d'or.	22,44	13,57	11 27	9 32
— d'argent. . . .	9,93	5,92	4,52	3,66

A ce tableau déjà bien caractéristique nous ajouterons ce petit détail qu'en 1909 le mouvement général des caisses de la *Banque de France* s'est élevé à 273 milliards de francs, somme dans laquelle les virements ont figuré pour 214 milliards et où la part des espèces métalliques s'est abaissée à 1,56 0/0.

Cette faible proportion montre d'une manière évidente que la *Banque de France* est devenue un grand clearing-house national dont le fonctionnement sert admirablement les intérêts de notre pays en donnant à son stock monétaire disparate une homogénéité, une puissance de travail et une vitesse de circulation qu'on ne rencontre, au même degré, dans aucune autre nation.

3. — LA BANQUE IMPÉRIALE D'ALLEMAGNE.

La *Reichsbank* ou *Banque Impériale d'Allemagne* a été créée le 14 mars 1875 au capital de 120 millions de marks ou 150 millions de francs. Son privilège d'émission, qui s'étend à tout le territoire de l'empire, a été successivement renouvelé par les lois des 18 décembre 1889, 7 juin 1899 et 1er juin 1909.

Celle de 1899 a porté son capital social à 180 millions de marks ou 225 millions de francs.

Le rôle de la *Reichsbank* est à peu près analogue à celui de la *Banque de France*, car, en dehors de l'émission des billets, elle fait l'escompte et la négociation des lettres de change, des avances sur titres et lingots d'or et l'ouverture de comptes courants et de dépôts ; elle fait aussi des avances directes sur marchandises.

Elle prête gratuitement son concours à l'Empire pour le paiement des coupons de rentes, etc., et administre gratuitement les capitaux laissés dans ses caisses au crédit de l'Empire.

Les bénéfices qu'elle réalise sont aujourd'hui répartis de la manière suivante : 1° un dividende aux actionnaires de 3 1/2 0/0 du capital nominal des actions ; 2° le surplus est réparti dans la proportion de 3/4 pour le Trésor impérial et de 1/4 pour les actionnaires.

A partir de 1911, il sera prélevé sur ce surplus 10 0/0 au profit du fonds de réserve, ces 10 0/0 étant pris par moitié sur les parts du Trésor et des actionnaires. En d'autres termes, l'excédent des bénéfices, après prélèvement du premier dividende de 3 1/2 0/0, sera ainsi réparti : 10 0/0 à la réserve, 70 0/0 au Trésor de l'Empire et 20 0/0 aux actionnaires.

Décomposition de la circulation fiduciaire de la *Banque de l'Empire* au 31 décembre 1909.

Coupures	Nombre de billets	Valeur des billets en marks de 1 fr 25
1.000 marks.	387.624	387 624 000
100 —	11 017 234	1.401.723 400
50 —	2 827 668 1/2	141 383.425
20 —	7 040 548	140 810 960
Totaux . . .	24.272.471 1/2	2 071 541 785

L'émission des coupures de 50 et 20 marks a été autorisée par la loi du 18 février 1906.

La loi réserve à la *Banque Impériale d'Allemagne* la faculté d'émettre gratuitement une quantité de billets de banque égale à son encaisse métallique et au montant des bons de caisse de l'Empire et des billets des autres banques d'émission allemandes qu'elle possède dans son portefeuille. Au delà de cette circulation couverte, la Banque a encore le droit de mettre gratuitement en circulation une somme de 472.829.000 marks en billets, mais tout ce qui dépasse cette somme paye au Trésor impérial un impôt annuel de 5 0/0.

Ainsi, par exemple, d'après le bilan du 31 décembre 1909, la Banque avait en circulation 2 071.512.000 marks de billets (2.589.400.000 fr.), et, en déduisant de ce chiffre 915.180.000 marks d'encaisse métallique, 55.691.000 marks de bons de caisse de l'Empire et 9.916.000 marks de billets d'autres banques d'émission allemandes, soit, au total. 980.787.000 marks, il lui restait une circulation non couverte de 1.090 725.000 marks. En retranchant de cette somme les 472.829.000 marks de circulation gratuite autorisée, la Banque avait donc à payer l'impôt de 5 0/0 sur 617.896.000 marks de circulation supplémentaire.

Mais, à partir de 1911, le montant de la circulation accordée gratuitement à la Banque sera porté à 550 millions de marks pour les échéances ordinaires, et à 750 millions de marks pour les échéances de fin de trimestre.

Pendant les trois dernières années la circulation fiduciaire de la *Reichsbank*, calculée en millions de francs, a varié de la manière suivante :

Variations de la circulation fiduciaire de la *Reichsbank*
(*En millions de francs*)

Années	Maximum	Minimum	Moyenne
1907	2 357	1.594	1 818
1908.	2.469	1 642	1.905
1909.	2.589	1.666	1.971

La circulation fiduciaire de la *Reichsbank* est remboursable à vue et en or. C'est généralement en fin d'année que cette circulation atteint le chiffre le plus élevé.

Situation des principaux postes de la *Banque Impériale d'Allemagne* à la fin des années suivantes :

Années	Encaisse métallique — Or	Encaisse métallique — Argent	Circulation	Rapport de l'or à la circulation	Comptes courants et dépôts des particuliers, de l'Empire et des États	Portefeuille — Escomptes	Portefeuille — Avances sur gages mobiliers	Taux de l'escompte
	Millions de francs			%	Millions de francs			%
1880. .	240	413	1 008	24	216	494	120	4
1883. .	698		1 037	»	263	584	95	4
1885. .	402	371	1.074	37	326	577	99	4
1890. .	601	344	1 378	44	434	767	183	5 1/2
1895. .	714	353	1 650	43	548	961	264	4
1900 .	626	286	1 762	35	631	1 361	183	5
1905 .	745	259	2.071	36	603	1.531	255	6
1908. .	960	265	2.499	29	652	1 148	220	4
1909. .	851	293	2 589	33	690	1.515	365	5

La circulation fiduciaire de la *Reichsbank* n'a qu'une couverture d'or très faible, c'est pourquoi le taux de l'escompte en Allemagne est toujours plus élevé qu'en France ou en Angleterre, mais la *Reichsbank* est bien administrée et ses billets sont acceptés sur tout le territoire de l'Empire au même titre que la monnaie d'or.

La loi du 14 mars 1875, créant la *Banque Impériale*, laissa subsister les banques d'émission particulières des États confédérés. dont les attributions furent cependant réglementées d'après une formule unique assurant la prépondérance à la *Banque Impériale*. Sur 32 banques allemandes d'émission existant au moment de la promulgation de la loi, 17 seulement acceptèrent le nouvel état de choses. En 1909, leur nombre se trouve réduit à quatre :

1° La *Banque de Bade* créée en 1870 ; capital actuel, 9 millions de marks ; siège social à Manheim ; 2° La *Banque de Saxe*, créée en 1865 ; capital actuel, 30 millions de marks ; siège social à Dresde ; 3° La *Banque de Bavière*, créée en 1875 ; capital actuel, 15 millions de marks, dont la moitié versée ; siège social à Munich ; 4° La *Banque du Wurtemberg*, créée en 1871 ; capital actuel, 9 millions de marks ; siège social à Stuttgart.

Voici la situation d'ensemble des banques locales d'émission allemandes à la fin des années suivantes :

Situation d'ensemble des banques d'émission des États confédérés à la fin des annees 1900, 1905, 1908, 1909.

Années	Encaisse métallique or et argent	Circulation fiduciaire	Comptes courants et dépôts des particuliers	Portefeuille: Escomptes	Portefeuille: Avances	Nombre de banques
	Millions de francs					
1900 . . .	100	247	115	312	30	7
1905 . .	78	190	127	166	78	5
1908 . . .	78	186	93	157	83	4
1909 . . .	77	190	95	182	63	4

A la fin de 1875, le nombre des banques locales d'émission allemandes était de 32 et leur situation d'ensemble comprenait : 223 millions de francs d'encaisse métallique : 372 millions de francs de circulation fiduciaire ; 271 millions de francs de comptes courants et dépôts particuliers ; 415 millions de francs d'escompte, et 117 millions de francs d'avances sur titres.

*
* *

Les États qui constituèrent, le 18 janvier 1871, l'empire d'Allemagne, avaient chacun un étalon monétaire particulier. La Prusse, la Saxe, le grand-duché de Brunswick, la ville libre de Hambourg, etc., se servaient du thaler d'argent de Prusse dont la convention conclue le 24 janvier 1857 entre les États du Zollverein détermina le poids et la valeur (18 gr. 519 d'argent au titre de 900 m^es — 3 marks ou 3 fr 70). Le grand-duché de Bade et les royaumes de Bavière et de Wurtemberg utilisaient le florin d'Autriche, la ville libre de Brême le thaler d'or et la ville libre de Lubeck le mark d'argent. Plusieurs de ces États avaient même du papier-monnaie en circulation.

L'une des premières préoccupations du nouveau gouvernement impérial allemand fut de vouloir donner à l'Allemagne un régime monétaire homogène, et l'indemnité de guerre imposée à la France pouvait lui permettre de réaliser cette réforme sans grandes difficultés financières.

Quel système devait-on choisir ? Le monométallisme or anglais, ou le bimétallisme français ? Le gouvernement impérial n'avait pas d'idée définitive à cet égard, et M. Rochussen, ancien ministre des

Affaires étrangères de Hollande, qui, étant ministre plénipotentiaire des Pays-Bas à Berlin en 1871, suivit attentivement la discussion de la réforme monétaire allemande, a publié dans l'*Economiste Européen* (1) une étude sur cette question qui mérite d'être rappelée ici, car elle est absolument concluante :

« Opposé à l'unité monétaire universelle, le gouvernement du nouvel empire était cependant pénétré de la nécessité d'établir l'unité monétaire allemande. Persuadé qu'il fallait à l'Allemagne une monnaie d'or comme *monnaie légale*, il entendait, pourtant, laisser l'expérience se prononcer sur la question de savoir si, en définitive, il en fallait venir à l'étalon unique d'or, ou bien au double étalon.

« Dans le projet de loi présenté par lui, dans l'automne de 1871, à la Diète allemande, et destiné à préparer la réforme dans ce sens, un amendement des députés Bamberger et Lasker introduisit, sous une forme habilement déguisée, le principe de l'étalon unique d'or. La Diète vota cet amendement sans appel nominal *et sans se douter de l'importance de son vote*. Le gouvernement s'y rallia, *mais n'en comprit la portée qu'après coup*.

« De même qu'un demi-siècle auparavant, pour la Grande-Bretagne, l'Allemagne adopta l'étalon unique d'or, sans savoir ce qu'elle adoptait, et l'évolution se fit dans les ténèbres. En tous cas, ce qui a donné aux Allemands l'idée de l'étalon unique d'or *ce n'est certainement pas l'abondance de l'argent*.

« C'est à un accroissement de la production de ce métal survenu pendant l'année 1872 que l'on attribue

(1) *Economiste européen* du 18 juin 1897.

aujourd'hui la résolution des gouvernements de le démonétiser. Beaucoup d'esprits, poussés par le besoin si naturel d'admirer le génie, — s'il s agit d'un gouvernement, de préférence ce sera un gouvernement étranger, — beaucoup d'esprits n'ont pas manqué de faire hommage au cabinet de Berlin de la prévoyance dont, selon eux, il a fait preuve en devançant, par sa loi, la chute imminente de l'argent.

« Il s'est chargé lui-même de repousser de telles louanges : Camphausen, orateur du gouvernement dans la discussion monétaire, déclara en termes formels, le 11 novembre 1871, « que la nouvelle législation *était basée sur l'ancien rapport de 1 : 15.5 dont le maintien durable paraissait assuré.*

« C'est d'ailleurs sur ce rapport que s'appuie, dans ses dispositions essentielles, la loi définitive de l'Empire pour l'organisation du système monétaire du 9 juillet 1873. Notamment, elle institue une monnaie d'appoint d'argent en coupures allant jusqu'à 1, 2 et même 5 marks, avec une majoration de la valeur numéraire qui donne un rapport entre l'or et l'argent de 1 : 13 95 (1).

« Le législateur qui, dans sa réforme, inséra de telles dispositions, a-t-il pu prévoir un taux du marché, je ne dis pas de 1 : 34 comme il existe actuellement, mais seulement de 1 : 17 ? Le prétendre, ce n'est point vanter sa prévoyance ; c'est lui imputer un acte des plus répréhensibles. Mais, en fait, il n'en a nullement eu l'intention, et c'est là, sans contredit, *la preuve irréfutable* que, si l'Allemagne a voulu passer de l'étalon d'argent à l'étalon d'or, ce n'est ni parce

(1) Ce qui met le kilo d'argent fin à 264 fr. 80 au lieu de 222 fr. 22, taux prévu par la parité française.

que le métal blanc *était déjà trop abondant*, ni parce que, aux yeux d'un gouvernement clairvoyant, *il menaçait de le devenir.*

« Cela est d'autant plus évident que la baisse de l'argent a commencé à partir du mois d'août 1872 et s'était, par conséquent, déjà produite lors de la discussion, vers la fin du mois de mars 1873, de la loi monétaire définitive. Personne alors n'a attribué cette baisse, *d'ailleurs peu sensible*, à de nouveaux et plus forts arrivages des mines : tout le monde savait, de science certaine, *que les ventes du numéraire fondu de l'Allemagne et des États scandinaves en étaient l'unique cause.*

« A la suite de l'Allemagne, cette mesure fut prise successivement par à peu près tous les pays civilisés En premier lieu, et presque simultanément avec l'Allemagne, par les États scandinaves, puis par la Hollande, les États-Unis, l'Union latine, voire même par les pays de l'ancien, comme du nouveau monde, où règne le papier-monnaie à cours forcé.»

Nous avons voulu reproduire les principaux passages de l'étude de M. Rochussen, parce que cette étude prouve, d'une manière irréfutable, que la réforme monétaire allemande de 1871 a réellement été la cause initiale de la disqualification de l'argent comme instrument d'échange international et de sa baisse postérieure.

Depuis la mise en vigueur de la loi du 4 décembre 1871, complétée par la loi du 9 juillet 1873, l'unité monétaire allemande est le *reichsmark* d'or, contenant 0 gr. 3584 de métal fin et valant en monnaie française 1 fr. 2346.

D'après la loi du 1er juin 1909, qui a modifié certains détails de la legislation monétaire antérieure, les monnaies allemandes sont : 1° les pièces de 20 marks et de 10 marks d'*or*, frappées au titre 900 mes ; 2° les pièces de 5 marks, de 3 marks, de 2 marks, de 1 mark et de 50 pfennigs d'*argent*, frappées également au titre 900 mes ; 3° les pièces de 25, 10 et 5 pfennigs de *nickel* ; 4° les pièces de 2 pfennigs et de 1 pfennig de *cuivre*.

L'article 7 de cette loi autorise la frappe libre des monnaies d'or pour les particuliers, et l'article 11 leur donne puissance libératoire illimitée ; quant aux monnaies d'argent, l'article 9 dit textuellement :

« *Art. 9.* — Nul ne pourra être tenu à recevoir en paiement plus de 20 marks en monnaies d'argent, ni plus de 1 mark en monnaies de nickel ou de cuivre.

« Les caisses de l'Empire et des États particuliers devront accepter en paiement des monnaies d'argent, *sans limitation aucune*. Le conseil fédéral désignera les caisses qui remettront des monnaies d'or en échange de monnaies d'argent pour un montant de 200 marks au minimum, et en échange de monnaies de nickel et de cuivre pour un montant de 50 marks au minimum. Il fixera en même temps les conditions détaillées de ces échanges. »

Ainsi, les pièces d'argent n'ont qu'un pouvoir libératoire de 20 marks entre les particuliers, mais elles jouissent du pouvoir libératoire *illimité* à l'égard des caisses de l'Empire et des États et ce seul fait suffit pour maintenir au pair de l'or les 1.100 millions de francs de monnaies d'argent qui circulent en Allemagne.

Entre 1872 et la fin de 1908, il a été fabriqué par

les Hôtels de monnaies allemands, déduction faite des pièces démonétisées :

	(Marks)
Or.	4.472 164.925
Argent.	975.017.923
Nickel	93 310.400
Bronze.	20.363 382
Total.	5.560 856.630

Soit environ 6.895 millions de francs en monnaie française.

D'après la statistique de la Direction des Monnaies américaine, la circulation monétaire de l'Allemagne se décomposait ainsi à la fin de l'année 1908 :

Monnaies d'or	5.220	millions de francs
Monnaies d'argent.	1.118	—
Billets à découvert.	1.385	—
Total.	7.723	millions de francs

Ce total représenterait une circulation moyenne de 130 francs environ par tête d'habitant. Cette moyenne nous paraît un peu trop faible et nous ne la donnons à nos lecteurs qu'à titre de simple indication.

4. — LA BANQUE D'ANGLETERRE.

La *Banque d'Angleterre* fut fondée en 1694, sur le plan de William Paterson, pour prêter au gouvernement de Guillaume III une somme de 1.200 000 livres sterling dont les souscripteurs, constitués en corporation, devinrent la « Compagnie de la Banque d'Angleterre ». A cette époque il existait déjà plusieurs banques en Europe, dont les plus célèbres : la *Banque de Venise*, la *Banque de Gênes* et la *Banque d'Amsterdam* étaient surtout des banques de dépôts ; mais c'est à la *Banque d'Angleterre* qu'appartient l'honneur d'avoir créé la circulation fiduciaire proprement dite, c'est-à-dire l'émission des billets remboursables en espèces au porteur et à vue.

La charte du 24 juille 1694 concéda au nouvel établissement le droit d'émettre une somme en billets de banque égale au prêt consenti au gouvernement (1.200.000 livres sterling) ; mais ces billets n'avaient pas cours légal et comportaient en faveur des porteurs un intérêt de 2 pence par jour, représentant une charge annuelle de 36 000 livres sterling, soit 3 0/0 du capital avancé à l'État et pour lequel celui-ci payait à la Banque un intérêt de 8 0/0 ou 96.000 livres sterling, plus 4.000 livres sterling pour frais d'administration.

L'existence de la *Banque d'Angleterre* a été très tourmentée, soit dans ses rapports avec le gouvernement, soit dans ses fonctions de banque d'émission. Elle a failli, en maintes circonstances, perdre son privilège et elle a subi des crises qui ont plusieurs fois menacé sa vie sociale ; mais, grâce à l'habileté de ses directeurs et à la puissance financière de ses actionnaires qui ont toujours accepté, au moment propice, d'augmenter leurs avances à l'État, elle a victorieusement franchi les périodes les plus troublées de son histoire.

Elle est actuellement régie par le fameux *Act* de 1844, connu sous le nom d'*Act* de Robert Peel, qui le fit voter par le Parlement après la grande crise de 1839, dont la liquidation se prolongea jusqu'en 1843.

A cette époque la circulation fiduciaire de la *Banque d'Angleterre* avait le caractère de monnaie légale (*legal tender*) pour Londres et pour la partie de la Grande-Bretagne qui constitue l'Angleterre proprement dite (act de 1833) ; mais un certain nombre de banques locales anglaises avaient aussi le droit d'émettre des billets à vue, et entre 1839 et 1843, 82 banques locales, dont 29 banques d'émission, firent faillite.

Robert Peel, dans deux discours célèbres, prononcés les 6 et 20 mai 1844 à la Chambre des Communes, démontra le vice du système de la pluralité des banques d'émission et fit voter, à une énorme majorité, le principe de l'unité de la circulation fiduciaire.

La *Banque d'Angleterre* eut ainsi le privilège de l'émission pour l'Angleterre et elle put recueillir la succession des banques locales d'émission — dont les billets à vue ne jouissaient pas du cours légal — qui abandonnèrent leur droit d'émission ou cessèrent d'exister.

Pour son privilège d'émission, la *Banque d'Angleterre* verse à l'État une somme de 60.000 livres sterling pour droit de timbre des billets, une autre somme fixe de 120.000 livres sterling pour participation de l'État dans les bénéfices procurés à la Banque par la circulation prévue par l'*Act* de 1844, et, enfin, une somme variable, calculée d'après les bénéfices obtenus par la Banque à l'aide de la circulation supplémentaire.

Par contre, la Banque, chargée du transfert et des arrérages de la dette publique anglaise, reçoit de l'État une rémunération qui ne peut être inférieure à 160.000 livres sterling ; l'État lui verse en outre, sur la dette qu'il a contractée envers elle, un intérêt égal à l'intérêt des Consolidés 2 1/2 0/0.

Le capital social de la *Banque d'Angleterre* est de

14.553.000 livres sterling, provenant exclusivement d'avances successives faites par ses actionnaires à l'État; il est formé par des inscriptions nominatives de 100 livres pouvant être divisées ; elle est dirigée par un gouverneur, un sous-gouverneur et 24 directeurs ou régents qui, tous, sont élus par l'assemblée annuelle des propriétaires d'au moins 500 livres sterling du capital social.

La *Banque d'Angleterre* ne publie pas la décomposition de sa circulation fiduciaire, qui comprend des coupures de 5, 10, 20, 50, 100, 200, 300, 500 et 1.000 livres sterling.

Depuis le 31 août 1844, date de la mise en vigueur de sa charte actuelle, l'administration de la *Banque d'Angleterre* est divisée en deux départements : le département des opérations d'émission et celui des opérations de banque ; et pour mieux faire compren dre à nos lecteurs le mécanisme de ce double régime, nous placerons sous leurs yeux le premier bilan que la Banque a publié dans la nouvelle forme (7 septembre 1844) et le dernier bilan de l'année 1909:

Département des Opérations d'émission.

	7 septembre 1844	30 décembre 1909
	—	—
Passif	(Millions de francs)	
Billets émis	714	1.261
Actif		
Dette fixe de l'État	278	278
Rentes immobilisées	75	187
Espèces d'or	319	796
— d'argent	42	»
Total de l'actif	714	1.261

Département des Opérations de Banque.

Passif		
Capital social	367	367
Réserves, profits et pertes	90	79
Comptes courants Trésor et administrations publiques	91	272
Comptes courants particuliers	218	1 265
Billets à sept jours	26	0 5
Total du passif	792	1.983 5

Actif		
Rentes disponibles (à la Banque)	367	371
Portefeuille et avances	197	1 052.5
Billets en réserve	206	540
Espèces d'or et d'argent	22	20
Total de l'actif	792	1 983.5

Ainsi le total des billets émis par la *Banque d'Angleterre* doit être égal : 1° à une dette fixe de l'État, représentant 11.015.000 livres sterling ou 278 millions de francs, qui n'a pas varié depuis 1844 ; 2° à une somme de rentes immobilisées provenant d'avances faites à l'État ou du droit d'émission abandonné par les banques locales : cette somme est passée de 75 millions de francs en 1844 à 187 millions de francs en 1909 ; 3° au montant des espèces d'or et d'argent possédées par le département.

Il est à remarquer, à ce propos, que l'argent monnayé peut entrer pour un quart dans l'encaisse métallique de la *Banque d'Angleterre*, mais celle-ci n'use pas de ce droit pour le département d'émission.

Les deux premiers éléments (278 + 187 = 465 millions de francs) restent invariables d'une situation à l'autre ; c'est donc l'encaisse or qui règle la faculté d'émission fiduciaire de la Banque, et il résulte de cette disposition que lorsque, pour une raison quelconque, cette encaisse est entamée par des demandes d'or extérieures, le marché anglais perd à la fois une portion de sa réserve d'or et une portion proportionnelle du crédit que la Banque peut légalement lui consentir en dehors de sa circulation fixe de 465 millions de francs, puisque sa puissance légale d'émission diminue en même temps que sa réserve d'or.

Ce système d'émission est d'autant plus fâcheux que, depuis que l'argent a perdu sa qualité multiséculaire d'instrument d'échange international, c'est par l'intermédiaire plus ou moins direct de la *Banque d'Angleterre* que tous les pays doivent passer, soit pour solder leurs règlements extérieurs, soit pour se procurer l'or nécessaire à la régularisation de leur circulation monétaire, comme l'ont fait, dans ces dernières années, l'Autriche-Hongrie, la Russie, le Japon, la République Argentine, le Chili, le Mexique, le Brésil, etc., etc.

Pour faire face à toutes ces demandes, la *Banque d'Angleterre* ne dispose cependant que d'une encaisse métallique dépassant rarement le milliard de francs. C'est ce qui explique qu'à toute sortie d'or un peu importante, et non contrebalancée par des rentrées, la *Banque d'Angleterre* se trouve dans la nécessité d'élever le taux de son escompte, et, si les demandes d'or se continuent, d'accentuer cette élévation, de suspendre même tout nouvel escompte jusqu'à ce que l'or revienne dans ses caisses.

La conséquence de ce fonctionnement, c'est que la situation des pays qui ont besoin de l'intermédiaire du marché anglais pour leurs règlements extérieurs est toujours incertaine, et que, dans les périodes de crise, ce marché leur fait absolument défaut... ou les écrase par ses exigences.

Variations de la circulation fiduciaire de la *Banque d'Angleterre*

(En millions de francs.)

Années	Maximum	Minimum	Moyenne
1907.	749	690	723
1908.	751	689	722
1909.	755	708	730

Ce tableau démontre à la fois la faiblesse de la circulation fiduciaire de la *Banque d'Angleterre* et le peu d'ampleur de ses oscillations. Si nous considérons l'année 1909, par exemple, nous constatons qu'il n'y a eu, cette année-là, qu'une différence de 47 millions de francs entre le maximum et le minimum ; or, cette différence a été, pour la même année, de 923 millions de francs pour la *Banque Impériale d'Allemagne* et de 540 millions pour la *Banque de France*.

A la situation du dernier jeudi de 1909 (30 décembre), la circulation fiduciaire de la *Banque d'Angleterre* s'élevait officiellement à 1.261 millions de francs, mais sur cette somme, le *Département des opérations de banque* détenait 540 millions (billets en réserve), de sorte qu'il n'y avait réellement en circulation dans le public que 721 millions de francs de billets gagés par 802 millions de francs d'or et 465 millions, en capital, de rentes anglaises. Malgré cette situation excellente, la Banque maintenait le taux de son escompte à 4 1/2 0/0, parce que le change sur Paris était défavorable à l'Angleterre et que l'on craignait, à Londres des demandes importantes d'or pour le compte des États-Unis d'Amérique, du Brésil et de l'Allemagne.

Ce sont les billets de la réserve qui servent théoriquement à la *Banque d'Angleterre* pour l'escompte des effets de commerce et les avances sur titres, que sa situation hebdomadaire ne sépare pas, mais il est facile de voir qu'en pratique le *Département des opérations de banque* travaille surtout avec les comptes courants créditeurs du Trésor, des administrations publiques et des particuliers.

Situation des principaux postes de la *Banque d'Angleterre* à la fin des années suivantes :

Années	Encaisse métallique: Or	Encaisse métallique: Argent	Circulation	Rapport de l'or à la circulation	Comptes courants et dépôts des particuliers	Portefeuille (Escomptes et avances)	Taux de l'escompte
	(Millions de francs)			%	(Millions de francs)		%
1880. .	606	»	658	92	621	601	3
1883. .	537	»	625	86	545	545	3
1885. .	561	»	611	92	578	615	4
1890. .	586	»	628	93	825	829	5
1895. .	1.090	»	657	166	1.212	665	2
1900. .	713	»	745	96	924	726	4
1905.	713	»	734	97	1.105	988	4
1908. .	768	»	744	103	1.340	1 127	2 1/2
1909. .	816	»	721	113	1.255	1.044	4 1/2

Le montant des comptes courants créditeurs particuliers, pour lesquels la *Banque d'Angleterre* ne paie aucun intérêt, dépasse très sensiblement le montant des escomptes et des avances, et ceci est une preuve irrécusable que si la *Banque d'Angleterre* est restée, par son privilège d'émission fiduciaire, la régulatrice de la circulation monétaire britannique et la caissière du commerce anglais, elle a perdu, comme banque d'affaires, la suprématie qu'elle avait autrefois.

Les billets de la *Banque d'Angleterre*, qui sont acceptés librement ou pour de l'or dans tout le Royaume-Uni et dans toutes les colonies britanniques, n'ont cependant pas cours légal en Écosse et en Irlande, où il existe des banques d'émission dont le nombre et l'importance restent à peu près stationnaires.

Voici la situation monétaire des huit banques d'émission d'Ecosse à la fin des années 1895, 1900, 1905, 1908 et 1909 :

Encaisse métallique et **circulation fiduciaire** des 8 Banques d'émission d'Ecosse à la fin des années suivantes :

Années	Encaisse		Circulation	Rapport de l'or à la circulation
	Or	Argent		
	(Millions de francs)			%
1895	132	17	182	73
1900	155	21	214	72
1905	145	18	199	73
1908	132	22	188	70
1909.	132	21	185	71

Variations de la circulation fiduciaire des banques d'Ecosse

(*En millions de francs.*)

Années	Maximum	Minimum	Moyenne
1907	201	172	184
1908.	194	167	177
1909.	191	161	175

Les banques d'émission d'Irlande sont au nombre de 6 et elles ont à peu près la même importance monétaire que les banques d'émission écossaises.

Encaisse métallique et **Circulation fiduciaire** des 6 Banques d'Emission d'Irlande à la fin des années suivantes :

Années	Encaisse		Circulation	Rapport de l'or à la circulation
	Or	Argent		
	(Millions de francs)			%
1895. . . .	77	7	162	48
1900. . . .	80	10	182	44
1905. . . .	72	11	163	44
1908. . . .	86	10	178	48
1909. . . .	87	10	184	47

Variations de la circulation fiduciaire des Banques d'Irlande

(*En millions de francs.*)

Années	Maximum	Minimum	Moyenne
1907.	188	160	170
1908.	187	154	167
1909.	196	160	172

La circulation fiduciaire des 8 banques d'émission d'Écosse et des 6 banques d'émission d'Irlande réunies représente la moitié environ de la circulation de la *Banque d'Angleterre*, mais les billets de banque écossais n'ont qu'une couverture de 71 0/0, et la couverture des billets irlandais n'atteint même jamais 50 0/0.

*
* *

Le système monétaire anglais est l'étalon unique d'or ; il remonte à l'année 1816, date à laquelle il a remplacé le double étalon qui y fonctionnait avec le rapport de 1 d'or pour 15.21 d'argent.

Nos lecteurs savent déjà que la réforme anglaise de 1816, qui a eu des conséquences si graves pour le monde entier, puisqu'elle a finalement abouti à la disqualification de l'argent comme instrument d'échange international, n'a été décidée par lord Liverpool que parce que l'Angleterre ne possédait alors plus de monnaies d'argent.

En effet, pendant tout le XVIIIe siècle la loi assigna en Angleterre une valeur de 62 deniers d'or à l'once standard d'argent, alors qu'en Europe cette valeur ressortait à 63 deniers. L'argent avait donc une tendance naturelle à quitter l'Angleterre, et cette tendance s'accentua à partir du jour où la *Banque d'Angleterre,* d'accord avec le roi et le Parlement, suspendit le remboursement en espèces de ses billets.

En effet, l'Angleterre fut sous le régime du cours forcé du 27 février 1797 au 1er mai 1821, et voici la dépréciation moyenne annuelle que les billets de la *Banque d'Angleterre* subirent pendant cette période de 24 ans et 2 mois :

Dépréciation des billets de la *Banque d'Angleterre* de 1801 à 1820.

Années	Perte par 100 liv. st.		Années	Perte par 100 liv. st.	
	liv. st.	sh.		liv. st.	sh.
1801. . . .	8	7	1814 . . .	25	3
1802. . . .	7	5	1815. . . .	'19	4
1803 à 1809. .	2	3	1816. . . .	16	4
1810. . . .	13	9	1817. . . .	2	13
1811. . . .	7	16	1818. . . .	2	13
1812 . . .	20	14	1819. . . .	4	9
1813. . . .	22	18	1820 . . .	2	12

Les guerres que l'Angleterre soutint contre la Révolution française et Napoléon lui coûtèrent en moyenne plus de 2 milliards de francs par an, doublèrent le chiffre de ses impôts et portèrent sa dette publique de 5.991 millions de francs à la fin de 1792 à 21.526 millions au lendemain de Waterloo.

On s'est souvent demandé en France comment l'Angleterre avait pu faire face à ces dépenses énormes, dont la dépréciation de son change extérieur pendant les années 1812, 1813, 1814 et 1815 montre les conséquences monétaires.

Dans sa très remarquable *Histoire de la Banque d'Angleterre*, M. A. Andréadès a lumineusement expliqué le phénomène en racontant la révolution industrielle qui s'était accomplie dans le pays pendant la seconde moitié du XVIIIe siècle, mais il a ajouté qu'un grand nombre d'historiens et d'économistes anglais considéraient que le régime du papier-monnaie institué en 1797 avait puissamment aidé Pitt et ses collègues à réaliser ces emprunts qui étonnèrent l'univers. Et à ce propos M Andréadès a cité le passage suivant d'un ouvrage de lord Stanhope « qu'on qualifie en Angleterre de *Standard life of Pitt* » :

« On doit reconnaître que, pendant la durée de la guerre, le système de papier-monnaie inconvertible rendit de grands services à l'Angleterre. De nature à être étendu en proportion des exigences des services publics et soutenu par une confiance absolue dans la foi nationale, il nous permit, plus qu'aucun autre système n'aurait pu le faire, de lever, an par an, des emprunts d'une importance inconnue jusqu'alors, de transmettre des subsides répétés à nos alliés étrangers et de supporter, sans plier, le fardeau de taxes accumulées. C'était, en résumé, un système gigantesque de crédit fiduciaire, permettant la lutte contre un gigantesque ennemi. »

Quoi qu'il en soit, l'Angleterre avait si peu de monnaies d'argent au moment où le cours forcé des billets de la *Banque d'Angleterre* fut décidé, que les directeurs de cet établissement informaient le public « qu'ils s'étaient procuré une grande quantité de dollars espagnols valant 4 sh. 6 d. ».

Pour nationaliser ces dollars on frappa sur l'effigie du roi d'Espagne une petite tête de George III, mais en 1816 ces dollars avaient disparu de la circulation publique comme, d'ailleurs, toutes les autres monnaies d'argent.

Quand, après l'écrasement de Napoléon, lord Liverpool voulut revenir au régime métallique, le peuple anglais avait complètement perdu l'habitude de l'argent ; tout le commerce intérieur de la Grande-Bretagne s'effectuait en papier-monnaie et les règlements extérieurs se soldaient en monnaies d'or que les banquiers de la Cité se procuraient facilement, grâce aux produits manufacturés que le Lancashire exportait déjà.

Il est donc manifeste qu'en proposant l'étalon unique d'or pour remplacer le papier-monnaie, lord Liverpool — le fondateur du régime monétaire anglais actuel — s'arrêtait au système métallique le plus facile à réaliser et le plus conforme aux usages commerciaux de son pays.

En 1816 le bimétallisme français fonctionnait depuis treize années à la grande satisfaction des banquiers, des commerçants et des industriels indigènes, et il est intéressant de rappeler ici la curieuse remarque que M. Foxwell, professeur d'économie politique à l'Université de Cambridge, fit, à ce propos, au Congrès monétaire de Paris en 1889.

Après avoir constaté que c'était l'honneur de la France et de la Révolution française d'avoir rendu le bimétallisme *international* en décidant la frappe libre et illimitée des deux métaux précieux à un rapport légal fixe, M. Foxwell ajouta :

« L'importance de la nouvelle politique monétaire de la France a été si peu comprise à l'époque, que lord Liverpool, dans le fameux Mémoire sur lequel l'étalon d'or anglais est fondé, ne fait aucune allusion à ce changement. Il semble avoir complètement ignoré ce qui se passait en France ; sa politique était absolument insulaire, et c'est un des nombreux défauts de ce Mémoire qui a été, à mon avis, glorifié outre mesure.

« Les principes que pose lord Liverpool n'ont pas été mis en question pendant les cinquante années qui ont suivi : le système fonctionnait bien, *parce qu'il était soutenu par le bimétallisme en vigueur en France.* »

Depuis 1816, l'unité monétaire légale de la Grande-Bretagne est la *livre sterling*, pesant 7 grammes 322 d'or fin, et divisée en 20 shillings valant chacun 12 pence. La livre sterling, ou *souverain anglais*, vaut au pair 25 fr. 22 en monnaie française.

La frappe de l'or est libre et les monnaies d'or frappées au titre de 916 m^es^ 66 de fin ont pouvoir libératoire illimité ; elles comprennent des pièces de 5 livres, de 2 livres, de 1 livre et d'une 1/2 livre.

Les monnaies d'argent sont au nombre de dix : la couronne de 5 shillings, le double florin de 4 shillings, la demi-couronne de 2 shillings 1/2, le florin de 2 shillings, le shilling ; puis 5 petites pièces de 6 pence, 4 pence, 3 pence, 2 pence et 1 penny La frappe des monnaies d'argent est réservée à l'État, et ces monnaies sont reçues en paiement jusqu'à concurrence de 40 shillings.

De 1816 à 1908, il a été frappé en Angleterre 10.510 millions de francs de monnaies d'or, auxquels il faut ajouter 6.782 millions de francs de monnaies frappées en Australie et ayant cours en Angleterre. En déduisant de ces deux sommes 2.049 millions de francs de pièces retirées de la circulation, il reste un solde de 15.241 millions dont un cinquième seulement circule encore en Angleterre.

Pendant la même période, le montant des monnaies d argent frappées par le Trésor anglais s'est élevé à 1.443 millions de francs, dont on doit retrancher 313 millions de pièces retirées de la circulation, ce qui laisse un solde de 1.130 millions de francs environ.

On a évalué qu'à la fin de 1908 il n'y avait dans la circulation publique anglaise que 2.900 millions de francs de monnaies d'or et 615 millions de francs environ de monnaies d'argent Ces chiffres, que personnellement nous trouvons trop faibles pour l'or, ne s'appliqueraient qu'aux monnaies et ne comprendraient pas les lingots dont le stock n'est pas connu.

5. — LA BANQUE D'AUTRICHE-HONGRIE.

La *Banque d'Autriche-Hongrie*, créée en 1816, sous le nom de *Banque nationale d'Autriche*, obtint son privilège d'émission en 1819, et ce privilège lui fut renouvelé en 1841 et 1862.

Une loi autrichienne et une loi hongroise du 27 juin 1878 l'ont transformée sous le nom actuel et lui ont conféré le monopole d'émission pour les deux États. En 1887 ce monopole fut étendu à la Bosnie et à l'Herzégovine, et prorogé jusqu'en 1897.

A partir de cette dernière date et en raison de la crise du Compromis de 1866, le privilège de la Banque a été renouvelé par décret : Une ordonnance du 21 septembre 1899 l'a finalement prorogé jusqu'au 31 décembre 1910.

Son capital actuel est de 210 millions de couronnes, divisées en 150.000 actions de 1.400 couronnes.

Depuis 1855 la Banque effectue des opérations de crédit foncier ; ces opérations, distinctes des opérations de banque proprement dites, sont assurées par des émissions de lettres de gage, complètement étrangères au département de l'émission fiduciaire. Le montant des prêts hypothécaires est limité à 300 millions de couronnes par la loi ; ce maximum était atteint au 31 décembre 1909 et le montant des lettres de gage en circulation à cette même date s'élevait à 293.600.000 couronnes.

Jusqu'en 1858, la *Banque d'Autriche-Hongrie* n'a été soumise à aucune règle pour la couverture métallique de ses billets ; à cette date on introduisit le principe d'une couverture d'un tiers en espèces, et ce régime a été plusieurs fois modifié entre 1858 et 1878.

A l'heure actuelle les deux cinquièmes de la

circulation fiduciaire doivent être représentés par des espèces ; le reste par des valeurs facilement réalisables. Quand le montant des billets en circulation dépasse la couverture métallique de 400 millions de couronnes, la Banque paye pour le surplus un impôt annuel de 5 0/0 aux deux gouvernements et le montant de cet impôt est partagé entre l'Autriche et la Hongrie au prorata des revenus obtenus par la Banque dans chacune des deux parties de la monarchie.

Outre cet impôt, les statuts attribuent aux deux États une part des produits de la Banque ainsi calculée : Sur les bénéfices nets 4 0/0 du capital-actions vont d'abord aux actionnaires ; 10 0/0 du reste aux fonds de réserve et 2 0/0 aux fonds de prévision. Le surplus est partagé par moitié entre la Banque et les deux États (dans la proportion ci-dessus indiquée) tant que le dividende des actions ne dépasse pas 6 0/0 ; au delà de 6 0/0 les deux États prélèvent deux tiers et les actionnaires un tiers.

Décomposition de la circulation de la *Banque d'Autriche-Hongrie,* au 31 décembre 1909.

Coupures	Nombre de billets	Valeur des billets en couronnes de 1 fr. 05
1.000 couronnes.	381.672	381.672 000
100 —	6.843 979	684.397.900
50 —	4 633.584	231 679 200
20 —	36.483 886	729.677.720
10 —	15 844 350	158 443.500
1 000 florins	298	596.000
100 —	7.871	1.574.200
Totaux.	64 195.640	2 188 040.520

Jusqu'au vote de la loi du 2 août 1892 sur la régularisation de la *valuta* austro-hongroise, les plus petites coupures de la Banque étaient de 10 florins, soit 20 couronnes de 1 fr. 05 ; mais elle a été autorisée, par décret impérial-royal du 21 novembre 1899, à émettre pour 160 millions de couronnes de billets de 10 couronnes, contre un pareil dépôt d'or des deux gouvernements, pour faciliter le retrait des billets d'État de 5 et 50 florins qui circulaient encore dans les deux monarchies.

Au 31 décembre 1892 il restait dans la circulation pour environ 320 millions de florins de papier-monnaie d'État ; tout ce papier-monnaie a été successivement retiré et remplacé par des billets de la *Banque d'Autriche-Hongrie* et à la date du 31 décembre 1909 il n'en restait plus qu'une somme insignifiante.

Variations de la circulation fiduciaire

(En millions de francs.)

Années	Maximum	Minimum	Moyenne
1907. . . .	2.174	1.795	1.932
1908. . . .	2.227	1.791	1 957
1909. . .	2.331	1.909	2.071

La loi de la réforme monétaire de 1892 a donné une très grande impulsion aux opérations d'émission et d'escompte de la Banque. Malheureusement la régularisation de la *valuta*, qui devait être complètement achevée le 31 décembre 1895, a été retardée par une foule d'incidents imprévus, dont le plus grave a été la résistance des Hongrois au renouvellement des compromis de 1866.

Les Hongrois veulent avoir une banque d'émission nationale, absolument indépendante de celle de l'Autriche ; c'est du moins l'un des points essentiels du programme économique du parti de l'Indépendance. Mais une banque d'émission spéciale pour chacune des deux monarchies suppose aussi un régime monétaire spécial, et par cela même une division complète des intérêts économiques des deux États, et c'est précisément ce que l'empereur-roi François-Joseph n'a jamais voulu admettre.

Situation des principaux postes de la *Banque d'Autriche-Hongrie* à la fin des années suivantes :

Années	Encaisse métallique		Circulation	Rapport de l'or à la circulation	Comptes courants et dépôts des particuliers	Portefeuille		Taux de l'escompte
	Or	Argent				Escomptes	Avances	
	Millions de francs			%	Millions de francs			%
1880.	162	271	821	20	13	383	52	4
1883.	194	304	951	20	10	427	75	4
1885.	173	324	909	19	12	367	68	4
1890	135	414	1 115	12	24	479	103	5 1/2
1895.	513	266	1 301	39	54	475	97	5
1900	949	244	1.442	66	114	416	59	4 1/2
1905	1 182	318	1 939	61	169	736	72	4 1/2
1908.	1 241	308	2 218	56	124	783	104	4
1909.	1.422	313	2.297	62	194	785	94	4

Au 31 décembre 1890, dix-neuf mois avant le vote de la réforme monétaire, la *Banque d'Autriche-Hongrie* avait une circulation fiduciaire de 1.115 millions de francs, couverte par 135 millions de francs d'or et 414 millions de monnaies d'argent : le rapport de l'encaisse or aux billets émis était à peine de 12 0/0.

Un simple coup d'œil sur le tableau précédent montre les progrès que cet établissement a réalisés depuis cette époque, soit au point de vue de sa circulation fiduciaire, soit en ce qui concerne son portefeuille d'escompte et ses comptes courants et dépôts particuliers.

Vers le milieu de mai 1892, les gouvernements de Vienne et de Budapest présentèrent à leurs Parlements respectifs cinq projets de loi destinés à régulariser la circulation monétaire austro-hongroise. L'exposé des motifs expliquait que les deux nations ayant enfin conquis l'équilibre budgétaire, leur situation financière générale permettait à la monarchie « d'acquérir le rang de puissance économique de premier ordre en entrant dans le groupe des grands Etats à circulation métallique. »

Il s'agissait, en somme, de remplacer l'étalon nominal d'argent par l'étalon d'or ; mais à ce changement s'ajoutait une importante nouveauté; la dévaluation de l'ancienne unité monétaire.

L'ancien florin autrichien avait depuis longtemps perdu son pair de 2 fr. 50 et il se maintenait aux environs de 2 fr. 10, après être même tombé à 1 fr.25 au lendemain de Sadowa. Au lieu de prendre le florin de 2 fr. 50 pour nouvelle unité d'or, le Dr Wekerlé, auteur de cette réforme, proposa la *couronne*, équivalant à la moitié d'un florin de 2 fr. 10 ; c'était la consolidation pure et simple d'une perte de 16 0/0 sur la valeur de l'ancienne unité.

Cette réforme fut vivement critiquée à l'étranger,

et notamment en Allemagne, où on la qualifia de faillite déguisée, car elle imposait aux créanciers de l'État, comme aux créanciers des particuliers, une réduction arbitraire de leurs créances.

Les promoteurs de la réforme répondirent à cela « qu'en fixant la base sur la transformation en or de son papier-monnaie circulant ; qu'en acceptant comme règle la quantité de ce métal qu'on pouvait acquérir avec ce papier à l'époque de la préparation de la loi sans prendre en considération ses fluctuations passées ni futures, la Monarchie austro-hongroise avait suivi l'exemple de l'Allemagne qui, en 1871, avait arbitrairement déterminé la valeur de son nouvel étalon d'or et fixé le taux de conversion de son ancienne monnaie à base d'argent ».

Les projets destinés à régulariser la *valuta* austro-hongroise comprenaient en outre : 1° une convention monétaire entre l'Autriche et la Hongrie pour déterminer la part respective de chaque pays dans les charges de la réforme ; 2° un projet pour le retrait progressif de tout le papier-monnaie émis par l'État et s'élevant à environ 320 millions de florins ; 3° une modification aux statuts de la *Banque d'Autriche-Hongrie* pour l'obliger à rembourser ses billets en monnaies légales d'or dès que les deux gouvernements le jugeraient opportun ; 4° l'autorisation législative pour emprunter 458.640.000 francs d'or au moyen d'une émission de rentes-or 4 0/0 ; 5° l'autorisation de convertir en rentes-or 4 0/0 la Dette 5 0/0 de l'Autriche-Hongrie et les actions et les obligations des lignes de chemins de fer rachetées par l'État.

***

La loi du 2 août 1892, qui a placé l'Autriche-Hongrie sous le régime de l'étalon d'or, a donc adopté comme unité monétaire la *couronne* d'or qui pèse 0 gr. 3049 de fin et 0 gr. 3387 au titre 900 mes. La couronne se divise en 100 *hellers* et vaut 1 fr. 05 au pair de la monnaie française.

La frappe libre de l'or est seule autorisée en Autriche-Hongrie ; il existe cependant dans la circulation publique des anciens florins d'argent pesant 12 gr. 3457 au titre 900 mes qui ont pouvoir libératoire illimité comme les pièces d'or.

En vertu d'une nouvelle loi, il a été frappé par l'Etat des pièces de 5 couronnes d'argent au titre 900 mes qui ont pouvoir illimité pour les caisses de l'Etat et pouvoir limité à 250 couronnes pour les particuliers.

Les pièces d'argent d'une couronne frappées au titre de 835 mes, comme notre monnaie divisionnaire, sont également reçues en quantité illimitée par les caisses de l'Etat ; mais leur pouvoir libératoire est limité à 50 couronnes entre particuliers.

Du 2 août 1892 au 31 décembre 1908, il a été frappé en Autriche-Hongrie : 3.169.500 couronnes de pièces d'or de 100 couronnes ; 1.061.278.180 couronnes de pièces d'or de 20 couronnes ; 138.300.640 couronnes de pièces d'or de 10 couronnes ; 98.390.420 couronnes de pièces d'argent de 5 couronnes et 202.374.579 pièces de une couronne d'argent. Soit au total 1.263 millions de francs d'or et 316 millions de francs d'argent.

Ces frappes ont été surtout effectuées avec le

produit des emprunts de 1892, 1894 et 1895 destinés au retrait du papier-monnaie d'État.

Les billets d'État ont été retirés par la *Banque d'Autriche-Hongrie,* qui les a remplacés par sa propre circulation fiduciaire, et elle a reçu à la place, des deux gouvernements, l'équivalent en monnaies d'or et d'argent; mais ces espèces métalliques, qui servent de couverture éventuelle à la circulation de la Banque, ne deviendront sa propriété effective que le jour où la reprise du paiement des billets en espèces d'or aura été décidée. Et si, pour une raison quelconque, le privilège de la Banque ne lui était plus renouvelé, ou si elle entrait en liquidation avant la reprise des paiements en espèces, les deux ministres des finances pourraient reprendre leur dépôt d'or respectif et rendre à la Banque les anciens billets d'État qui servaient à rembourser sa circulation fiduciaire.

En outre, l'ordonnance impériale du 21 septembre 1899, qui a prorogé le privilège de la *Banque d'Autriche-Hongrie* jusqu'au 31 décembre 1910, stipule qu'en cas de non-renouvellement de ce privilège chacune des deux monarchies aura le droit de se rendre maîtresse de sa banque d'émission par le paiement, aux actionnaires de la *Banque d'Autriche-Hongrie,* de 1.520 couronnes par action et le partage proportionnel du fonds de réserve.

Dans l'intérêt des deux pays et surtout dans l'intérêt de la Hongrie, il est à désirer que cette éventualité ne se produise pas et qu'une entente définitive permette enfin à la réforme monétaire de 1892 de devenir un fait accompli.

La statistique de la Monnaie américaine attribuait

à l'Autriche-Hongrie, à la fin de 1908, le stock monétaire suivant :

Monnaies d'or	1.570 millions de francs
Monnaies d'argent. . . .	540 — —
Billets à découvert. . .	680 — —
Total. . . .	2.790 millions de francs

Ce total, qui ne devait pas être éloigné de la vérité, donnait une moyenne d'environ 56 francs par habitant.

6. — LA BANQUE NATIONALE DE BELGIQUE.

La *Banque Nationale de Belgique* a été fondée en 1850 ; son capital social s'élève actuellement à 50 millions de francs, divisé en 50.000 actions de 1.000 fr. entièrement libérées. Le rôle de cet établissement d'émission est à peu près analogue à celui de la *Banque de France ;* comme elle, il fait l'escompte, les avances sur fonds publics ou matières précieuses et il ouvre des comptes courants sans intérêts.

La *Banque Nationale de Belgique* centralise gratuitement dans ses caisses les recettes publiques de l'État et assure le service de la Dette publique ainsi que celui de la Caisse d'amortissement et de la Caisse des dépôts et consignations. Elle surveille l'emploi des fonds des Caisses d'épargne, etc.

Son pouvoir d'émission n'est pas limité. Mais elle doit toujours avoir une encaisse métallique égale au tiers de sa circulation fiduciaire et de ses comptes créditeurs. En cas de nécessité urgente, le ministre des finances peut autoriser la Banque à réduire cette proportion de l'encaisse.

La loi du 26 mars 1900 a prorogé le privilège de la *Banque Nationale de Belgique* jusqu'au 1er janvier 1929. Les charges imposées à la Banque au profit de l'État sont fixées comme suit : 1° une redevance de 1/4 0/0 par semestre sur la circulation moyenne des billets au delà de 275 millions ; 2° l'abandon du bénéfice résultant pour la Banque de la différence entre le taux de 3 1/2 0/0 et le taux réel perçu par elle ; 3° le quart des bénéfices excédant 4 0/0 du capital social.

Décomposition de la circulation de la *Banque Nationale de Belgique*

(Moyenne de l'année 1909.)

Coupures	Nombre de billets	Valeur des billets en francs.
1.000 francs	182.275	182 275 000
500 —	109 856	54.928 000
100 —	3.016 564	301.656.400
50 —	1.530 397	76.519.850
20 —	7.751.136	155.022 720
Totaux.	12 590.228	770.401.970

En nombre, ce sont les billets de 20 francs qui tiennent la plus large place dans la circulation fiduciaire de la *Banque Nationale de Belgique* : ils représentent 61 0/0 de la moyenne des billets émis ; mais, en valeur, le premier rang appartient aux coupures de 100 francs dont le montant s'élève à 301.656.400 francs, c'est-à-dire 39 0/0 de la circulation fiduciaire totale.

Ainsi que le fait ressortir le tableau ci-après, il est un point qui frappe l'attention : c'est la faiblesse du rapport de l'or à la circulation fiduciaire. La *Banque Nationale de Belgique* avait, au 31 décembre dernier, 845 millions de francs de billets en circulation, alors qu'à la même date la circulation fiduciaire de la *Banque d'Angleterre* ne dépassait pas 721 millions de francs. Par contre, ce dernier établissement détenait dans ses caisses 851 millions de francs d'or, soit un rapport de 113 0/0, tandis que l'encaisse or de la *Banque Nationale de Belgique* atteignait à peine 115 millions de francs, c'est-à-dire 14 0/0 du montant de ses billets émis.

Variations de la circulation fiduciaire de la *Banque Nationale de Belgique*
(*En millions de francs.*)

	Maximum	Minimum	Moyenne
1907.	771	702	743
1908.	807	712	753
1909.	845	727	770

Situation à la fin des années suivantes :

Années	Encaisse métallique		Circulation	Rapport de l'or à la circulation	Comptes courants particuliers.	Portefeuille		Taux de l'escompte
	Or	Argent				Escomptes	Avances	
	Millions de francs			%	Millions de francs			%
1880. .	73	26	340	21	43	284	8	3 1/2
1883. .	72	26	358	20	40	271	20	3 1/2
1885. .	70	35	367	19	36	278	11	3 1/2
1890. .	60	44	405	15	40	313	8	3
1895. .	87	14	476	18	45	365	22	2 1/2
1900. .	92	17	632	15	68	465	58	4
1905. .	101	17	724	14	77	570	38	4
1908 .	112	46	807	14	89	679	51	3
1909. .	115	43	845	14	85	716	63	3 1/2

Le très faible rapport de l'encaisse-or à la circulation constitue le point délicat de cette banque qui a cependant l'avantage de pouvoir utiliser ses écus d'argent au même titre que la monnaie d'or dans tous les pays de l'Union latine, et particulièrement en France.

C'est surtout comme banque d'escompte que la *Banque Nationale de Belgique* a pris un grand développement. En effet, son portefeuille commercial a doublé d'importance depuis quinze ans, et il était, au 31 décembre 1909, supérieur à celui de la *Banque d'Italie*, de la *Banque de Naples* et de la *Banque de Sicile* réunies, et inférieur de seulement 69 millions de francs à celui de la *Banque d'Autriche-Hongrie*. Or, à la même date, les trois banques d'émission italiennes disposaient de 1.204 millions de francs de métal jaune et la *Banque d'Autriche-Hongrie* en avait dans ses caisses pour 1.422 millions de francs.

Il convient cependant d'ajouter que le portefeuille commercial de la *Banque Nationale de Belgique* contient généralement un quart d'effets sur l'étranger réalisables en or, et que cet établissement n'hésite pas à faire venir du numéraire de Paris chaque fois que la Belgique a besoin d'espèces métalliques.

* * *

Le système monétaire belge est en effet absolument identique à celui de la France et des autres pays de l'Union latine : Grèce, Italie et Suisse.

De 1832 à 1908, la Monnaie belge a frappé 598.642.745 francs de pièces d'or, dont on doit déduire 14.646 025 francs de pièces démonétisées; mais sur cette somme nette de 583.996.720 francs il n'en est guère resté dans le pays que 150 à 160 millions, le surplus ayant été exporté sous l'influence de changes défavorables.

Entre 1832 et 1876, date de la suspension de la frappe libre de l'argent dans les nations de l'Union latine, la Belgique a fabriqué pour 495 678.210 francs d'écus d'argent et 60.369.053 fr. 50 de monnaies divisionnaires qu'il faut réduire de 13.044.490 francs et de 13.569.053 fr. 50 pour les écus et les pièces divisionnaires démonétisées.

D'après la statistique de la Direction des Monnaies américaines, la circulation monétaire belge, à la fin de 1908, se décomposait ainsi :

Monnaies d'or.	155	millions de francs.
— d'argent	190	—
Billets non couverts. . . .	645	—
Total. . . .	990	millions de francs.

Ce serait une moyenne d'environ 123 francs par habitant.

7. — LA BANQUE NATIONALE DE BULGARIE.

La *Banque Nationale de Bulgarie*, créée en 1885, au capital de 10 millions de levs (*lev* = 1 franc), est une Banque d'État dans toute l'acception du mot, car son capital a été fourni en entier par le Trésor bulgare et toute son administration est dans la main du gouvernement.

Les dix premières années de son existence ont été sans histoire, car à la fin de 1895 elle n'avait encore qu'une circulation fiduciaire de 1.700.000 francs gagée par 1.600.000 francs d'or et 4.800.000 francs d'argent.

Entre 1895 et 1900, la Bulgarie subit une crise

économique et financière des plus graves, provoquée par une série de mauvaises récoltes et une diminution très notable des exportations bulgares à l'étranger. Les budgets de l'État se soldèrent par des déficits sérieux (72 millions de francs de 1895 à 1900) et le stock d'or du pays s'était tellement raréfié, que l'agio avait haussé à 11,50 0/0.

C'est à la *Banque Nationale de Bulgarie* que le gouvernement fit d'abord appel pour parer à cette situation.

Une loi du 13 novembre 1899 décida que « jusqu'au 31 décembre 1900, les billets de banque pourraient être échangés contre de l'argent en payant au porteur l'agio suivant le cours du jour de la Banque ».

Le but de cette loi, qui équivalait au cours forcé, était de retenir l'or dans le pays, et voici les explications fournies à ce sujet par le rapport de la *Banque Nationale* sur les opérations de l'année 1899 :

« Tant que la Banque a eu à sa disposition encore assez d'or et a pu disposer des crédits dont elle jouissait à l'étranger. elle a été en mesure de faciliter et régulariser, jusqu'à un certain point, la circulation monétaire et tenir la balance entre les deux métaux ; mais, avec l'épuisement de ces deux moyens, la Banque non seulement n'a plus pu échanger l'argent contre de l'or, mais elle s'est vue forcée, pendant le second semestre de l'année 1899, pour sauvegarder son encaisse or et pour parer à toute éventualité, de demander, par voie législative, l'autorisation à valoir jusqu'au 31 décembre 1900, d'échanger ses banknotes or contre de l'argent avec l'agio du jour.

« Outre cela, pour remédier à la pénurie générale d'argent et vivifier le commerce intérieur, la nécessité s'est fait sentir de mettre en circulation des banknotes argent, pour remplacer ainsi, en partie, la monnaie or. C'est pour cette raison que la Banque a eu recours au droit que lui concède l'article 4 de la loi sur les banknotes promulguée en 1891. »

En 1900, la situation financière de la principauté ne se modifia pas sensiblement. L'agio sur l'or, qui était de 11 1/2 0/0 à la fin de 1899, atteignit 14 0/0 et le compte courant du Trésor ne cessa de croître à la *Banque Nationale.* Celle-ci se vit donc contrainte de solliciter la prorogation de la loi du cours forcé dont les conséquences lui avaient été profitables. Grâce à elle, non seulement les billets remboursables en or n'avaient pas été discrédités, mais de 3.300.000 levs au moment de la promulgation de la loi, ils avaient atteint 6.796.000 levs au 31 décembre 1900 ; la Banque avait pu, d'autre part, renforcer son encaisse or et s'assurer une réserve métallique.

La loi du 13 novembre 1899 fut donc prorogée « jusqu'à ce que les causes ayant nécessité sa promulgation aient disparu ».

En 1901, une meilleure récolte permit d'entrevoir une reprise, mais l'agio se maintint encore entre 13 et 14 0/0 pendant la plus grande partie de l'année : ce fut seulement en novembre et décembre qu'on le vit fléchir au-dessous de 10 0/0.

Cette amélioration redonna quelque espoir, mais la *Banque Nationale* dut faire comprendre qu'elle était impuissante à assurer, avec ses seules forces, la disparition de la prime sur l'or.

« La *Banque Nationale*, lisons-nous dans le rapport relatif à l'exercice 1901, n'est pas en état de faire disparaître l'agio, tant que les finances de l'État ne seront pas consolidées et que les sources productives du pays ne se seront améliorées et renforcées ; tout dépend de notre bilan commercial. Si nous jetons un coup d'œil passager sur les fluctuations de l'agio pendant les différentes périodes, nous remarquons que, depuis l'année 1885, ces fluctuations sont assez normales et ne présentent pas de grands écarts : ainsi, durant 15 ans, elles ont varié entre 1/2 0/0 et 8 0/0, mais ordinairement l'agio s'est maintenu entre 3 0/0 et 5 0 0 ; les deux années 1900 et 1901, pendant lesquelles nous avons vu l'agio monter jusqu'à 14 0/0, ont seules fait exception ; la cause principale de cette hausse se trouve dans l'épuisement du stock or dans le pays par les quatre années de mauvaises récoltes. La *Banque Nationale* n'a jamais mis en circulation plus de 17.000.000 de levs en banknotes argent, et elle a un dépôt de métal blanc dans ses caves pour une somme de 9.500.000 à 10.000.000 de levs, de sorte qu'il ne peut y avoir le moindre doute que les banknotes argent ont pu avoir une influence quelconque sur l'agio.

« Tant que les besoins pécuniaires de l'État iront en augmentant, la loi du 13 novembre 1899, sur l'échange des banknotes or, contre argent avec l'agio, doit être maintenue en vigueur et ne pourra être abrogée sans danger qu'après la rentrée des sommes avancées au gouvernement par la Banque. »

Les observations contenues dans ce rapport étaient justes : il fallait, pour que l'agio disparût, une consolidation des finances du pays et une amélioration des sources de production. Or, depuis 1900, la balance commerciale, redevenue favorable à la Bulgarie, augmentait chaque année et l'exportation bénéficiait d'une progression continuelle : en même temps, la situation budgétaire se renforçait et le gouvernement put, en 1902, conclure l'emprunt 5 0/0, qui donna au Trésor la facilité d'acquitter les sommes prêtées par la Banque. La prime de l'or, qui au mois d'avril 1902 était encore de 13 0/0, tomba vers la fin de l'année à 2 0/0 et cette baisse permit de rapporter la loi du 13 novembre 1899.

Depuis 1902, la situation de la *Banque Nationale de Bulgarie* est restée anormale, mais elle a continué à être la caissière de l'État et, aujourd'hui encore, une partie de sa circulation fiduciaire a comme contre-partie des bons du Trésor qui lui seront d'ailleurs remboursés au prochain emprunt, comme l'ont été les précédents.

Ses statuts primitifs lui donnaient le droit de mettre en circulation un montant de billets deux fois supérieur à la valeur de son capital et de ses réserves, et au moins égal au triple de son encaisse or, mais les lois des 6 février 1906 et 22 février 1907 ont attribué un nouveau régime à son émission fiduciaire.

Variations de la circulation de la *Banque Nationale de Bulgarie*

(En millions de francs.)

Années	Maximum	Minimum	Moyenne
1907	61	64	53
1908	82	45.8	60
1909	89	70	78

La circulation de la Banque comprend des billets remboursables en or et des billets remboursables en argent. Les premiers doivent être couverts par 33 0/0 de monnaies d'or et les seconds par 50 0/0 de monnaies d'argent : il n'y a plus de rapport entre l'émission et le capital.

La *Banque Nationale de Bulgarie* opère à la fois comme établissement d'escompte, de dépôts et de prêts sur nantissement, et comme banque foncière. Notre cadre ne nous permet de suivre que les opérations se rapportant à sa première fonction et voici, depuis son origine, leur développement :

Situation des principaux postes de la *Banque Nationale de Bulgarie* à la fin des années suivantes :

Années	Encaisse métallique		Circulation	Rapport de l'or à la circulation	Comptes courants et dépôts des particuliers	Portefeuille		Taux de l'escompte
	Or	Argent				Escomptes	Avances sur gages mobiliers	
	(Millions de francs)			%	(Millions de francs)			%
1885.	3.7		0.2	»	6.0	4.2	0.2	7 1/2
1890.	2.9	1.7	2.0	145	16.8	6.8	3.0	8
1895	1.6	4.8	1.7	94	45.7	17.8	10.8	8
1900	4.5	8.8	22.0	20	60.6	22.9	18.4	8
1905.	20.6	10.2	37.2	55	86.4	26.1	13.4	8
1908.	24.6	15.0	71.5	34	89.5	26.6	25.9	7
1909.	30.7	17.1	71.8	43	115.7	35.4	44.6	7

La *Banque Nationale de Bulgarie* a été le principal instrument du développement économique de la Bulgarie, et si les critiques qu'on lui adresse, d'être trop la chose du gouvernement, sont fondées en théorie, elles ne sont pas absolument justes dans la pratique, car elle est admirablement administrée et le gouvernement n'a pas trop abusé d'elle.

Au point de vue monétaire, la Bulgarie est un

nouveau venû parmi les États européens, aussi ce n'est que depuis peu de temps qu elle s'est constitué un système de monnaies, poids et mesures destiné à remplacer le système turc resté en vigueur jusqu'en 1876. La Bulgarie adopta le système français. Elle a donc notre régime monétaire.

L'unité est le *lev,* qui est égal au franc. Il y a des pièces d'or de 100, 50, 20 et 10 levs, des pièces d'argent au titre de 0,900 de 5 levs et des monnaies divisionnaires au titre de 0,835 valant respectivement 2 levs, 1 lev et 50 *stotinkis* ou centimes. Les conditions dans lesquelles circule la monnaie bulgare sont celles qui régissent les monnaies françaises.

8. — LA BANQUE NATIONALE DE DANEMARK.

La *Banque Nationale de Danemark* a été créée en 1818, avec un privilège d'émission d'une durée de 90 ans. Ce privilège a été prorogé jusqu'en 1938 par la loi du 12 juillet 1907, qui a assez profondément modifié l'organisation de la Banque.

La Banque est une Société par actions au capital de 27 millions de couronnes, divisé en 135.000 actions de 200 couronnes. Ses opérations sont celles des banques d'émission en général ; elle fait également des prêts hypothécaires dont elle se procure les fonds par l'émission de lettres de gage.

Sa circulation fiduciaire n'est pas limitée ; elle doit être couverte pour moitié par de l'or et par des disponibilités à l'étranger ; le surplus doit être gagé par de l'actif facilement réalisable, dans la proportion de 125 0/0.

La Banque paye à l'État une redevance annuelle de 750.000 couronnes, plus le 1/4 des bénéfices dépassant 6 0/0 du capital social.

Décomposition de l'émission de la *Banque Nationale de Danemark* (y compris les billets en caisse) au 31 juillet 1909.

Coupures	Nombre de billets	Valeur des billets en couronnes de 1 fr. 38
500 couronnes	23 538	11 769 000
100 —	447 400	44 740.000
50 —	208 900	10.445 000
10 —	5 973 100	59 731 000
5 —	1.463.000	7.315.000
Totaux	8.115.938	134.000.000

Variations de la circulation (non compris les billets en caisse).
(*En millions de francs.*)

Années	Maximum	Minimum	Moyenne
1907	181	157	168
1908	181	160	170
1909	181	160	171

Situation des principaux postes de la *Banque Nationale de Danemark* au 31 juillet des années suivantes :

Années	Encaisse métallique — Or	Encaisse métallique — Argent	Circulation	Rapport de l'or à la circulation	Comptes courants et dépôts des particuliers	Portefeuille — Escomptes	Portefeuille — Avances	Taux de l'escompte
	Millions de francs			%	Millions de francs			%
1880.	60	»	84	72	23	15	19	41/2
1883.	61	»	92	66	19	31	13	4
1885	59	»	87	68	19	32	10	41/2
1890	64	»	96	67	12	20	9	31/2
1895	78	»	116	67	12	24	9	31/2
1900.	78	»	129	60	8	39	16	6
1905.	110	»	155	71	5	46	8	4
1908.	122	»	171	71	3	45	23	6
1909.	109	»	171	64	10	45	11	5

Depuis le 23 mai 1873 l'unité monétaire du Danemark est le *Krone* d'or, divisé en 100 ore et pesant 0 gr. 4032 de métal fin, frappé au titre 900e. La pièce d'or de 20 kroner pèse 8 gr. 9606 et le pair du krone en monnaie française est de 1 fr. 389

Par une convention du 27 mai 1875 avec la Suède, convention à laquelle la Norvège a adhéré le 16 octobre suivant, ces trois pays ont formé une Union monétaire, dite l'*Union scandinave*, qui s'est maintenue jusqu'à nos jours En vertu de cette Union la frappe de l'or est libre dans chaque pays, la frappe des monnaies d'argent est réservée aux gouvernements dans une proportion déterminée pour chacun d'eux et les monnaies de chaque pays ont cours légal dans les deux autres.

Il existe deux pièces d'or : 20 kroner et 10 kroner, et quatre pièces d'argent ; 2 kroner, 1 krone, 25 ore et 10 ore. Les pièces d'or ont pouvoir libératoire illimité ; celles d'argent de 2 kroner et d'un krone ne sont reçues que jusqu'à concurrence de 20 kroner et celles de 25 ore et de 10 ore, que jusqu'à 10 kroner.

De 1873 à 1908 il a été frappé en Danemark pour 38.981 240 kroner de pièces de 20 kroner. et 10.295.490 kroner de pièces de 10 kroner, soit au total 49.276.730 kroner de monnaies d'or.

Les frappes des monnaies d'argent, pendant la même période, ont atteint 25.002.702 kroner.

On évaluait le stock monétaire du Danemark au 31 décembre 1908 aux sommes suivantes : *or* : de toute nature (lingots, monnaies scandinaves et monnaies étrangères) : 101 millions de francs ; *argent* : monnaies scandinaves 32 millions de francs; *billets à découvert* : 76 millions de francs. Total général :

209 millions de francs représentant environ 78 francs par habitant.

9. — LA BANQUE D'ESPAGNE.

La *Banque d'Espagne* fut fondée, en 1829, sous le nom de *Banco Espanol de San-Fernando*; elle prit le titre de *Banco de Espana* en 1856 et reçut le privilège de l'émission pour toute la Péninsule en 1874. Avant cette époque, l'Espagne était, en effet, sous le régime de la pluralité des Banques d'émission, et 15 Banques provinciales émettaient des billets concurremment avec la *Banque d'Espagne.*

Le décret du 19 mars 1874 donna à la Banque son organisation actuelle et accorda aux Banques provinciales la faculté de fusionner avec elle. Onze de ces dernières acceptèrent la fusion, et le capital de la *Banque d'Espagne*, précédemment fixé à 50 millions de pesetas, fut porté à 100 millions, divisés en 200.000 actions de 500 pesetas. En 1882, le capital fut élevé à 150 millions et le nombre des actions à 300.000. Le décret du 19 mars 1874 avait fixé la durée de son privilège jusqu'en 1904 : la loi du 14 juillet 1891 a prorogé ce privilège jusqu'en 1921.

En vertu de cette dernière loi, la *Banque d'Espagne* était autorisée à émettre des billets jusqu'à concurrence de dix fois son capital social, soit 1.500 millions de pesetas ; mais la Banque devait toujours avoir une encaisse métallique (moitié en or et moitié en argent) égale au tiers de sa circulation fiduciaire : cette clause n'a pas été observée pendant la guerre hispano-américaine.

Nous ne reviendrons pas, ici, sur les critiques qui ont été formulées contre la loi de 1891 et contre les opérations avec le Trésor espagnol dont l'application de cette loi a été le point de départ. Bien avant l'insurrection de Cuba et des Philippines, la *Banque d'Espagne* était déjà devenue une sorte de caisse d'État, à laquelle les cabinets conservateurs et libéraux s'adressaient invariablement pour combler leurs déficits budgétaires.

L'insurrection cubaine et la guerre contre les États-Unis aggravèrent considérablement la situation de la *Banque d'Espagne*, et quelques simples chiffres nous permettront d'expliquer les causes de la dépréciation de sa circulation fiduciaire.

En 1890 le change espagnol était aux environs du pair. Au commencement de 1891 l'annonce des conditions du renouvellement du privilège de la Banque et de l'élévation à 1.500 millions de pesetas du maximum de sa circulation provoqua une légère réaction et nous trouvons le change à 2,90 0/0 de perte à la fin du mois d'avril. La laborieuse discussion du mois de mai mit en relief les engagements de la Banque avec le Trésor et l'écart de plus en plus disproportionné entre sa circulation fiduciaire, son encaisse d'or et son véritable portefeuille commercial ouvrit le champ à la spéculation : le change passa en effet à 5,65 0/0 de perte à la fin de mai, à 6,40 0/0 fin juillet, à 10,80 fin octobre, pour s'établir à 12,75 0/0 fin décembre.

Au commencement de 1892, la circulation fiduciaire de la *Banque d'Espagne* était de 814.300.000 pesetas ; au 31 décembre de la même année, elle s'élevait à 884.100.000, pour atteindre successivement : 909.600.000 fin 1894 ; 994.400.000 fin 1895 ;

1.092.300.000 fin 1896 ; 1.206.270.000 fin 1897 et 1.434.100.000 en octobre 1898.

Entre fin décembre 1894 et fin février 1898 la circulation fiduciaire a augmenté de 340 millions de pesetas : ce fut le bilan de la guerre cubaine. Entre le 1er mars 1898 et le 1er mars de l'année suivante, cette circulation progressa encore de 223 millions de pesetas : ce fut le bilan de la guerre américaine.

*
* *

Quand Villaverde prit le ministère des finances dans le cabinet Silvela (milieu de mars 1899), la *Banque d'Espagne* avait en portefeuille, par suite de ses avances au Trésor, 1.259 millions de pesetas en valeurs d'État, représentées par 1.111 millions de *pagarès* des colonies et 148 millions d'obligations du Trésor. A cette même date, sa circulation fiduciaire s'élevait à 1.459 millions de pesetas, les taux de son escompte et de ses avances sur titres étaient de 5 0/0 et la prime sur l'or valait à Madrid 26,60 0/0.

Villaverde, pénétré de cette idée fort juste que la dépréciation du change espagnol provenait. d'une part, de la trop grande quantité de douros d'argent que l'Espagne avait frappés entre 1869 et 1899 (plus de 1 milliard de pesetas, dont 900 millions étaient dans les caisses de la *Banque d'Espagne* ou dans la circulation publique), et, d'autre part, d'un excès de circulation fiduciaire, essaya de réduire celle-ci en remboursant à la *Banque d'Espagne* une forte partie de ses avances à l'État.

Au commencement de juin 1900, le chiffre de ces

avances avait en effet diminué de 315 millions de pesetas, mais la *Banque d'Espagne*, loin de se prêter à la compression de sa circulation, comme le voulait le ministre, en facilita au contraire le développement en abaissant à 3,50 0/0 le taux de son escompte et de ses avances sur titres. De sorte que, Villaverde ayant quitté le ministère le 7 juillet suivant, à la fin de l'année 1900 cette circulation atteignait la somme de 1.586 millions de pesetas, malgré les remboursements effectués. La conséquence de cette singulière politique, c'est que la prime sur l'or à Madrid monta, à cette même date, à 33.95 0/0.

Depuis 1900, le Trésor a considérablement réduit sa dette envers la Banque, car, outre l'avance permanente de 150 millions fixée par la loi de 1891, elle ne comprend plus actuellement que 100 millions de pagarès d'outre-mer émis au moment de la guerre de Cuba ; mais la Banque possède encore un portefeuille de 344 millions de dette intérieure.

Décomposition de la circulation fiduciaire
de la *Banque d'Espagne* au 31 décembre 1909.

Coupures	Nombre de billets	Valeur des billets en pesetas
1.000 pesetas.	441.957	441.957 000
500 —	392.019	196.009 500
250 —	339	84.750
125 —	1.018	127 250
100 —	6.233 835	623.383 500
50 —	6 035.334	301.766.700
25 —	4.306.779	107.669 475
Totaux.	17.411 281	1.670.998.175

La législation relative à la *Banque d'Espagne* a été modifiée par la loi du 13 mai 1902, qui a notamment réglé comme suit la couverture des billets : Jusqu'à 1.200 millions, l'émission doit être couverte par une réserve métallique d'un tiers, dont la moitié doit être formée d'or; de 1.200 à 1.500 millions, 40 0/0 des billets doivent être couverts en or, et 60 0/0 au total en or et en argent ; de 1.500 millions à 2 milliards, limite maxima de l'émission, 50 0/0 des billets doivent être couverts en or, et 70 0/0 au total en or et en argent.

Variations de la circulation de la *Banque d'Espagne*
(*En millions de francs.*)

Années	Maximum	Minimum	Moyenne
1907.	1.584	1 508	1.543
1908.	1.698	1 543	1.601
1909.	1.708	1.635	1.672

Situation des principaux postes de la
Banque d'Espagne à la fin des années suivantes :

Années	Encaisse métallique		Circulation	Rapport de l'or à la circulation	Comptes courants et dépôts des particuliers	Portefeuille		Taux de l'escompte
	Or	Argent				Escomptes	Avances sur titres et sur crédit personnel	
	Millions de francs			%	Millions de francs			%
1880	117	73	241	48	237	24	111	4
1883.	37	37	350	10	177	46	219	5
1885	58	65	469	12	274	78	188	4
1890.	152	72	734	21	443	180	251	4
1895.	200	257	994	20	385	132	224	4 1/2
1900.	350	408	1.586	22	728	182	246	3 1/2
1905.	376	571	1 550	24	565	247	331	4 1/2
1908.	395	811	1 643	24	485	307	469	4 1/2
1909.	403	770	1.671	24	510	293	490	4 1/2

Comme on le voit par le premier des deux tableaux qui précèdent, la circulation fiduciaire de la *Banque d'Espagne,* dans ses limites extrêmes, ne varie annuellement que dans de faibles proportions : 76 millions en 1907, 155 millions en 1908 et 73 millions en 1909.

Depuis 1900, tous les postes de la *Banque d'Espagne* sont en progression, mais plus particulièrement l'encaisse argent, qui a augmenté de 362 millions, alors que l'augmentation de l'encaisse or n'a été que de 53 millions, et celle de la circulation fiduciaire de 85 millions. On peut donc affirmer que ce sont les écus d'argent frappés avant 1901 et dont nous parlerons plus loin, qui ont empêché la circulation de la *Banque d'Espagne* de devenir presque normale, car les immobilisations de son portefeuille ne représentent plus aujourd'hui que 594 millions, contre 1.259 millions au commencement de 1899.

⁂

Le régime monétaire espagnol a été institué par la loi du 19 octobre 1868 et il est absolument copié sur le régime monétaire français. L'unité est la *peseta* d'argent, équivalente en titre et en poids au *franc* d'argent. Elle se divise en 10 *centimos*.

La gamme des monnaies d'or et d'argent de l'Union latine se retrouve en Espagne, où la frappe de l'or est seule libre ; depuis le 28 novembre 1901, celle de l'argent est interdite pour le Trésor lui-même, sauf pour les monnaies divisionnaires, qu'il ne peut frapper qu'avec des écus pris dans la circulation.

Les monnaies d'or et les pièces de 5 francs d'argent

ont puissance libératoire illimitée, mais l'or faisant prime depuis plus de vingt ans, ce sont les monnaies d'argent et les billets de la *Banque d'Espagne*, remboursables en pièces de 5 francs, qui constituent la véritable monnaie espagnole.

Entre 1868 et 1899 il fut frappé, tant par les particuliers que par l'État, pour 1 052 187.430 pesetas de pièces de 5 francs à plein pouvoir libératoire, et comme à partir de 1876 (date de la suspension complète de la frappe de l'argent dans les pays de l'Union latine) le Trésor put réaliser un gros bénéfice sur les frappes nouvelles, tous les ministres des finances qui se succédèrent à Madrid jusqu'à Villaverde usèrent de cet expédient pour augmenter leurs recettes budgétaires.

Ainsi pendant les quatre années de la guerre de Cuba qui se termina par la guerre hispano-américaine, c'est-à-dire de 1895-1896 à 1898-1899 inclusivement, il fut frappé 286 millions de monnaies d'argent sur lesquels le Trésor préleva un bénéfice net de 73 millions.

En 1901 M. Angel Urzaiz fit voter deux lois excellentes : 1° la loi du 28 novembre, qui suspendit complètement la frappe des pièces de 5 francs ; 2° la loi du 30 novembre décidant un paiement partiel des droits de douanes en or, loi qui fut complétée par celle du 22 février 1902 et surtout par la loi du 14 mai 1906 qui rendit les droits de douanes entièrement payables en or.

Dans un très remarquable Mémoire présenté aux Cortès le 24 juin 1903, Villaverde proposa la régularisation de la *valuta* espagnole sur le modèle des réformes que l'Autriche-Hongrie, la Russie et le Japon avaient précédemment réalisées : ce Mémoire, qui constitue encore aujourd'hui une des études les plus remarquables sur la question monétaire prise dans son sens le plus général, produisit une grande impression en Espagne. Malheureusement des intrigues politiques, nouées dans son propre parti, le renversaient du pouvoir au moment où la question allait entrer dans le domaine de la réalisation, et sa mort, survenue quelques mois plus tard (15 juillet 1905), fit abandonner son projet.

Il en est cependant resté le paiement intégral des droits de douanes en or (article 4 de son projet) que la loi de 1906 a mis en vigueur et dont le tableau suivant va nous indiquer les résultats :

Primes sur l'or en Espagne de 1875 à 1899.

Années	Primes %	Années	Primes %	Années	Primes %
1880.. .	— 1	1898.. .	58.85	1904.. .	37.55
1885.. .	2.50	1899.. .	24.80	1905.. .	30 89
1890.. .	4.33	1900.. .	29.55	1906.. .	12 86
1895.. .	14.86	1901.. .	38 15	1907.. .	11 60
1896.. .	20.65	1902.. .	35.53	1908.. .	11.30
1897.. .	29.58	1903.. .	35.59	1909.. .	11.00

Jusqu'en 1881, la monnaie espagnole fut au pair et même au-dessus du pair comme pendant l'année 1880; mais sous la double influence des frappes exagérées de monnaies d'argent (dont on achetait le métal à l'extérieur avec de l'or du pays) et de l'augmentation de la circulation fiduciaire de la *Banque d'Espagne* survenue après le vote de la loi de 1891, la prime sur l'or à Madrid s'éleva d'année en année, pour atteindre son point culminant en 1898, année de la guerre contre l'Amérique.

Le paiement partiel en or des droits de douanes et

le solide équilibre budgétaire que Villaverde sut assurer à l'Espagne, stabilisèrent la prime ; mais le paiement intégral en or décidé par la loi de 1906 eut l'effet décisif que le tableau ci-dessus indique.

Et on peut affirmer que si la *Banque d'Espagne* ne traînait pas le lourd boulet d'argent que la mauvaise politique financière des gouvernements antérieurs à 1899 a lancé dans ses caisses, depuis quatre ans déjà ses billets de banque, quoique remboursables en écus d'argent comme ceux de la *Banque de France* et de la *Banque de Belgique*, vaudraient leur pair en or.

Entre 1868 et 1908, il a été frappé en Espagne 1.103.705.030 francs de monnaies d'or et 1 milliard 330.589.807 francs de monnaies d'argent, dont 1.052.187.450 d'écus à plein pouvoir libératoire. A la fin de 1908, on estimait que le stock monétaire espagnol comprenait :

Monnaies d'or.	450	millions de francs.
Monnaies d'argent (écus). .	950	—
Billets à découvert. . . .	437	—
Total. . .	1 837	—

Et si on ajoute à ce total environ 200 millions de francs de monnaies divisionnaires, on atteint un total approximatif de 2.037 millions, représentant à peu près 103 fr par tête d'habitant.

10. — LA BANQUE NATIONALE DE GRÈCE.

La *Banque Nationale de Grèce* a été fondée en 1841 ; son capital, modifié à diverses reprises, est actuellement de 20 millions de drachmes. Son privilège d'émission, dont le dernier renouvellement date de 1903, expire le 31 décembre 1930.

Lors de la réunion des îles Ioniennes à la Grèce on laissa subsister la *Banque Ionienne*, chargée de l'émission dans ces îles. Le privilège de cette banque, dont le siège est à Londres, a été prorogé jusqu'en 1920, sans possibilité de renouvellement ultérieur.

Déjà, en 1899, la *Banque Nationale de Grèce* a absorbé la *Banque Privilégiée d'Epiro-Thessalie*, qui avait reçu le privilège d'émission pour l'Epire et la Thessalie lors de l'annexion de ces deux provinces à la Grèce en 1882. A partir de 1920, la *Banque Nationale* demeurera donc la seule banque d'émission du royaume.

La loi a établi certaines règles pour le maintien d'une encaisse suffisante en face des engagements de la Banque ; mais, pendant la durée du cours forcé, qui règne en Grèce depuis 1885, ces règles sont remplacées par la limitation du droit d'émission à un maximum de 60 millions, plus 5.096.380 drachmes, représentant les billets de l'ancienne *Banque d'Epiro-Thessalie*. Outre ces 65.096.380 drachmes, la Banque a en circulation des billets émis pour le compte de l'État, et dont le montant s'élève actuellement à 70.778.575 drachmes, dont 9 millions en billets de 1 et 2 drachmes.

L'encaisse métallique de la *Banque Nationale de Grèce* est peu importante, puisqu'elle n'atteignait, au 31 juillet dernier, que 3.939.430 drachmes ; mais il faut y joindre les sommes dont la Banque dispose à l'étranger et qui s'élèvent à 44.454.826 drachmes. La circulation totale de 118 millions de drachmes est donc couverte à concurrence de plus de 48 millions par des disponibilités liquides ; le surplus est gagé par les avances que la Banque a consenties à l'État et qui atteignent près de 71 millions.

Au cours de ces dernières années, la circulation fiduciaire de la Banque a subi les variations suivantes :

Variations
de la circulation fiduciaire
(*En millions de francs.*)

	Maximum	Minimum	Moyenne
1907.	137.1	117.5	127.3
1908.	133 4	122 5	127.8
1909.	134.5	117 1	125.9

Les opérations commerciales de la *Banque Nationale de Grèce* ne sont pas limitées à celles que font en général les banques d'émission : escomptes, prêts sur nantissements, réception de dépôts, etc., etc. Elle fait également des opérations de crédit foncier, et elle se procure des ressources dans ce but par l'émission d'obligations avec ou sans lots ; le montant des prêts en cours est actuellement de 69 millions. Elle s'occupe également de crédit agricole et fait des avances aux agriculteurs par voie d'escompte ou en vertu d'actes notariés. Enfin, elle prend des participations dans des Sociétés ayant pour but le développement des moyens de transport, de la navigation et du crédit mobilier en Grèce. Mentionnons, à ce propos, qu'en 1899 elle a prêté son appui à la fondation de la *Banque de Crète*, au capital de 10 millions de drachmes, qui a le privilège d'émission en Crète, mais dont l'encaisse et la circulation sont encore insignifiantes.

Situation

à la fin des années suivantes :

Années	Encaisse métallique		Circulation	Rapport de l'or à la circulation	Comptes courants et dépôts des particuliers	Portefeuille	
	Or	Argent				Escomptes	Avances sur gages mobiliers
	Millions de francs			%	Millions de francs		
1880	7.3	6.6	65 3	11	54 4	27.3	13.0
1883. .	7.8		96 4	»	87 8	24 9	4.2
1885. .	7.1		71.3	»	101 9	24.9	10 8
1890. .	3 2		106.1	»	115.9	18 5	4.4
1895 .	1.9		111 5	»	93 6	13.4	3.6
1900 .	0.8	1.0	137.7	1	59 5	30.0	10.0
1905. .	1.4	0.7	126 1	1	96 5	33.1	15.1
1908 .	3 0		127 7	»	153.0	35.7	34 2
1909.	4.2		134.5	»	146 9	33.1	32.5

La Grèce fait partie de l'Union monétaire latine, et son unité monétaire, la drachme, correspond exactement à notre franc. De 1866 à 1885, elle a fait frapper par la Monnaie de Paris 12 millions de drachmes d'or, 26.262.864 drachmes d'argent, dont 15.462.865 drachmes en pièces de 5 drachmes, et 6.816.065 drachmes de bronze ; depuis 1893, il a été fabriqué 3 millions de drachmes de pièces de nickel. Mais il y a longtemps que toute la monnaie d'or et d'argent a quitté le pays, en présence des cours élevés du change qui ont suivi l'établissement du cours forcé en 1885. Les pièces divisionnaires elles-mêmes s'étaient réfugiées à l'étranger ; par la convention monétaire additionnelle du 4 novembre 1908, la Grèce s'est engagée à les retirer de la circulation des autres pays de l'Union, où elles ne sont plus admises maintenant dans les caisses publiques. En même temps, le Gouvernement hellénique s'est engagé à retirer de la circulation les billets de 1 et 2 drachmes qu'il avait émis pour remédier à la disparition de la petite monnaie et dont l'émission s'élevait à 10 millions.

La situation monétaire de la Grèce s'est remarquablement améliorée au cours de ces dernières années, comme le montre le petit tableau ci-dessous :

Années	Cours du change sur Paris	
	Maximum	Minimum
1904.	1 47 3/4	1 30 1/2
1905.	1 32 1/4	1.17
1906.	1.15 1/4	1.08 3/4
1907.	1 14	1.07
1908.	1.12 1/4	1.04 1/2
1909.	1.07 1/4	1.00 1/4

Au cours de cette année, le cours du change s'est même tenu pendant quelque temps au-dessus du pair. Cette rapide amélioration, dont il faut rechercher les causes surtout dans le développement de la marine hellénique et dans celui de l'émigration grecque, les émigrants ayant continué d'envoyer leurs épargnes dans leur pays natal, fait bien augurer de l'avenir de la situation monétaire de la Grèce. Il reste un effort à faire : il faut que l'État rembourse à la *Banque Nationale* la dette considérable qu'il a contractée envers elle, pour que le cours forcé puisse être aboli et pour que la Grèce prenne place parmi les pays à situation monétaire parfaitement saine.

11. — LES BANQUES ITALIENNES D'ÉMISSION.

La *Banque de Gênes*, créée en 1844, et la *Banque de Turin*, créée en 1847, devinrent, en 1849, la *Banque Nationale Sarde*, qui prit elle-même le nom de *Banque Nationale d'Italie* en 1860.

Après la fameuse crise des banques italiennes de 1892, la loi du 10 août 1893, tout en conservant le principe de la pluralité des banques d'émission, réduisit cependant leur nombre à trois, en maintenant la *Banque de Naples* et la *Banque de Sicile* qui existent toujours, en autorisant la fusion de la *Banque Nationale Toscane*, de *la Banque Toscane de Crédit* et de la *Banque Nationale d'Italie*, sous la dénomination de *Banque d'Italie*, et en chargeant cette dernière de la liquidation de la *Banque Romaine*.

La loi du 10 août 1893 avait comme objectif principal le relèvement du change italien, et elle ne se préoccupait ni de la situation qui serait faite aux porteurs des billets en cas de crise de l'établissement émetteur, ni des conséquences que cette crise pourrait avoir pour le crédit de l'État. L'un des derniers actes de M. Luzzatti, alors ministre des finances du cabinet di Rudini, fut de faire voter par le Parlement italien (mars 1898) une loi qui complétait, en les améliorant, les dispositions de la loi du 10 août 1893.

La loi de 1898 a séparé la gestion et la liquidation de l'actif immobilier de la *Banque d'Italie* du département de l'émission fiduciaire proprement dite, et cela était d'autant plus nécessaire que M. Luzzatti avait déclaré à la tribune de la Chambre que, du

20 février 1894 à fin décembre 1896, les immobilisations des banques d'émission italiennes étaient passées de 66 200.000 lire à 98.500.000 lire.

Enfin, pour la circulation non couverte par la réserve métallique irréductible, la nouvelle loi donnait aux porteurs de billets un droit de préférence sur les réserves métalliques excédant la réserve irréductible, après déduction de 40 0/0 pour les dettes à vue sur bons du Trésor ou autres titres garantis par l'État italien. Les déposants avaient leur garantie spéciale dans les autres parties de l'actif des banques.

En résumé, la loi de 1898 devait achever l'œuvre d'assainissement et de régularisation de la *valuta* italienne commencée en 1893, et nous devons reconnaître que son programme a été parfaitement rempli.

Depuis le 1er janvier 1894, le privilège de l'émission fiduciaire est exercé en Italie par trois établissements :

1° La *Banque d'Italie*, au capital de 240 millions de lire dont 180 versés, divisés en 300.000 actions de 800 lire, et dont le siège social est à Rome, est destinée à devenir l'unique établissement d'émission de l'Italie. Elle a une circulation fiduciaire autorisée de 660 millions de lire, outre les billets entièrement couverts par l'encaisse métallique.

Ces 660 millions de lire doivent être gagés par une réserve de 40 0/0 composée d'or pour les 3/4 au moins, d'effets sur l'étranger pour 11 0/0 au plus, de monnaies divisionnaires pour 2 0/0 au plus et de monnaies d'argent à cours légal (écus de l'Union latine).

En cas de dépassement de la limite d'émission, ou d'insuffisance de la réserve ci-dessus définie, la *Banque d'Italie* est frappée d'un impôt rapidement progressif qui peut atteindre jusqu'à 7 1/2 0/0 de la circulation autorisée par la loi. Sa réserve métallique ne doit, en aucun cas, descendre au-dessous de 400 millions de lire.

Les opérations de la Banque sont : l'escompte des effets de commerce, à deux signatures au moins, des lettres de change, bons du Trésor, warrants, etc., avances sur titres pour six mois au plus, achat et vente de traites et lettres de change sur l'étranger, payables en or, à trois mois d'échéance au maximum, etc.

Les billets de la *Banque d'Italie* ont cours légal ; ils constituent les trois quarts de la circulation monétaire italienne, et comme cet établissement est aujourd'hui dirigé et administré d'une manière remarquable, on peut judicieusement lui attribuer le mérite du relèvement du crédit italien tant à l'intérieur qu'à l'extérieur.

La *Banque d'Italie* a achevé, depuis 1908, la liquidation des immobilisations laissées par les anciens établissements d'émission qu'elle avait absorbés en 1893 ; elle est donc entrée maintenant dans sa période de fonctionnement normal ; toutefois, la liquidation de la *Banque Romaine* ne prendra fin qu'en 1913.

Variations de la circulation fiduciaire de la *Banque d'Italie* pendant les trois dernières années

En millions de francs.)

Années	Maximum	Minimum	Moyennes
1907.	1 417	1.113	1.250
1908.	1.436	1.254	1.353
1909.	1.477	1 269	1.374

Un décret du 28 avril 1910 vient de codifier à nouveau toutes les dispositions restant en vigueur des nombreuses lois qui régissent les banques d'émission italiennes.

2° La *Banque de Naples*, dont la fondation remonte à 1794, fut réorganisée par le décret de 1864, qui lui donna sa forme actuelle. Cet établissement, maintenu par la loi de 1893, n'a pas d'actionnaires ; il dispose cependant d'un capital propre fixé aujourd'hui à 60 millions de lire et sa réserve légale s'élevait à 13.869.000 lire au 31 décembre 1909. Le maximum de sa circulation non couverte par l'encaisse métallique est de 200 millions de lire et sa réserve irréductible ne doit pas descendre au-dessous de 120 millions.

Variations de la circulation fiduciaire de la *Banque de Naples* pendant les trois dernières années

(*En millions de francs.*)

Années	Maximum	Minimum	Moyennes
1907. . . .	368	330	348
1908.	378	348	363
1909.	395	358	376

3° La *Banque de Sicile*, créée en 1843 comme succursale de la Banque de Naples, devint autonome en 1849. Elle possède un capital social de 12 millions de lire et au 31 décembre 1909 sa réserve légale s'élevait à 8.135.000 lire.

Le maximum de sa circulation fiduciaire, non couverte par l'encaisse métallique, est fixé à 48 millions de lire et sa réserve irréductible à 28 millions.

Variations de la circulation fiduciaire de la *Banque de Sicile* pendant les trois dernières années

(*En millions de francs.*)

Années	Maximum	Minimum	Moyennes
1907.	80	69	76
1908.	96	78	87
1909.	101	86	93

Le tableau suivant résume la situation de toutes les banques d'émission italiennes à la fin des années indiquées.

Situation des banques d'émission italiennes à la fin des années suivantes :

Années	Encaisse métallique: Or	Encaisse métallique: Argent	Circulation	Rapport de l'or à la circulation	Comptes courants et dépôts des particuliers	Portefeuille: Escomptes	Portefeuille: Avances	Taux de l'escompte
	Millions de francs			%	Millions de francs			%
1880.	78	97	1.688	5	213	423	147	4
1883.	220	99	791	28	227	374	75	5
1885	281	56	918	30	283	616	140	5
1890.	354	56	1 126	31	383	671	123	6
1895.	441	66	1 085	41	323	279	55	5
1900.	403	65	1 139	35	285	457	72	5
1905.	806	114	1.405	57	298	589	89	5
1908.	1.179	136	1 862	63	326	674	104	5
1909.	1.203	129	1.932	62	306	714	154	5

L'Italie, faisant partie de l'Union latine, a absolument le même régime monétaire que la France : son unité monétaire, la *lira*, a la même valeur que notre franc ; les pièces d'or et les pièces de 5 francs d'argent des pays de l'Union latine y ont cours légal illimité, mais la frappe libre de l'or est seule autorisée dans le royaume.

Entre 1862 et 1908, l'Italie a frappé pour 428 millions de francs de monnaies d'or et 645 millions de monnaies d'argent, desquelles il faut déduire 70 millions d'anciennes pièces démonétisées

A la fin de 1909 le stock d'or monétaire italien devait être de 1.700 à 1.750 millions de francs, dont 1.203 millions dans les banques d'émission, près de 400 millions dans les caisses de l'État et 100 ou 150 millions dans les banques privées et la circulation publique.

Quant à l'argent, les banques d'émission en possédaient 129 millions de francs, les caisses de l'État environ 90 millions et la circulation publique 60 à 70 millions. Soit un total de 285 millions de francs que nous n'admettrons d'ailleurs qu'avec les réserves d'usage.

12. — LA BANQUE DE NORVÈGE.

La Banque de Norvège a été fondée en 1816, au lendemain de la proclamation de l'indépendance du pays et de son union avec la Suède. Son capital primitif fut formé au moyen d'un impôt sur la propriété foncière, et les propriétaires ainsi taxés devinrent actionnaires au prorata de leur contribution. On trouve également ce mode de souscription forcée à l'origine de la *Banque Nationale de Danemark*, créée à la même époque.

La *Banque de Norvège* émit d'abord des billets

gagés sur des biens-fonds, système qui aboutit à une grave dépréciation de la monnaie fiduciaire La Banque dut être réorganisée ; son privilège d'émission, qui est exclusif, a été renouvelé pour la dernière fois en 1900 ; il lui permet d'émettre, sans couverture métallique, 35 millions de couronnes de billets, le surplus devant être entièrement représenté par de l'or ; les billets émis au delà de la limite légale sont soumis à un impôt de 6 0/0 ; ces dispositions sont imitées de celles qui régissent la *Banque d'Allemagne*.

Le tiers de la réserve d'or peut être déposé dans des banques étrangères et 3 millions de couronnes dans les Banques nationales de Suède et de Danemark.

Variations de la Circulation fiduciaire

(En millions de francs.)

	Maximum	Minimum	Moyenne
1907	113.7	88.1	103 0
1908	113.5	93 0	102 6
1909	112.7	92.8	105.6

Une grande partie de la circulation se compose d'ailleurs de coupures de 10 et 5 couronnes, comme le montre le tableau qu'on trouvera plus loin.

L'État possède une grande partie du capital de la Banque, qui est actuellement de 19 millions de couronnes et peut être porté jusqu'à 25 millions ; mais la gestion de la Banque est indépendante de celle du Trésor ; c'est le *Storthing* (Parlement norvégien) qui surveille le fonctionnement de la Banque, et qui en nomme les administrateurs et les principaux fonctionnaires.

Décomposition de la Circulation
de la Banque de Norvège au 31 décembre 1909.

Coupures	Nombre de billets	Valeur des billets en couronnes de 1 fr. 38
1.000 couronnes. . . .	6.300	6.300.000
500 —	3.000	1 500 000
100 —	147.000	14.700 000
50 —	168.000	8 400.000
10 —	3.470.000	34.700.000
5 —	2 480.000	12 400 000
Totaux. . . .	6.274.300	78 000 000

Les billets constituent de beaucoup la plus grande partie des ressources dont dispose la Banque ; les dépôts n'y ont qu'une assez faible importance. La partie disponible de ces ressources est employée à peu près uniquement en escomptes ; la Banque fait aussi, à côté des avances sur titres, des avances sur crédit personnel et des prêts hypothécaires, dont le montant n'atteint que quelques millions.

Situation à la fin des années suivantes :

Années	Encaisse		Circulation	Rapport de l'or à la circulation	Comp. cour. et dépôts des particuliers	Portefeuille		Taux de l'escompte
	Or	Argent				Escomptes	Avances	
	(Millions de francs)			%	Millions de francs)			%
1880.	32 8	»	54 2	61	14.6	28.1	0.8	»
1883.	32 6	»	57 3	57	10.8	28.0	0.7	»
1885.	27.2	»	51.9	52	9 4	32.6	0.6	»
1890.	37 8	»	69 6	54	9.7	36.4	1 7	4 1/2
1895.	34.3	»	71.3	48	13.0	42.7	1 5	3 1/2
1900	40.7	»	91.8	44	8.5	65.7	1 5	6 1/2
1905	39.6	»	92.0	43	14.0	55 2	1.3	5 1/2
1908.	41.0	»	101.9	40	11.9	57.4	1.5	5
1909.	42.4	»	108.5	39	11.2	63.6	1.0	4 1/2

*
* *

La Norvège est placée sous le régime de l'étalon d'or, au même titre que la Suède et le Danemark, avec lesquels elle a formé, en 1875, l'Union monétaire scandinave. L'unité commune à ces trois pays est la couronne, qui représente un poids d'or fin de 403 milligrammes et a une valeur intrinsèque de 1 fr. 389. Il n'est frappé en or que des pièces de 10 et 20 couronnes ; la pièce de 5 couronnes, qui fait partie de la série des monnaies légales, n'a jamais été frappée pour le compte de la Norvège.

Jusqu'à la fin de 1908, il a été frappé, en monnaies norvégiennes, pour 17.117.120 couronnes d'or, 14.410.132 couronnes d'argent et 686.100 couronnes de bronze.

La Monnaie des États-Unis évalue à 60 millions de francs d'or, y compris l'encaisse de la Banque, et à 15 millions d'argent le stock monétaire de la Norvège.

13. — LA BANQUE DES PAYS-BAS.

La *Banque Néerlandaise* fut fondée en 1814, au moment où les Pays-Bas échappaient à la domination française et recouvraient leur indépendance ; elle remplaça l'ancienne *Banque d'Amsterdam*, qui depuis 1609 jouait le rôle de banque de dépôts et émettait des billets, et qui succomba sous le poids des avances excessives qu'elle avait consenties à la *Compagnie des Indes-Orientales*.

Le privilège d'émission consenti à la *Banque Néerlandaise* a été successivement renouvelé en

1838, en 1863, en 1888 et en 1903 ; il prendra fin le 31 mars 1919.

La Banque ne fait que les opérations à court terme d'escompte et d'avances auxquelles se livrent ordinairement les banques d'émission. La proportion entre son encaisse et sa circulation n'est pas réglée directement par la loi, qui laisse ce soin à un décret royal pouvant être modifié au besoin. Un décret de ce genre du 20 juin 1880, qui est toujours en vigueur, a fixé le montant minimum de l'encaisse à 40 0/0 du total des billets de banque, des billets à ordre en circulation et du solde des comptes courants.

Le capital de la Banque est de 20 millions de florins. A la tête de l'établissement est une direction composée d'un président et d'un secrétaire nommés par l'État, et de cinq régents élus par les actionnaires ; en outre, en vue du contrôle, les actionnaires élisent quinze commissaires et le gouvernement nomme un commissaire royal.

La Banque est tenue de consentir gratuitement à l'État des avances ne pouvant dépasser 15 millions de florins, tant que son encaisse métallique dépasse le minimum légal de 10 millions de florins. L'obligation de faire ces avances cesserait si l'État venait à émettre lui-même du papier-monnaie. Prendrait fin également, dans ce cas, la participation de l'État aux bénéfices de la Banque, participation qui atteint les deux tiers des bénéfices restant après prélèvement d'un premier dividende de 3 1/2 0/0 du capital et après attribution, sur le surplus, de 10 0/0 à la réserve et de 3 0/0 à la direction et aux commissaires.

La Banque se charge sans frais de la garde du

Trésor de l'État à Amsterdam et des fonctions de caissier de l'État et de la Caisse d'épargne postale.

Au cours des dernières années, la circulation de la *Banque Néerlandaise* a subi les variations suivantes :

Variations de la circulation fiduciaire
(*En millions de francs*.)

	Maximum	Minimum	Moyenne
1907	631.3	516 0	558 0
1908	613 4	530 7	564 5
1909	628 3	551 9	588 8

La loi fixe à 10 florins le minimum des coupures de billets à émettre ; les coupures actuellement en circulation sont d'ailleurs plus variées que dans la plupart des autres banques européennes, comme le montre le tableau suivant :

Décomposition de la circulation fiduciaire
de la *Banque Néerlandaise* au 31 mars 1910.

Coupures	Nombre de billets	Valeur des billets en florins de 2 fr. 08
1.000 florins	47.951	47.951.000
500 —	11	5.500
300 —	69.419	20.825.700
200 —	95.576	19.115.200
100 —	621 894	62.189.400
80 —	15	1 200
60 —	569 647	34.178.820
40 —	656 464	26 258.500
25 —	1.657.240	41.431.000
10 —	2.859.635	28 596.350
Totaux.	6.577.852	280 552.730

Grâce au régime bimétallique sous lequel sont placés les Pays-Bas, la *Banque Néerlandaise* peut réserver l'argent pour la circulation intérieure et conserver par devers elle la majeure partie du stock d'or du pays pour les besoins des paiements à l'étranger ; aussi son encaisse or présente-t-elle une stabilité absolue lorsque l'état du change ne se prête pas à des mouvements d'importation ou d'exportation. Notons, cependant, la diminution rapide de l'encaisse argent au cours de ces dernières années, qui ressort du tableau ci-dessous, et qui s'est poursuivie au point que le bilan au 3 septembre 1910 ne présente plus qu'un stock de métal blanc de 46.400.000 francs ; elle est due surtout aux envois effectués dans les colonies des Indes orientales, dont les besoins se sont accrus. Par contre, l'encaisse or a subi une forte augmentation, surtout depuis 1906 ; jusqu'à cette date, elle ne formait pas la moitié de la réserve métallique totale ; elle en constitue aujourd'hui les 84 centièmes.

Situation au 31 mars de chacune des années suivantes :

Années	Encaisse		Circulation	Rapport de l'or à la circulation	Comptes courants des particuliers	Portefeuille		Taux de l'escompte
	Or	Argent				Escomptes	Avances	
	Millions de francs			%	Millions de francs			%
1881.	97.9	193.6	393.3	25	38 0	81.9	95 1	3
1884.	49.8	199.7	376.9	13	13.7	90.9	89 7	31/2
1886.	134 6	206.2	415.8	32	39.9	69 7	77.9	21/2
1891	106.0	142.0	408 9	26	11.1	124 1	88 8	3
1896.	65 9	175 8	419 4	16	8.8	108 4	112.3	3
1901.	127 5	142.4	466.0	27	17.8	124.7	122.2	31/2
1906.	152.5	151.8	580.6	26	5.7	167 8	126 6	3
1909.	241.5	101.8	574.6	42	13.0	127.7	114.4	3
1910.	225.3	75.4	589.3	38	22.7	152 7	143 4	4

*
* *

Le système monétaire des Pays-Bas est à peu près identique à celui des pays de l'Union latine : pouvoir libératoire illimité accordé concurremment aux pièces d'or de 10 florins et aux pièces d'argent de 2 1/2, 1 et 1/2 florin ; frappe libre de l'or ; frappe de l'argent réservée à l'État qui, en fait, ne s'en sert que pour refondre les pièces usées. L'unité légale est le florin d'or contenant 605 milligrammes de fin, et divisé en 100 cents. Le florin d'argent pèse 10 grammes ; il est au titre de 945 millièmes, ce qui fait ressortir, pour les Pays-Bas, le rapport légal de valeur des deux métaux précieux à 15.62, c'est-à-dire un peu au-dessus de celui qui a été adopté par l'Union latine.

La seule monnaie d'or réelle ayant cours légal est la pièce de 10 florins, dont la frappe, depuis la loi monétaire du 6 juin 1875, s'est élevée à 83.860.720 florins ; mais l'Hôtel des Monnaies d'Utrecht fabrique, en outre, des ducats d'or d'une valeur intrinsèque de 5 florins 68 environ, et qui servent de monnaie de commerce, surtout dans les Indes orientales ; de 1840 à 1908, il a été fabriqué 1.078.733 de ces pièces.

Quant aux monnaies d'argent frappées depuis 1876, et qui proviennent uniquement de la refonte d'anciennes pièces, elles se décomposent ainsi :

	Florins
Pièces de 1 florin à 945 millièmes. . . .	13 300.000
— 1/2 — —	6.650 000
— 25 cents à 640 millièmes. . . .	1.200 000
— 10 — —	900 000
Total.	22.050 000

Il a été fabriqué, en outre, 500.000 florins de pièces de 5 cents en nickel, et 950.000 florins de pièces de 2 1/2 cents, 1 cent et 1/2 cent en bronze.

Le Directeur de la Monnaie des États-Unis estime qu'au 31 décembre 1908, il circulait en Hollande, en dehors de la *Banque Néerlandaise*, 35 millions de francs d'or et 122 millions d'argent. En y ajoutant l'encaisse de la Banque à la même date, et ceux de ses billets qui n'étaient pas couverts par du métal, on arrive à l'évaluation suivante pour le stock monétaire du pays :

Or en monnaies et lingots. .	247 millions de francs
Argent.	225 —
Billets à découvert.	260 —
Total.	732 millions de francs

Ce chiffre correspond à 126 francs par habitant ; il est assez voisin de ceux auxquels on arrive pour la Belgique et l'Allemagne.

14. — LA BANQUE DE PORTUGAL.

L'histoire de la *Banque de Portugal* offre un triste exemple des désastres auxquels aboutit fatalement l'abus fait par l'Etat des ressources d'une banque d'émission. Depuis 1846, date où sa création résulta de la fusion de la *Banque de Lisbonne* et de la *Companhia Confiança Nacional*, l'emploi de l'émission des billets de la Banque au renforcement des ressources du Trésor a été la règle à peu près générale, mais c'est surtout lors de la grande crise de 1891 que la situation s'est aggravée ; elle ne paraît pas, du reste, en voie d'amélioration sensible.

La chute de la maison Baring, qui, jusqu'en 1890,

soutenait tant bien que mal les finances du Portugal par des avances presque continuelles, et la baisse du change brésilien précipitèrent en 1891 la crise monétaire portugaise et la faillite du Trésor. La livre sterling, qui était la seule monnaie d'or usitée dans le pays, disparut dès que le change commença à s'effondrer, et les billets de la *Banque de Portugal* demeurèrent le seul instrument d'échange ; leur circulation passa de 8.604 contos de reis, en 1890, à 50 217 contos en 1892, la différence représentant à peu près les avances consenties à l'État durant cette période

En même temps, les sept banques qui avaient le droit d'émission en province y renoncèrent en faveur de la *Banque de Portugal*, qui désormais pourvut seule aux besoins de la circulation fiduciaire. Elle a le droit d'exercer ce privilège jusqu'à la fin de 1927. La loi de 1888, qui a fixé cette échéance, limitait les avances à l'État à 2.000 contos et l'émission des billets au double du capital social, qui est de 13.500 contos ; les événements ultérieurs ont amené la modification de ces conditions, à tel point qu'au bilan du 24 août 1910, la circulation était de 71.132 contos et les prêts à l'Etat de 46.176 contos.

Voici d'ailleurs comment était couverte, au 31 décembre 1909, la circulation, qui s'élevait à 70.032 contos, soit 392.200.000 francs :

Encaisse.	68 800 000 francs
Portefeuille commercial.	74.100.000 —
Avances aux particuliers	21 800.000 —
Dettes diverses de l'Etat	227.500 000 —
	392 200.000 francs

Les billets n'étaient donc garantis, dans la proportion de 58 0/0, que par des avances à l'État (avances directes, escomptes de bons du Trésor, etc.). Leur montant ne varie d'ailleurs que dans des limites assez étroites, précisément à cause de cette dette énorme de l'État, à peu près incompressible, qui en représente la plus grande partie.

Variations de la circulation fiduciaire
(*En millions de francs.*)

	Maximum	Minimum	Moyenne
1907.	397.9	370.6	384 4
1908.	397.8	380.1	386.5
1909.	398.1	369.1	381.5

Il n'existe pas de coupures supérieures à 100 milreis, soit 560 francs ; les plus nombreuses sont celles de 5 et 20 milreis.

Décomposition de la circulation fiduciaire
au 31 décembre 1909 (1).

Coupures	Nombre de billets	Valeur des billets en milreis de 5 fr. 60
100 milreis.	162.532	16.253.200
50 —	389 835	19.491.750
20 —	948.524	18.970 480
10 —	699.470	6 994.700
5 —	1.431.883	7.159.415
2 1/2 —	24.253	60·632
1 —	47 842	47 842
1/2 —	142 400	71.200
Totaux.	3.846.739	69.049.219

(1) Non compris les billets énoncés en monnaie des Açores et de Madère, qui s'élèvent à 1 million de milreis environ.

Quant aux opérations commerciales, dont les variations sont résumées dans le tableau ci-dessous, il importe, afin de ne pas se méprendre sur la véritable portée de la progression des chiffres que nous indiquons, de se rappeler que le portefeuille et les avances contiennent, pour une part notable, des bons du Trésor et d'autres engagements représentant des prêts consentis au gouvernement.

Situation à la fin des années suivantes :

Années	Encaisse		Circulation	Rapport de l'or à la circulation	Comptes courants et dépôts des particuliers	Portefeuille		Taux de l'escompte
	Or	Argent				Escomptes	Avances	
	(Millions de francs)			%	(Millions de francs)			%
1880.	13.7		25.6	»	16.2	20 0	6 0	5 1/2
1883.	10 5		26.1	»	8 7	20.2	6 5	6
1885.	8 6		30.8	»	6.7	23 6	8.0	6
1890.	14 6	10.6	48.2	30	10.7	47.9	11 4	7
1895.	26.7	41.1	313 2	9	9.0	72.4	28.2	6
1900.	27.1	47 3	385.5	7	15.2	93.7	18.5	5 1/2
1905	27.1	39 7	379 8	7	12.6	116 8	22.9	5 1/2
1908	29.7	23.0	392.9	8	14.4	106 1	64.0	6
1909.	31.4	37 4	392.2	8	9.6	99.1	53 2	6

*
* *

Théoriquement, le Portugal est au régime de l'étalon d'or, qui y fut instauré par la loi du 29 juillet 1854 ; cette adhésion précoce au monométallisme n'était que la conséquence des relations étroites qui existaient, depuis longtemps déjà, entre l'Angleterre et le Portugal, au triple point de vue politique, commercial et financier. A proprement parler, bien que la loi fixât l'unité monétaire, appelée *milreis*, et contenant 1 gr. 626 d'or fin (correspondant à une valeur intrinsèque de 5 fr. 60), le Portugal n'avait pas d'autonomie monétaire. La même loi donnait en effet cours légal aux souverains et demi-souverains anglais, et, jusqu'en 1891, date de la faillite, les monnaies anglaises furent, en fait, à peu près seules à circuler dans le pays : Il ne fut frappé que 7.950.000 milreis de monnaies d'or à l'effigie portugaise, soit 44.500.000 francs.

La fabrication des pièces d'argent de 50 à 1.000 reis a été plus active ; de 1854 à 1908, il en a été frappé en tout pour 34.020.436 milreis ou 190 millions et demi de francs ; il faut y joindre 4 millions de milreis de monnaie de nickel et 38.660 milreis de monnaie de bronze.

Le directeur de la Monnaie des États-Unis évalue le stock d'or et d'argent du pays, à la fin de 1908, à la quantité totale de monnaies portugaises frappées jusqu'à cette date, plus une quantité inconnue de livres sterling. Cela peut être à peu près exact pour les monnaies d'argent, encore qu'il faille tenir compte du frai et des exportations dans les colonies ; mais, en ce qui concerne l'or, on ne voit pas, en raison de la dépression prolongée du change, où il aurait pu s'en réfugier une seule pièce en dehors des 31 millions enfermés dans les caisses de la *Banque de Portugal*, sauf peut-être quelques sommes insignifiantes conservées par des banques privées pour des opérations de change.

Le change portugais s'est généralement tenu à un niveau assez élevé au cours de ces dernières années.

Le cours actuel est de 525 : nous avons vu que la situation monétaire intérieure ne peut en rien justifier cette fermeté ; il faut surtout en chercher la cause dans la hausse du change brésilien. Beaucoup de Portugais ont conservé des intérêts dans leur ancienne colonie et en tirent une partie de leurs revenus ; le commerce extérieur est en outre assez actif entre les deux pays et la balance commerciale se solde en faveur du Portugal. Pour ces raisons, le Brésil est débiteur du Portugal, et toute hausse de la valeur en or du milreis brésilien influe favorablement sur la balance générale des paiements de son ancienne métropole.

Le tableau suivant permet de suivre les variations du change portugais survenues pendant les cinq dernières années :

	Maximum	Minimum
	—	—
1905	540	472
1906.	555	527
1907.	548	450
1908.	510	426
1909.	512	452

On a parlé récemment d'une réforme monétaire au Portugal ; la nouvelle unité serait le *cruzado*, contenant 709 milligrammes d'or au titre de 916 2/3 millièmes, qui serait échangé contre les monnaies actuelles sur le pied de 400 reis ; or, 400 reis contiennent aujourd'hui exactement la même quantité d'or. Il s'agirait donc, non pas d'une stabilisation du change pouvant être suivie d'une tentative de reprise des paiements en espèces, mais d'un simple changement de dénomination, commode peut-être pour les transactions journalières, mais sans autre portée ; le Trésor seul en tirerait profit, le projet comportant l'abaissement du titre des monnaies d'argent de 916 2/3 millièmes à 835 millièmes.

15. — LA BANQUE NATIONALE DE ROUMANIE.

Au cours de la guerre de 1877-1878, terminée par le congrès de Berlin, où les puissances reconnurent l'indépendance de la Roumanie, le gouvernement de la principauté pourvut à ses besoins de monnaie fiduciaire par l'émission de billets d'État hypothécaires à cours forcé, gagés sur le domaine public, et dont l'émission s'éleva à 26.200.000 lei ; mais, dès 1880, il renonça à ce système dangereux et créa la *Banque Nationale de Roumanie*, au capital de 12 millions de lei, dont 4 millions furent versés par le Trésor et 8 millions souscrits par les particuliers. A partir de 1886, le nouvel établissement fut chargé de retirer l'ancien papier-monnaie d État et de le remplacer par ses propres billets ; depuis 1890, les billets hypothécaires ont complètement disparu de la circulation.

La loi du 23 juin 1901, qui a prorogé jusqu'au 31 décembre 1930 le privilège de la *Banque Nationale de Roumanie*, a consacré définitivement le caractère désormais absolument privé de cet établissement. Elle porta en effet son capital à 30 millions de lei, entièrement couverts par souscription publique. Le gouvernement réalisa son portefeuille d'actions de la Banque avec, d'ailleurs, un bénéfice considérable, et n'y conserva plus qu'un droit de contrôle et de participation dans les bénéfices.

La circulation des billets, que la Banque est tenue de rembourser en or, n'est pas limitée, mais elle doit être normalement gagée par une encaisse or de 40 0/0, qui peut être réduite temporairement à 33 0/0 ; la Banque a la faculté de comprendre dans cette encaisse 30 0/0 de remises sur l'Angleterre, la France, l'Allemagne et la Belgique. Le reste de la circulation doit être couvert par des valeurs facilement réalisables.

Voici quelles ont été les variations de la circulation au cours des dernières années :

Variations de la circulation fiduciaire
(*En millions de francs.*)

	Maximum	Minimum	Moyenne
1907.	319 7	238.3	272.8
1908.	283.3	242 4	255 4
1909.	321 0	241.3	272.5

Les seules coupures émises sont celles de 20, 100 et 1.000 lei ; les billets détériorés lors de leur présentation au remboursement, ne sont remboursés que pour la moitié de leur valeur, jusqu'à ce que la partie manquante soit remise à la Banque ; c'est ce qui explique, dans le tableau ci-dessous, la présence de demi-billets dans la circulation :

Décomposition de la circulation fiduciaire
(y compris les billets en caisse) au 31 décembre 1909).

Coupures	Nombre de billets	Valeur des billets en lei de 1 fr.
1.000 lei	18 628 1/2	18.628 500
100 —	2.390 345	239.034.500
20 —	3.359.630 1/2	67 192 610
Anciens billets hypothécaires.	351	15 540
	5.768.755	324.871.150

Les chiffres ci-dessous montrent le développement des opérations de la Banque depuis sa fondation. A l'encaisse or il convient d'ajouter le montant des effets sur l'étranger, englobé par notre tableau dans le chiffre du portefeuille d'escompte, et qui était, à la fin de l'année dernière, de 38 millions de lei.

Situation à la fin des années suivantes :

Années	Encaisse métallique		Circulation fiduciaire	Rapport de l'or à la circulation	Comptes courants des particuliers	Portefeuille		Taux de l'escompte
	Or	Argent				Escomptes	Avances	
	Millions de francs			%	Millions de francs			%
1880	3.6		7.7	»	»	0.2	11.7	5
1883	34 5		88.6	»	36 6	15.2	27 8	4
1885	34.1		98 3	»	26 1	15.8	16.4	5
1890	45 6		108 4	»	7.9	33.6	13.3	5
1895	61 0	2 7	131.9	46	12.0	24.8	18 0	5
1900	40 2	4 6	121 7	30	21 3	43 4	20.2	8
1905	77.8	1.2	237.6	33	34.9	94 9	24 2	5
1908	90 4	0.7	259.1	35	50.5	92.9	29 6	5
1909	93 8	0.7	282 6	33	52.3	100.8	32.4	5

Le taux de l'escompte, qui depuis 1884 n'est pas descendu au-dessous de 5 0/0, est sujet à des oscillations assez vives. lorsqu'une mauvaise récolte en Roumanie ou un brusque renchérissement de l'argent à l'étranger viennent à peser sur le change roumain ; une défense énergique de l'encaisse est alors nécessaire ; c'est ce qui s'est passé en 1900 et en 1907, années où le taux de l'escompte a atteint 8 0/0.

*
* *

Après une période d'incertitude durant laquelle le régime monétaire a été assez mal défini, la Roumanie, par la loi du 14 avril 1890, a adopté l'étalon d'or tout en conformant la valeur intrinsèque de son unité monétaire à celle adoptée par l'Union latine ; cette unité est le *leu*, contenant 290 milligrammes d'or fin, et qui équivaut, par conséquent, au franc ; il se subdivise en 100 *bani*. Les pièces d'or roumaines seules ont cours légal, mais les monnaies étrangères frappées sur le même type sont également admises dans les paiements.

De 1867 à 1908 il a été frappé par la Roumanie 6.805.800 lei d'or, 92.200.000 lei d'argent, 5 millions 345.000 lei de bronze et 10.500 000 lei de nickel. Il a été démonétisé pour 30 millions environ de monnaies d'argent, ce qui ramènerait à 62 millions au maximum le montant de celles qui restent en circulation. Quant à l'or, la petite quantité de pièces frappées à l'effigie nationale montre que la très grande majorité de celles qui figurent dans l'encaisse de la Banque et dans la circulation sont d'importation étrangère. La Direction des Monnaies des États-Unis, dans son évaluation du stock monétaire du pays, ne tient pas compte du numéraire métallique répandu dans la circulation et le chiffre de 40 francs par habitant auquel elle arrive est évidemment beaucoup trop faible.

16. — LA BANQUE DE L'ÉTAT DE RUSSIE ET LA BANQUE DE FINLANDE

La politique monétaire de la Russie nous a offert, depuis une quinzaine d'années, les exemples les plus intéressants, par l'habileté avec laquelle la réforme monétaire de 1897 a été menée et les résultats acquis conservés au cours de la terrible guerre de Mandchourie.

Sa banque d'émission est pourtant organisée d'après des principes tout différents de ceux qui régissent nos banques d'émission occidentales ; mais, à vrai dire, la banque d'État, si peu compatible avec l'esprit de nos institutions, s'est trouvée au contraire fort bien adaptée au régime autocratique de l'Empire russe, après que le gouvernement, par une longue expérience, eut reconnu les dangers qu'il y avait à mésuser du papier-monnaie.

C'est du règne de Catherine II, en 1768, que datent en Russie les premières émissions de billets d'État ou *assignats* ; dès 1786, ces assignats commencèrent à être dépréciés ; les efforts faits à diverses reprises pour rétablir un régime monétaire normal ne furent pas couronnés de succès, et, après la guerre de Crimée, le montant des billets à cours forcé en circulation n'était pas inférieur à 735 millions de roubles. C'est alors que le gouvernement résolut de créer la *Banque de l'Etat*, dont les statuts furent fixés par un décret du 26 mai 1860 ; son capital, entièrement fourni par l'État, était alors de 15 millions de roubles, et fut bientôt porté, par application des bénéfices annuels, à 25 millions de roubles, plus 3 millions de réserve Toutefois, la dette de l'État vis à-vis de la Banque restait considérable, ainsi que la dépréciation du rouble-crédit.

En 1894, les statuts de la Banque furent entièrement refondus ; en même temps le gouvernement russe entrait définitivement dans la voie de la régularisation de sa valuta en préparant l'accumulation d'un stock d'or considérable dans les caves de la Banque et en prenant les mesures nécessaires à l'extinction de la dette qu'il avait contractée envers elle, et qui était le principal obstacle à la reprises des paiements en espèces.

L'oukase du 27 mars-8 avril 1898 consacra la réforme monétaire et la stabilisation du rouble sur le pied de 2 fr. 67. Dès le mois de septembre 1897, les bases de la circulation de la *Banque de l'État* avaient été remaniées ; les règles établies alors sont encore en vigueur aujourd'hui : jusqu'à 600 millions de roubles, les billets en circulation doivent être couverts pour moitié par de l'or ; les billets émis au delà de 600 millions de roubles doivent être entièrement couverts ; de sorte que la circulation ne peut dépasser l'encaisse or de plus de 300 millions de roubles, cette encaisse comprenant d'ailleurs aussi bien l'or contenu dans les caisses de la Banque que les sommes dont elle dispose à l'étranger.

A ce moment, la Banque disposait de 1.132 millions de roubles d'or, plus 13 millions disponibles à l'étranger, et sa circulation n'était que de 1.012 millions ; le remboursement des billets en espèces commença donc à s'effectuer sans la moindre difficulté. Le métal entra peu à peu dans la circulation, et, dans les quatre années qui suivirent la réforme, plus de 400 millions de roubles d'or y remplacèrent une quantité égale de billets.

Au moment de l'ouverture des hostilités avec le Japon, le 8 février 1904, la *Banque de l'Etat* possédait 742 millions de roubles d'or, plus 171 millions de fonds à l'étranger, soit 913 millions de disponibilités en face d'une circulation de billets de 589 millions. Au jour de la paix de Portsmouth, le 29 août 1905, la circulation avait grossi de 407 millions de roubles, mais les disponibilités s'étaient en même temps accrues de 220 millions, et elles dépassaient encore de 437 millions de roubles, soit 1.166 millions de francs, le minimum légal exigé par la loi. Le cours du rouble à la fin de la guerre était de 265 7/8, c'est-à-dire qu'il n'était pas sorti des limites entre lesquelles la certitude de pouvoir régler en or maintient les changes des pays à monnaie saine. Quand on compare ces résultats aux troubles graves qu'apportèrent à la situation monétaire de la Russie les guerres napoléoniennes, la guerre de Crimée ou celle des Balkans, on ne peut nier qu'il y ait quelque chose de changé dans l'Empire des tsars. Au lieu d'abuser de sa banque d'État en lui imposant des émissions de papier-monnaie pour faire face aux dépenses de la guerre, le gouvernement russe a eu la sagesse de demander les ressources extraordinaires dont il avait besoin à l'emprunt, et la confiance qu'a inspirée sa politique financière a été telle qu'il n'a pas été nécessaire d'établir le cours forcé ; les billets de la *Banque de l'Etat* sont constamment restés remboursables à guichet ouvert, fait dont peu de pays peuvent offrir un exemple au cours d'une aussi terrible campagne.

Depuis cette époque, les réserves métalliques de la Banque se sont de nouveau accrues, et le stock d'or de plus de 3 milliards de francs dont elle dispose actuellement, la place, à ce point de vue, au troisième rang dans le monde entier, après le *Trésor des Etats-Unis* et la *Banque de France*.

La circulation fiduciaire a subi, au cours des dernières années, les variations suivantes :

Variations de la circulation fiduciaire
(En millions de francs.)

	Maximum	Minimum	Moyenne
1907	3.434.1	2 960.0	3 148 6
1908	3.193.6	2.649 7	2 909 3
1909	3.431.5	2.760.0	3.006.9

Le compte rendu de la Banque donne la décomposition suivante par coupures des billets en cours d'émission, y compris ceux qui attendent, dans les caisses de la Banque, d'être remis au public.

Décomposition de la circulation fiduciaire (y compris les billets en caisse), au 1er janvier 1909

Coupures	Nombre de billets	Valeur des billets en roubles de 2 fr. 67
500 roubles.	143 270	71 635 000
100 —	3 644.451	364 445 100
50 —	401.084	20.054.200
25 —	7.398 736	184 968.400
10 —	18.637.012	186.370.120
5 —	38 491 243	192 456.215
3 —	58 528.647	175.585 941
1 —	4.461.006	4.461.006
Anciennes émissions. . .	»	24 018
Totaux.	131.705.449	1 200.000.000

Les opérations auxquelles peut se livrer la Banque comprennent, outre l'escompte des effets de commerce et les prêts sur nantissement de titres, des prêts à court terme destinés à favoriser le commerce, l'industrie nationale et la production agricole : prêts sur garantie de marchandises, prêts à des propriétaires fonciers et à des entreprises industrielles, destinés à renforcer leurs fonds de roulement et garantis par des hypothèques, prêts pour achat de machines agricoles, prêts à des artisans et à la petite industrie, à des assemblées provinciales, à des municipalités, etc. La Banque reçoit, en outre, des dépôts à vue et à terme et émet des mandats. Elle reçoit les fonds disponibles du Trésor et des administrations publiques : il est à noter, à ce propos, que les trésoreries de l'Empire servent à la Banque d'intermédiaires pour ses opérations dans les villes où elle n'a pas de succursales ; elles sont placées à ce point de vue sous le contrôle de ces succursales.

Situation à la fin des années suivantes.

Années	Encaisse métallique		Circulation	Rapport de l'or à la circulation	Comptes courants et dépôts des particuliers	Portefeuille		Taux de l'escompte
	Or	Argent				Escomptes	Avances s[t] gages mobiliers et personnels	
	Millions de francs			%	Millions de francs			%
1880	793.6	7.8	4 340 0	18	672 6	304 2	394.2	6
1883	715 2	8.7	3.837.3	19	680.4	362.4	398.1	6
1885	878.4	16.8	3.626 4	24	960 3	267.1	304.2	5
1890	1.110 4	20.4	3.629 6	31	713.1	260.1	321 3	5
1895	2 504.4	20.7	4.221 2	59	651.9	594 9	624.3	4 1/2
1900	1 888 5	169 3	1 483 3	127	322.1	652.3	606.9	5 1/2
1905	1.909 1	87.5	3.220.0	59	506 1	761.9	1.321 3	7
1908	2 877.1	185.3	2.899 2	99	402 4	565.1	760 3	5 1/2
1909	3.130.7	189.6	3.123.5	100	558 4	530.7	690 1	4 1/2

Au point de vue de l'administration, la Banque est naturellement placée sous la direction du ministère des Finances. Le gouverneur est nommé par l'Empereur ; il préside le Conseil, composé de membres délégués par le ministère des Finances et le contrôle de l'Empire. Le Conseil de l'Empire exerce sa surveillance sur les opérations.

*
* *

Nous avons rappelé plus haut dans quelles circonstances a été effectuée la réorganisation du régime monétaire de la Russie. Antérieurement à 1897, l'étalon adopté, au moins théoriquement, était l'argent ; le rouble avait une valeur intrinsèque de 4 francs et la pièce d'or appelée *impériale* valait 10 roubles soit 40 francs. L'oukase de 1898 a placé la Russie sous le régime de l'étalon d'or et décidé que le rouble d'or, unité monétaire, serait égal à la quinzième partie de l'impériale, celle-ci conservant son poids et son titre ; le rouble contient ainsi 774 milligrammes d'or fin, et sa valeur intrinsèque est telle que 3 roubles valent exactement 8 francs, ce qui établit une correspondance commode entre les monnaies d'or russes et celles de l'Union latine.

Les monnaies d'or sont au titre de 900 millièmes ; elles comprennent des impériales (15 roubles), des demi-impériales (7 roubles 1/2), des pièces de 10 et de 5 roubles. De 1886 à 1896, il en avait été frappé pour 183.729 030 roubles ; de 1897 à 1908, les fabrications se sont élevées à 1.321.960.217 roubles, dont 624.131.167 roubles provenant d'anciennes monnaies russes ou de monnaies étrangères. Il est à remarquer que les mines d'or de la Russie lui fournissent de grandes quantités de métal destiné à l'Hôtel des Monnaies.

Les monnaies d'argent comprennent des pièces de 1 rouble, de 50 et de 25 kopeks, au titre de 900 millièmes, qui ont pouvoir libératoire jusqu'à concurrence de 25 roubles, et des pièces de 5, 10, 15 et 20 kopeks au titre réduit de 500 millièmes, dont le pouvoir libératoire est limité à 3 roubles. De 1886 à 1908, il a été frappé pour 202.719 644 roubles des premières et pour 82.722.698 roubles des secondes.

Quant aux monnaies divisionnaires de cuivre, dont les coupures descendent jusqu'à 1/4 kopek, soit moins d'un centime, il en a été fabriqué pour 14.001.069 roubles de 1892 à 1908.

Le stock d'or total de la Russie, à la fin de 1908, est évalué par le Directeur de la Monnaie des Etats-Unis à 4 586 millions de francs d'or et 390 millions d'argent.

*
* *

Le grand-duché de Finlande, de même qu'il jouit d'une autonomie partielle au point de vue politique, possède également sa monnaie particulière et sa banque d'émission. La *Banque de Finlande* dont la fondation fut décidée en 1809 par la diète de Bœrge, est une banque d Etat. Jusqu'en 1860, elle était tenue de rembourser le papier-monnaie émis par la Russie, ce qui l'exposait à ressentir le contre-coup de toutes les crises monétaires de la puissance suzeraine. Pour y remédier, un décret impérial du 4 avril 1860 accorda à la Finlande une unité monétaire spéciale, le *mark*, correspondant exactement au franc de l'Union latine. En 1877, l'établissement de l'étalon d'or fut décidé, la valeur du mark restant égale à celle du franc. Enfin, un oukase du 9 juin 1904 a marqué un retour vers l'unification de la monnaie dans tout l'Empire en accordant cours légal illimité en Finlande à la monnaie d'or russe, le pouvoir libératoire des pièces d'argent russes y restant limité à 3 roubles 75 kopeks.

Les statuts de la *Banque de Finlande* ont été refondus en 1867 : la Banque est placée sous la dépendance de la Diète, qui élit pour la diriger quatre délégués, placés sous le contrôle de quatre autres délégués. L'administration est confiée à une direction composée d'un président nommé par l Empereur et de deux membres choisis également par l'Empereur sur la présentation du Sénat.

Les variations de la circulation ont été les suivantes au cours des dernières années :

Variations de la circulation
(*En millions de francs.*)

	Maximum	Minimum	Moyenne
1907	97 9	89 3	94.5
1908	96 8	86.0	92 0
1909	111.6	83.1	88.5

Les coupures émises varient entre 1 et 500 marks ; il reste en outre en circulation un certain nombre de billets énoncés en roubles.

Décomposition de la circulation fiduciaire
au 31 décembre 1909

Coupures	Nombre de billets	Valeur des billets en marks finlandais de 1 fr.
500 marks.	77 695	38 817 500
100 —	220 612	22 061 200
50 —	119 493	7.171.650
40 —	230	9 200
20 —	891.917	17.838.340
12 —	8 207	98 484
10 —	1.414 377	14 143 770
5 —	2.141 735	10 708.675
3 —	52.657	157 971
1 —	79.902	79 902
Billets énoncés en roubles. .	11.904	205 529
Totaux.	5.018.729	111.625 212

L'émission est réglée de la même façon qu'à la *Banque d'Angleterre* ; elle ne peut dépasser 35 millions de marks en sus de l'encaisse métallique, des fonds disponibles à l'étranger et du portefeuille de fonds d'Etats négociables à l'étranger. Lorsque la réserve métallique tombe au-dessous de 20 millions de marks de Finlande (le mark = 1 franc) le gouvernement peut emprunter à l'étranger une somme de 10 millions au plus qui est versée à la Banque.

Le tableau suivant résume les variations survenues depuis 1880 dans la situation de la *Banque de Finlande* :

Situation à la fin des années suivantes.

Années	Encaisse métallique		Circulation	Rapport de l'or à la circulation	Comptes courants et dépôts des particuliers	Portefeuille		Taux de l'escompte
	Or	Argent				Escomptes	Avances	
	Millions de francs			%	Millions de francs			%
1880	18 2	8.6	48.6	37	9 5	10.6	7 5	4 1/2
1883.	21 0	5.8	47.1	45	10 8	11.9	8.6	4 1/2
1885.	21.6	5.9	41.0	53	7.8	11.7	9.2	4 1/2
1890.	22 2	3.5	52 5	42	10 4	26 0	15 4	5
1895.	21.7	3.0	56 3	39	16.2	21.5	10 5	4
1900.	20 7	2.6	71.1	29	14.7	42.1	20.7	6
1905.	23 5	1.8	92.7	25	6.1	40 9	19 0	5
1908.	23.8	2.6	86.0	28	3 7	52.7	27.1	5 1/2
1909.	21.6	3.0	111.6	22	5.8	50.4	23.9	5

Le capital de la Banque est de 25 millions de marks ; ses opérations consistent à escompter des effets sur le grand-duché et sur l'étranger, à consentir des avances sur titres et sur marchandises, à recevoir des dépôts, parmi lesquels ceux du Trésor figurent pour une part importante. Son siège principal est à Helsingfors ; elle a des succursales dans les principales villes de Finlande et à Saint-Pétersbourg.

17. — LA BANQUE NATIONALE DE SERBIE.

La *Banque Nationale de Serbie* a été créée en 1883 ; son capital est fixé par la loi à 20 millions de dinars, divisés en 40.000 actions de 500 dinars ; mais, en fait, la moitié de ces actions seulement a été émise ; ces titres sont actuellement libérés de 375 dinars, ce qui réduit à 7 millions et demi le capital réellement versé.

Les premières années d'existence de la *Banque Nationale de Serbie* ont été assez agitées. En 1890, une crise locale obligea le gouvernement à autoriser l'émission de billets de 10 dinars remboursables en argent ; ces billets devinrent rapidement la monnaie courante de la Serbie et l'agio sur l'or s'implanta dans le pays. Après avoir tenté sans succès d'imposer à la Banque le retrait de ces billets, dont la circulation atteignait 35 millions, le gouvernement se contenta de réduire ce chiffre à 25 millions.

En 1898, une avance de 10 millions de dinars consentie au gouvernement par la Banque eut pour conséquence de faire remonter l'agio sur l'or. Cette avance fut remboursée par la suite, et, en 1904, l'agio sur l'or était tombé à 1/5 0/0. Ce retour à une situation normale fut marqué, en 1905, par la disparition de la distinction que la Banque faisait dans son taux d'escompte, suivant qu'il s'agissait d'effets payables en or ou en argent ; mais cet écart a reparu en 1908, et subsiste encore ; actuellement, le taux d'escompte est de 6 0/0 pour les effets payables en argent et de 7 0/0 pour les effets payables en or.

La loi du 15 mars 1908 a prorogé pour 25 nouvelles années le privilège de la *Banque Nationale* ; elle a étendu l'obligation précédemment imposée à la Banque d'escompter des bons du Trésor jusqu'à concurrence de 30 0/0 du capital versé ; ces escomptes peuvent être, en cas de besoin, portés, à titre extraordinaire, à 10 millions de dinars. Au 31 décembre 1909, cette faculté était utilisée pour une somme de 9.571.963 dinars, qui constitue la totalité de la dette de l'État envers la Banque.

En outre, la part de l'État dans les bénéfices a été portée par la même loi de 20 à 30 0/0, après prélèvement d'un dividende de 6 0/0 pour les actionnaires et de 25 0/0 du surplus pour le fonds de réserve et le personnel.

Les billets remboursables en argent continuent à former la majeure partie de la circulation, ainsi qu'il résulte du tableau ci-dessous :

Composition de la circulation fiduciaire au 31 décembre 1909.

Coupures	Nombre de billets	Valeur des billets en dinars de 1 fr
100 dinars or.	2 305	230.500
100 — argent. . . .	127.312	12 731 200
50 — or.	14	700
20 — or	161 663	3 233 260
10 — argent. . . .	3 365 242	33 652.420
Totaux.	3 656 536	49 848 080

La proportion des deux métaux précieux dans l'encaisse de la Banque est d'ailleurs tout à fait différente de la précédente depuis quelques années, comme le montre le tableau qu'on trouvera plus loin ; elle s'est encore accrue au cours de cette année et atteint actuellement 22 millions environ, auxquels il faut joindre 7 millions de disponibilités à l'étranger, alors que les engagements en or de la Banque ne s'élèvent qu'à 6 1/2 millions du chef des billets et à 3 millions du chef des comptes courants.

La circulation de la *Banque Nationale* s'est sensiblement accrue au cours de ces dernières années.

Variations de la circulation fiduciaire

(*En millions de francs*)

	Maximum	Minimum	Moyenne
1907	43	30.0	35 3
1908. . . .	51 2	32 0	39 8
1909.	57 6	44 2	50 3

Les opérations commerciales de la *Banque Nationale de Serbie* n'ont pris jusqu'ici qu'un développement assez restreint ; ce sont surtout les avances qui ont augmenté et elles atteignent près du double du montant du portefeuille d'escomptes

Situation à la fin des années suivantes.

Années	Encaisse métallique		Circulation	Rapport de l'or à la circulation	Comptes courants et dépôts des particuliers	Portefeuille		Taux de l'escompte
	Or	Argent				Escomptes	Avances	
	Millions de francs			%	Millions de francs			%
1885	1 2	0 1	2 5	31	0 1	2 3	0 3	8
1890	7 9	1 5	23 5	34	0 1	5 0	5 9	8
1895 .	6 2	1 7	24 6	25	0 8	7 1	7 6	7 1/2
1900 .	6 8	9 0	25.9	19	1 0	8 3	7 3	7 1/2
1905	12 4	8.7	37 1	33	2 5	5 5	8 3	6
1908 .	18.1	6 9	50 1	36	1 6	9 4	18.6	8
1909 .	13 4	6 6	49 8	27	8 3	10 4	18 1	8

En résumé, bien que la situation de la Banque ait été sensiblement renforcée depuis quelque temps, il serait à souhaiter que le gouvernement serbe lui remboursât une grande partie de sa dette, qui dépasse actuellement le capital versé ; on pourrait espérer ainsi voir disparaître plus rapidement l'agio sur l'or.

*
* *

Au point de vue monétaire, la Serbie est placée sous le régime de la loi du 10 décembre 1878. L'unité monétaire est le *dinar*, divisé en 100 *paras*, et qui équivaut au franc.

Le système monétaire de la Serbie n'est pas identique à celui de l'Union latine, bien que les pièces d'or et d'argent y aient même poids et même titre que chez nous. Mais il présente cette divergence capitale que le pouvoir libératoire de la pièce de 5 dinars n'est pas illimité ; ces pièces ne peuvent en effet être offertes en paiement pour plus de 500 francs. Toutefois, étant donné le niveau élevé de cette limite, on ne peut dire que le pays soit au régime de l'étalon d'or. En particulier, au point de vue de la *Banque Nationale*, dont les coupures de billets ne dépassent pas 100 dinars, la faculté de remboursement en or ou en argent reste complète Le pouvoir libératoire des monnaies divisionnaires d'argent est limité à 50 dinars.

De 1868 à 1908, les monnaies frappées pour le compte de la Serbie s'élèvent à 10 millions d'or, 20.837 345 dinars d'argent, dont 2.000.020 dinars en pièces de 5 dinars, 3.600.003 dinars de nickel et 2.184 645 dinars de bronze.

Le rapport du Directeur de la Monnaie des États-Unis suppose l'existence de 10 millions de francs d'or environ dans la circulation, d'où l'agio a pourtant dû les chasser ; on peut estimer que le stock de métal jaune est à peu près limité à l'encaisse de la *Banque Nationale*, soit 13 millions à la fin de 1909. Quant à l'argent, le même rapport en évalue le stock total à 23 millions, chiffre qui doit être voisin de la vérité, si l'on se reporte à la statistique des frappes.

18. — BANQUE DE L'ÉTAT DE SUÈDE.

C'est la Suède qui possède la doyenne des banques d'émission européennes au sens que nous attachons à ce mot. La *Banque de l'Etat (Riksbank)* fut, en effet, créée le 30 novembre 1656, et c'est à Palmstruch, son fondateur, que l'on attribue l'honneur d'avoir le premier fait usage de billets de crédit non entièrement couverts par une réserve métallique En 1668, la Banque, qui était primitivement un établissement privé, devint institution d'État, caractère qu'elle a toujours conservé depuis. Toutefois, ce n'est que tout récemment qu'elle a été investie du monopole de l'émission. Le régime de la liberté des banques a, en effet, longtemps régné en Suède, et ce n'est qu'en 1864 que le droit d'émettre des billets a été réglementé. Cette première étape vers la concentration de l'émission dans une banque unique fut suivie de plusieurs autres dispositions restrictives, jusqu'à ce que la loi du 12 mai 1897 obligea les banques privées à retirer leur circulation, opération qui fut achevée le 1er janvier 1904. En compensation, ces banques ont le droit de faire consentir par la

Banque de l'État, des avances sur garanties à un taux inférieur de 2 0/0 au taux officiel, et des escomptes à un taux de faveur, à concurrence de la moitié de leur circulation antérieure.

Le capital de la Banque entièrement fourni par l'État est actuellement de 50 millions de couronnes et ses réserves de 12 1/2 millions de couronnes. La circulation de ses billets est limitée à 100 millions de couronnes, et doit être gagée par 40 millions de couronnes d'or ; tout billet émis au delà de cette limite doit être entièrement couvert par de l'or.

Variations de la circulation fiduciaire
(*En millions de francs.*)

	Maximum	Minimum	Moyenne
1907.	290 6	212 8	266 2
1908.	281 1	212.3	261 2
1909.	282 7	236.2	258 7

La moitié environ de la circulation est formée de petites coupures de 5 et 10 couronnes.

Décomposition de la circulation fiduciaire
au 31 décembre 1909

Coupures	Nombre de billets	Valeur des billets en couronnes de 1 fr. 39
1.000 couronnes. . . .	22.027	22 027 000
100 —	510 670	51 067.000
50 —	360 511	18 027 050
10 —	8 565 388	85 653 880
5 —	4.276 091	21.380 115
Anciens billets.	»	712 086
Totaux. . . .	13.764.717	201.897.171

La *Banque de l'Etat* est placée sous le seul contrôle du *Riksdag* ou Diète nationale, qui élit tous les ans le Comité directeur chargé de la conduite des opérations.

Le gouvernement royal n'a aucune part dans l'administration de la Banque, dont les fonds sont entièrement distincts de ceux du Trésor public.

Outre les opérations d'escompte et d'avances communes à toutes les banques d'émission, la *Banque de l'État* se livre également à des opérations de prêts sur crédit personnel et sur crédit cautionné, analogues à celles qui sont pratiquées par les banques écossaises.

Situation à la fin des années suivantes (y compris les banques d'émission privées jusqu'en 1903)

Années	Encaisse métallique		Circulation	Rapport de l'or à la circulation	Comptes courants et dépôts des particuliers	Portefeuille		Taux de l'escompte
	Or	Argent				Escomptes	Avances	
	Millions de francs			%	Millions de francs			%
1880.	28 8	6 0	136 6	21	»	»	»	4
1883.	28 6	4.2	136 6	21	»	»	»	5
1885.	30.1	4 6	137.8	22	»	»	»	4 1/2
1890.	34 2	16 7	162.3	21	»	»	»	6
1895.	44.2	23.7	164.6	27	541 8	267 4	292.2	4
1900.	64.8	21.8	216.0	30	827.7	457 5	415.6	6
1905.	95.5	4 8	257.2	37	83 6	180 9	98.7	5 1/2
1908.	109.5	6.2	282.1	39	83.4	239 4	90.8	5 1/2
1909.	112 6	6.4	282.7	40	101.4	222.7	79.8	5

*
* *

La Suède forme, avec le Danemark et la Norvège, l'Union monétaire scandinave fondée par les conventions des 27 mai 1873 et 16 octobre 1875.

L'unité monétaire commune est la *couronne,* d'une valeur intrinsèque de 1 fr. 39. La frappe de l'or seule est libre ; celle des monnaies d'argent est réservée au gouvernement. Les monnaies danoises et norvégiennes frappées dans des conditions identiques aux monnaies suédoises ont cours légal en Suède. L'or seul a le pouvoir libératoire illimité.

De 1873 à 1908, il a été frappé par la Monnaie de Stockholm, pour compte de la Suède, 85 millions 383.095 couronnes d'or, 32.518.529 couronnes d'argent et 2.469.039 couronnes de bronze.

Le stock monétaire de la Suède se décomposerait actuellement de la façon suivante :

Monnaies d'or.	130 millions de francs
Monnaies d'argent. . .	15 —
Billets à découvert. . .	161 —
Total. . . .	339 millions de francs

L'encaisse de la *Banque de l'Etat* et des banques privées est naturellement contenue dans les chiffres donnés ci-dessus pour le numéraire métallique.

19. — BANQUE NATIONALE SUISSE.

Après avoir connu pendant longtemps le régime de la liberté absolue des banques d'émission, après s'être soumise, par la loi du 8 mars 1881, au système déjà plus étroit de la pluralité, la Suisse est enfin arrivée, depuis 1905, à la concentration du droit d'émettre des billets dans un établissement unique placé sous le contrôle de la Confédération.

Ce n'est pas sans difficultés que cette réforme s'est

accomplie. Un premier projet, qui avait pour caractère principal la création d'une banque d'État pure, fut mis en échec par le referendum du 28 février 1897. Il ne restait plus qu'à prendre comme base le second type de la banque d'émission admis par l'article 39 modifié de la Constitution fédérale, à savoir la banque par actions. Un projet fut établi dans ce sens ; nous ne referons pas ici l'historique des vicissitudes sans nombre qu'il eut à traverser avant de devenir, largement modifié d'ailleurs, la loi du 6 octobre 1905 ; la durée d'incubation de cette loi, plus de huit ans, est suffisamment édifiante à cet égard. Bornons-nous à rappeler les principaux obstacles que rencontra le projet : d'abord l'hostilité des cantons, qui tiraient des profits notables de leurs banques d'émission particulières, dont un certain nombre n'étaient que de petites banques d'État ; sous peine de bouleverser leurs finances, il a fallu leur accorder une indemnité, ce qui constitue d'ailleurs, comme nous le verrons plus loin, un embarras sérieux pour la nouvelle banque. Puis, lorsqu'il s'agit de déterminer le siège social de la future banque, ce fut une lutte acharnée entre les principales villes de la Confédération ; ce ne fut qu'après de longs marchandages qu'on s'arrêta à la solution bâtarde qui a prévalu : la direction de la Banque a été coupée en deux ; le siège juridique et administratif a été fixé à Berne et le siège de la direction générale à Zurich, et si ce compromis a eu le mérite de permettre l'établissement de la Banque unique, son application doit être singulièrement gênante pour l'expédition des affaires.

La *Banque Nationale Suisse* a ouvert ses guichets le 20 juin 1907, et conformément à la loi, les billets des anciennes banques ont été retirés de la circulation le 20 juin 1910 ; elle reste donc seule chargée du service de l'émission fiduciaire.

La *Banque Nationale Suisse* est, au moins de nom, une banque privée, puisque son capital de 50 millions est divisé en 100.000 actions, dont un tiers a été émis par souscription publique, les deux autres tiers étant réservés aux cantons et aux anciennes banques d'émission ; mais, en fait, les dispositions de la loi sont telles, qu'elles assurent une prépondérance absolue, aussi bien dans les conseils de la Banque que dans les assemblées d'actionnaires, à l'influence de la Confédération et des cantons.

Le Conseil fédéral se réserve la nomination de 25 membres sur 40 du conseil de banque, qui est l'autorité dirigeante, et les directeurs sont également nommés par lui.

Le dividende des actionnaires ne peut dépasser 4 0/0 du capital versé ; le surplus revient à la Confédération et aux cantons. Ces derniers reçoivent en outre, en échange de l'abandon de leur droit d'émission, une indemnité dont le chiffre a été fixé à un niveau manifestement trop élevé ; la Banque, depuis sa fondation, n'a pu payer qu'une très faible partie de cette indemnité, dont le solde a été avancé par la Caisse fédérale, conformément à la loi. Le gouvernement fédéral s'occupe du reste de préparer une modification de la loi sur ce point et de ramener la charge imposée à la Banque à un chiffre plus modéré.

La circulation fiduciaire, dont le montant n'est pas limité, doit être couverte par la réserve métallique pour 40 0/0 au moins ; le surplus doit être garanti par des effets escomptés sur la Suisse ou l'étranger.

Depuis 1907, la circulation fiduciaire de la Suisse a subi les variations suivantes : les chiffres ci-dessous comprennent à la fois les billets de la *Banque Nationale* et ceux des anciennes banques restant en circulation.

Variations de la circulation fiduciaire

(*En millions de francs.*)

	Maximum	Minimum	Moyenne
1907.	241.6	209.9	213.8
1908.	278.9	230.1	245.1
1909.	296.1	222.5	240.8

Les seules coupures autorisées par la loi sont celles de 50, 100, 500 et 1.000 francs ; dans des circonstances extraordinaires, le Conseil fédéral peut autoriser temporairement l'émission de coupures de 20 francs.

Au 31 décembre dernier, les billets en circulation se répartissaient comme suit entre ces différentes coupures :

Décomposition de la circulation au 31 décembre 1909 (Banque Nationale et anciennes banques d'émission réunies).

Coupures	Nombre de billets	Valeur des billets en francs
1.000 francs.	19.733	19 733.000
500 —	48 726	24 363.000
100 —	1.546.928	154.692.800
50 —	1.747.470	87.373.500
Totaux.	3.362.857	286.162.300

L'activité de la *Banque Nationale Suisse* est strictement limitée par la loi aux opérations à court terme. Le chiffre élevé des dépôts et des avances, que l'on trouvera dans le tableau ci-après, provient des anciennes banques qui, dans nombre de cas, recevaient les dépôts d'épargne et les employaient en avances sur gages divers. Ces dépôts privés constituent aujourd'hui l'unique ressource dont elles disposent en dehors de leur capital et de leur réserve. Quant aux dépôts reçus par la *Banque Nationale*, qui ne leur sert aucun intérêt, exception faite des dépôts de fonds de la Confédération et des administrations publiques, ils s'élevaient, au 15 septembre dernier, à 26 millions seulement ; à la même date, le portefeuille était de 120 millions et les avances ne dépassaient pas 4 millions.

Situation à la fin des années suivantes
(Banque Nationale et banques d'émission réunies depuis 1907)

Années	Encaisse métallique		Circulation	Rapport de l'or à la circulation	Comptes courants et dépôts	Portefeuille		Taux de l'escompte
	Or	Argent				Escomptes	Avances	
	Millions de francs			%	Millions de francs			%
1883.	55.5		94 9	»	461.1	197 5	264 4	»
1885	49 2	20.4	131 5	37	472 3	191 7	355.9	»
1890.	61.5	23 4	168.3	37	566.1	168.7	334.9	»
1895	83 4	11.6	189 9	44	749 0	178.2	572.3	4 1/2
1900.	100 1	11 3	234 0	42	1.070 8	210 9	831.0	5
1905.	106.1	9.4	242.2	44	1.363.9	234 9	1.024.4	5
1908.	150 5	9 6	277 6	54	1 532.2	279.7	1.143.2	3 1/2
1909.	136.4	16.5	286 1	48	1.655.0	326 4	1.204 3	4

Il est à remarquer que la proportion de l'or à la circulation est sensiblement plus élevée depuis la création de la *Banque Nationale* ; un des reproches que l'on faisait aux anciennes banques était, en effet, de pousser toujours leur émission aux environs de la limite légale, afin d'en obtenir le maximum de profit, ce qui ôtait à la circulation toute élasticité, provoquait l'inflation et finalement contribuait à la dépréciation du change. Il est certain qu'à ce point de vue la *Banque Nationale*, dans les premières années de sa gestion, a justifié les espérances que l'on avait fondées sur elle ; elle a combattu avec efficacité la baisse du change et le drainage des écus ; cela montre la supériorité du régime de la Banque unique, qui permet de coordonner les efforts dans le but de régulariser la circulation monétaire ; avec le système de la pluralité, au contraire, les responsabilités s'émiettent, chaque banque ne songe plus qu'à son intérêt personnel, dont une banque d'émission doit, au contraire, dans bien des circonstances, faire abstraction lorsque l'intérêt national est en jeu.

*
* *

La Suisse fait partie de l'Union monétaire latine ; ses monnaies, leurs conditions de frappe et leur pouvoir libératoire sont donc les mêmes qu'en France, en Belgique ou en Italie.

Le tableau ci-dessous montre l'importance des frappes de monnaies suisses de 1850 à 1908 :

Monnaies d'or.	107.100.000 francs
— d'argent (pièces de 5 francs). .	10.630 000 —
— — (pièces divisionnaires).	38 600.000 —
— de nickel.	10.700.000 —
— de cuivre	1.065.000 —
Total.	168.095.000 francs

On remarquera la quantité très restreinte de pièces de 5 francs frappées pour le compte de la Suisse. Il résulte de cette modération que la circulation d'écus de ce pays est composée en grande partie de pièces portant une effigie étrangère, et qui y ont pénétré facilement en raison de l'affluence des touristes. Aussi les conventions monétaires additionnelles qui ont graduellement accru le contingent de monnaies divisionnaires des pays de l'Union latine, et stipulé que les nouvelles pièces ne pourraient provenir que de la refonte de pièces de 5 francs, ont-elles dû faire une exception en faveur de la Suisse. En 1897, en 1902 et en 1908, celle-ci a été autorisée à acheter des lingots pour procéder à la frappe de ses nouvelles monnaies divisionnaires.

Cette faible quantité d'écus frappés par la Suisse fait également prévoir qu'au cas, heureusement improbable, d'une rupture de l'Union latine, la Confédération helvétique se trouverait, toutes compensations faites, en possession d'un stock assez considérable de monnaies d'argent françaises, belges et italiennes, qui lui constitueraient sur les pays émetteurs des créances qu'elle pourrait sans peine convertir, pour la plus grande partie, en monnaie d'or, de sorte que la stabilité de son change se trouverait facilement assurée.

Le Directeur de la Monnaie des Etats-Unis évalue le stock monétaire de la République helvétique, d'après un spécialiste, à 180 millions d'or et 70 millions d'argent. Ces chiffres, et surtout le second d'entre eux, nous paraissent trop faibles. L'enquête monétaire de 1905 a donné les résultats suivants :

Billets de banque	62 000 000 francs
Monnaies d'or	23 000 000 —
Écus.	18 000.000 —
Monnaies divisionnaires.	3 000 000 —
Billon.	1 000 000 —
	107 000 000 francs

La proportion des billets recensés au total de la circulation, total connu par les bilans des banques, a été de 63 0/0 pour les billets de 1 000 fr., 44 0/0 pour ceux de 500 fr., 21 0/0 pour ceux de 100 fr., 18 0/0 pour ceux de 50 fr. Cette progression décroissante est normale, si l'on songe que le recensement a porté sur les caisses publiques, les banques, les grandes administrations, où s'accumulent les grosses coupures monétaires de préférence aux pièces de faible valeur. On est donc fondé à croire que, pour l'or, la même proportion n'est plus que de 16 à 17 0/0 et qu'elle peut descendre entre 12 et 15 0/0 pour l'argent. On trouverait ainsi une circulation de 140 millions d'or et de 120 à 150 millions d'argent, à laquelle il faut ajouter l'encaisse des banques, ce qui porterait, pour 1905, à 240 millions d'or et 140 millions d'argent environ le stock monétaire de la Suisse. Bien que ces chiffres ne soient nécessairement que très approximatifs, nous les croyons plus voisins de la vérité que ceux de la Monnaie américaine. En y ajoutant 125 millions environ de billets de banque non couverts par du métal, le total du stock atteindrait 505 millions, soit 145 francs par habitant, chiffre supérieur aux 123 francs de la Belgique, mais très inférieur encore à celui de 242 fr. que nous avons obtenu pour la France.

20. — STOCK MONÉTAIRE MÉTALLIQUE DE L'EUROPE EN 1898 ET 1908.

Le développement de la production, des échanges, de la consommation et du bien-être dans les Etats de l'ancien continent ; la création du nouvel outillage — chemins de fer, marine à vapeur, usines, machines diverses, etc. — que ce développement a nécessité ; enfin, les 35 ou 40 milliards de francs consacrés, depuis une dizaine d'années, par les capitalistes européens, à la mise en valeur de vastes pays neufs, ont provoqué, de par le monde, d'immenses besoins monétaires que la perfection des moyens de paiement, la plus grande vitesse de la circulation du numéraire métallique qui en résulte et les apports heureusement en progression des mines d'or, ne parviennent pas toujours à satisfaire.

En effet, les billets de banque, les chèques, les lettres de change, exercent la fonction monétaire proprement dite par simple délégation, et uniquement parce que ceux qui les acceptent en règlement savent qu'ils pourront les échanger en numéraire d'or ou d'argent. Sans cette certitude de conversion, personne ne voudrait les recevoir et le commerce deviendrait en quelque sorte impossible, car les espèces métalliques, privées du précieux concours de leurs auxiliaires en papier, seraient manifestement insuffisantes pour servir les besoins nouveaux de l'humanité.

On ne peut évidemment pas calculer, même approximativement, la valeur des transactions nouvelles survenues dans l'ensemble des nations du monde civilisé à dix années d'intervalle, mais les statistiques annuelles des directions de la Monnaie des Etats-Unis de l'Amérique du Nord et de la Monnaie française, et divers autres documents de même nature, permettent de se faire une idée assez exacte de l'accroissement du numéraire métallique qui sert de base ou de couverture à presque toutes les transactions de l'univers.

Le petit tableau suivant nous donne le stock approximatif du numéraire d'or et d'argent existant dans le monde à la fin des années 1898 et 1908 :

Stock universel de l or et de l'argent monnayés à la fin des années 1898 et 1908.
(*En millions de francs.*)

Stock universel	1898	1908	Différences fin 1908	%
Or	22 974	35.073	+ 12 099	+ 52.7
Argent.	19.887	17.654	— 2.233	— 11.2
Totaux . .	42.861	52 727	+ 9 866	+ 23.5

Pendant cette courte période de dix années, la production aurifère mondiale a été de 5.148.715 kilogr. représentant 17.734 millions de francs : cela revient à dire que 68 0/0 de la production aurifère totale se sont convertis en monnaie. La production de l'argent a atteint 53.383.791 kilogr. ayant une valeur marchande d'environ 5.350 millions de francs.

Autrefois, les deux métaux précieux pouvant librement se transformer en monnaies dans un grand nombre de pays — dont la France — valaient d'une manière presque constante 3.444 fr. le kilogr. d'or et 222 fr. le kilogr. d'argent, soit un rapport de valeur de 15 kilogr. 1/2 d'argent pour un kilogr. d'or. Mais l'argent-métal, ayant été dépossédé de ce privilège, n'est plus aujourd'hui qu'une simple marchandise, et sa valeur, pendant les dix années considérées, a oscillé entre 87 fr. 85 et 112 fr. 71 le kilogr.

Voici comment se répartissait, à la fin des années 1898 et 1908, le stock monétaire universel :

Part de l'Europe et des Etats-Unis de l'Amérique du Nord dans le stock monétaire universel

(*En millions de francs.*)

Pays	Or			Argent		
	1898	1908	Différ. fin 1908	1898	1908	Différ. fin 1908
Europe. . .	16.042	24 806	+ 8.764	6 572	7.068	+ 496
Etats-Unis. .	4.625	8.063	+ 3 438	3.191	3 575	+ 384
Pays divers.	2 307	2 204	— 103	10 124	7.011	— 3 113
Totaux. .	22.974	35.073	+12.099	19.887	17 654	— 2.233

Ainsi, la moitié environ de la production aurifère mondiale a été absorbée par la circulation monétaire européenne: C'est une preuve incontestable que l'ensemble des Etats de l'Europe est créditeur des autres pays de l'univers, malgré les indications de la balance commerciale qui est nettement défavorable aux principaux de ces Etats.

Entre le 1er janvier 1899 et le 31 décembre 1909, les Etats-Unis ont produit 4.311 millions de francs d'or ; mais ils n'ont pu en conserver que 3.438 millions dans leur circulation. Le reste, 873 millions, a été envoyé en Europe pour règlement de comptes débiteurs.

La production aurifère mondiale est passée de

1.590 millions de francs en 1899 à 2.254 millions en 1908, soit, à dix ans d'intervalle, une augmentation de 664 millions ou 42 0/0; cet accroissement provient en majeure partie des mines sud-africaines — notamment du Witwatersrand — qui, en 1908, ont fourni 876 millions de francs d'or, contre 393 en 1899, représentant une augmentation annuelle acquise de 483 millions de francs, chose sans précédent dans l'histoire monétaire du monde.

Il est curieux de rechercher maintenant comment le nouveau numéraire métallique s'est distribué dans les divers Etats de l Europe.

En ce qui concerne l'or, c'est la France qui a réalisé la plus forte augmentation avec 2.547 millions de francs ; et encore faut-il observer que ce chiffre ne comprend ni l'or employé par notre industrie artistique (orfèvrerie, bijouterie, objets d'art, etc.), ni les monnaies d'or étrangères échangées par les voyageurs et entrées dans l'encaisse des banques s'occupant spécialement du commerce cambiste.

Après la France, c'est l'Allemagne qui a le plus gagné avec 1.877 millions de francs ; puis viennent : l'Italie, 1.242 millions ; la Russie, 903 millions ; l'Angleterre, 710 millions ; l'Autriche-Hongrie, 431 millions ; l'Espagne, 222 millions, etc.

Mais nous répétons qu'il ne faut pas prendre tous ces chiffres dans un sens absolu, car ce ne sont que des évaluations approximatives.

Pour l'argent, il n'y a eu d'augmentation qu'en faveur de la monnaie divisionnaire, sauf pour l'Espagne qui a continué à frapper des pièces de cinq pesetas jusqu'en 1901.

Le tableau suivant donne, par ordre d'importance pour l'or, la répartition du stock monétaire métallique de l'Europe en 1898 et en 1908 :

Répartition du stock monétaire métallique de l'Europe à la fin des années 1898 et 1908

(*En millions de francs.*)

Pays	Or			Argent		
	1898	1908	Différences fin 1908	1898	1908	Différences fin 1908
France . . .	4.053	6.600	+ 2.547	2.099	2.065	— 34
Allemagne. .	3 313	5.220	+ 1.877	1.061	1.118	+ 54
Russie . . .	3.683	4.586	+ 903	642	390	— 252
Angleterre. .	2.190	2.900	+ 710	609	615	+ 6
Italie. . . .	483	1.725	+ 1.112	212	285	+ 73
Autr.-Hongr.	1.139	1.570	+ 431	728	540	— 188
Turquie. . .	250	659	+ 409	200	137	— 63
Espagne. . .	228	450	+ 222	219	950	+ 701
Pays-Bas . .	110	217	+ 137	280	225	— 55
Suisse . . .	120	240	+ 120	54	140	+ 86
Belgique. . .	150	155	+ 5	225	190	— 35
Suède. . . .	43	130	+ 87	29	45	+ 16
Danemark. .	77	101	+ 24	27	32	+ 5
Roumanie. .	73	90	+ 17	53	62	+ 9
Norvège. . .	39	60	+ 21	12	15	+ 3
Portugal . .	26	31	+ 5	31	187	+ 156
Finlande . .	22	24	+ 2	2	3	+ 1
Serbie . . .	6	13	+ 7	14	23	+ 9
Bulgarie. . .	5	3	— 2	31	45	+ 14
Grèce. . . .	2	2	»	8	1	— 7
Totaux. .	16 012	24.806	+ 8.761	6.572	7 068	+ 496

L'augmentation du numéraire or français aurait été bien supérieure aux 2.547 millions de francs portés dans le tableau précédent, si pendant la période 1899-1908 la France n'avait prêté un peu plus de 17 milliards de francs à l'étranger ; mais notre portefeuille valeurs étrangères (qui est passé de 26 milliards à la fin de 1898 à 38 milliards à la fin de 1908), ne s'est réellement augmenté que de 12 milliards par suite des amortissements réalisés sur ces mêmes valeurs entre 1899 et 1908.

Théoriquement, notre stock de monnaies d'or pouvait donc s'accroître de 19.547 millions, mais en pratique cette somme se serait très fortement dépréciée, car une thésaurisation d'or, supérieure à la production mondiale elle-même, aurait provoqué de telles difficultés monétaires et de si grandes perturbations économiques et financières sur les grands marchés de l'Europe et des Etats-Unis, que le plus grand nombre des débiteurs de la France se fussent trouvés dans l'impossibilité matérielle de tenir, envers elle, leurs engagements payables en or.

D'ailleurs, les 17 milliards que nous avons prêtés à l'étranger, entre le 1er janvier 1899 et le 31 décembre 1908, proviennent, presque en entier, des coupons d'intérêt et de l'amortissement de notre portefeuille valeurs étrangères.

Il est certainement très regrettable qu'une aussi grosse somme, au lieu de s'employer à développer les moyens d'action de notre industrie et de notre agriculture, soit allée mettre en valeur des pays nouveaux qui nous feront plus tard une concurrence redoutable ; mais il est souverainement injuste de prétendre — comme on le fait souvent — que ces placements extérieurs se font sans profit pour la puissance économique de la France. S'il en était ainsi, notre pays ne serait pas devenu le grenier des capitaux disponibles auquel les Etats emprunteurs s'adressent de préférence, car il y a beau temps que nous n'aurions plus un seul louis d'or à leur confier.

VI

L'agriculture européenne de 1898 à 1908.

1. Blé. — 2 Seigle. — 3. Orge. — 4. Avoine. — 5. Maïs. — 6. Pommes de terre — 7. Vin. — 8. Sucre. — 9. Bétail (espèces chevaline, bovine, porcine, ovine et caprine.)

1. — LE BLÉ.

Le pain est l'aliment européen par excellence, et l'on s'explique aisément les plaintes très nombreuses et très vives que ne manque jamais de soulever l'élévation du prix du blé. Cette question du prix du blé constitue même en France un problème si important qu'elle a été l'objet de discussions fréquentes au Parlement.

Depuis la Restauration jusque vers le milieu du second Empire, un droit gradué, pouvant aller jusqu'à la prohibition absolue, frappait les importations de blé étranger et les exportations de blé français. C'était le système de l'*échelle mobile*, organisé par des lois spéciales votées en 1819, 1821 et 1830 Les résultats lui furent d'ailleurs défavorables, en ce sens qu'il ne réussit pas à atteindre le but qu'il se proposait : réduire les variations du prix du blé, souvent considérables à cette époque.

Une nouvelle loi, votée le 15 juin 1861, supprima la prohibition dans les deux sens, le droit de sortie, et ne laissa subsister qu'un droit de statistique de 0 fr. 60 par quintal à l'importation. La question fut de nouveau reprise au Parlement après la grande crise agricole de 1882, et une loi, en date du 28 mars 1883, imposa au blé étranger un droit d'entrée de 3 fr. par quintal. Ce droit fut successivement porté, par la suite, à 5 fr. (loi du 29 mars 1887) et à 7 fr. par quintal (loi du 27 février 1894). L'application de ce dernier droit n'eut pas pour conséquence de déterminer une hausse du blé, mais d'inspirer confiance aux agriculteurs, qui, rassurés pour l'avenir, ne craignirent pas de faire les sacrifices et les efforts nécessaires pour développer leur production.

Le tableau suivant permet de suivre les progrès de la production du blé réalisés en France depuis 1832 :

Production, importation nette, consommation et prix du blé en France, par période décennale, de 1832 à nos jours.

Périodes	Moyennes annuelles périodiques					
	Superficie	Rendement moyen à l'hectare	Production indigène	Excédents d'importation	Quantité mise à la disposition de la consommation	Prix moyens annuels
	Hectares	Quintx	(Millions de quintaux)			Francs
1832-1841.	5.353.841	9 78	52 7	0.4	53 1	24.26
1842-1851	5.846 949	10.63	62 4	0.5	62 9	25.12
1852-1861	6 500.448	10 55	68 5	1.5	70 0	30 03
1862-1871	6 887.794	11.01	75 7	2.5	78 2	28 32
1872-1881	6.904 503	11 16	77 2	8.2	85 4	29 41
1882-1891	6.847 795	12 01	82 5	11 6	91 1	24 31
1892-1901.	6 906 869	12 63	87.5	7.9	95 4	21 22
1902-1909.	6.542.000	14 01	91.6	2.2	93 8	22.66

Comme on le voit par ce tableau, l'accroissement de la production s'est accentué de période en période, sans que la superficie cultivée ait augmenté sensiblement. On remarquera en particulier que le rendement moyen à l'hectare s'est accru surtout pendant les dernières périodes, et notamment depuis la mise en application d'un tarif protecteur.

La production de 1907 a été particulièrement forte, avec près de 104 millions de quintaux; celle de 1909 a été également supérieure à la moyenne 1902-1909, avec 98 millions de quintaux ; mais celle de 1910 paraît ne devoir pas dépasser 72 millions de quintaux. Ainsi s'explique le niveau relativement élevé du prix actuel du blé, qui oscille autour de 28 fr. le quintal, alors que le prix moyen de la période 1902-1909 avait été seulement de 22 fr. 66.

Le peu d'abondance de la récolte de cette année a déjà eu sa répercussion sur les importations: celles-ci se sont élevées, en effet, pour les dix premiers mois de 1910, à 1 331.165 quintaux pour le blé non soumis au droit de douane (admission temporaire) et à 1.205.022 quintaux pour le blé soumis à ce droit, c'est-à-dire livré à la consommation. Pendant la même période de 1909, il avait été importé seulement 19.546 quintaux de blé soumis au droit.

La statistique agricole mondiale a reçu une grande impulsion depuis la convention du 7 juin 1905, créant — sur l'initiative que S. M. le roi d'Italie Victor-Emmanuel III avait prise le 24 janvier précédent — un *Institut international d'Agriculture* qui fonctionne depuis cette époque.

Quarante cinq Etats, dont vingt-trois de l'Europe, ont adhéré à la convention de 1905 et fournissent à l'Institut des renseignements statistiques, techniques ou économiques concernant l'agriculture : espèces de culture, production animale et végétale, commerce des produits agricoles, prix des denrées sur les divers marchés de l'univers, etc., etc. A l'aide de ces documents, le comité permanent de l'Institut publie des statistiques d'ensemble que nous allons nous empresser de mettre à profit.

La culture du blé est en progrès dans toute l'Europe, car la production générale des pays européens qui en dressent la statistique annuelle est passée de 434 millions de quintaux en moyenne pour la période 1899-1903 à 461 millions de quintaux pour la période 1904-1908.

En voici le détail pour les principaux pays :

La Production du Blé en Europe.

Etats	1908-1909		Moyenne annuelle de la production par période quinquennale	
	Superficie cultivée	Production totale	1899-1903	1904-1908
	(Milliers d'hectar.)	(Milliers de quint.)	(Milliers de quint.)	
Allemagne.	1.831	37.557	35 286	37.383
Autriche-Hongrie . .	4.752	49 936	52.940	60 004
Belgique	153	3 645	3.729	3.755
Bulgarie	980	9.512	10.480	10 504
Danemark.	41	1.026	973	1 135
Espagne	3.783	39.219	32 540	29.874
France.	6.596	97.752	92.140	90.415
Grande-Bretagne .	756	17 486	15.383	14.748
Italie.	5.108	41.845	41.610	45.869
Luxembourg. . . .	11	168	165	160
Norvège.	5	85	83	79
Pays-Bas.	51	1 119	1.251	1.334
Roumanie.	1.689	16.023	16 869	20.186
Russie.	23 081	193.863	125 542	139.992
Serbie.	380	3.128	2.734	3.049
Suède	93	1.881	1.329	1 666
Suisse	42	971	955	960
Totaux. . . .	49.352	515.216	434.009	461.113

Ces chiffres, bien que tirés de la statistique officielle de l'*Institut international d'Agriculture*, ne comprennent pas la production du Portugal ni celle de la Turquie ; ces deux pays, qui ont cependant adhéré à la convention de 1905, n'ont, sans doute, fourni aucun renseignement officiel sur leur culture de blé. On estime toutefois que leur production moyenne annuelle atteint environ 20 millions de quintaux. De sorte qu'on arrive, pour la production européenne totale, à environ 535 millions de quintaux.

Signalons que la production universelle du blé est estimée pour 1910, d'après les statistiques établies par les soins du ministère hongrois de l'Agriculture, à 991.360.000 quintaux métriques, contre 969.070.000 quintaux en 1909. Parmi les Etats extra-européens, les principaux pays producteurs de blé sont les Etats-Unis, avec une production estimée à 183 millions de quintaux en 1910 ; les Indes, avec 95 millions et demi de quintaux ; la République Argentine, avec 35 millions de quintaux ; l'Australie, avec 25 millions de quintaux, etc. Ce sont ces pays qui fournissent à l'Europe les 150 millions de quintaux environ qui lui sont nécessaires chaque année pour combler le déficit de sa production.

2. — LE SEIGLE.

La culture du seigle convient particulièrement aux terrains que la nature du sol ou la position climatérique rend impropres à la culture du blé. Aussi le seigle tend-il graduellement à disparaître dans les pays où la rigueur du climat ne constitue pas un obstacle permanent à la culture d'autres céréales plus rémunératrices.

Les chiffres suivants, que nous empruntons à la même source, permettent de suivre la marche de la production du seigle au cours de ces dernières années :

La Production du Seigle en Europe.

Etats	1908-1909		Moyenne de la production par période	
	Superficie cultivée	Production totale	1899-1903	1904-1908
	(Milliers d hectar)	(Milliers de quint.)	(Milliers de quintaux)	
Allemagne	6.131	113.484	89.576	99 576
Autriche-Hongrie	3.154	41 070	31.419	37.139
Belgique	258	5 639	5 409	5.568
Bulgarie	176	1.807	1 942	1.890
Danemark	276	4.836	4 668	4.580
Espagne	833	8.865	6.087	6.510
France	1.227	14 146	14.672	13.732
Luxembourg	10	167	150	154
Norvège	15	257	213	221
Pays Bas	224	4 473	3.476	3.637
Roumanie	137	784	1 606	1.200
Russie	28.174	223 076	218.591	196 244
Serbie	48	247	274	283
Suède	404	6.338	5.482	5 826
Suisse	24	507	400	405
Totaux	41 091	425.696	383.965	376.965

On voit d'après ces chiffres que c'est la Russie qui vient en tête des pays européens producteurs, avec 223 millions de quintaux; l'Allemagne arrive au second rang, avec 113 millions de quintaux, et l'Autriche-Hongrie au troisième, avec 41 millions de quintaux.

La France, qui occupe la quatrième place, ne produit que 14 millions de quintaux. Il est intéressant de noter à ce propos que la superficie ensemencée en seigle tend à diminuer d'une manière constante. Les terres sablonneuses ont été amendées par la marne, les terrains granitiques améliorés par l'emploi de la chaux et des phosphates ; et ces terres, qui ne pouvaient produire que du seigle, ont pu être ainsi livrées peu à peu à la culture du blé. La superficie ensemencée en seigle, qui était en France de 1 850.000 hectares en 1875, est descendue ainsi successivement à 1.220.000 hectares.

Parmi les pays extra-européens, les Etats Unis produisent chaque année environ 8 millions de quintaux de seigle.

3. — L'ORGE.

C'est encore la Russie, à qui l'étendue immense de son territoire et la variété de climats permettent une grande diversité de cultures, qui vient en tête, en Europe, pour la production de l'orge.

Après la Russie, qui, avec 102 millions de quintaux, produit à elle seule 43 0/0 de la récolte européenne totale, se classent par ordre d'importance : l'Allemagne, avec 35 millions de quintaux; l'Autriche-Hongrie, 33 millions de quintaux ; l'Espagne, 18 millions de quintaux, et l'Angleterre, 17 millions de quintaux.

La France, avec 10 millions de quintaux, arrive seulement au sixième rang. La superficie ensemencée, qui atteignait 1 044 000 hectares en 1875, n'arrive plus qu'à 731.000 hectares. Cette diminution, qui s'explique difficilement, est dans tous les cas regrettable, car l'orge entre très avantageusement dans l'assolement des bonnes terres, et ses débouchés sont nombreux.

Le tableau suivant donne la répartition de la production entre les divers pays de l'Europe.

La Production de l'Orge en Europe.

Etats	1908-1909		Moyenne de la production par période	
	Superficie cultivée	Production totale	1899-1903	1904-1908
	(Milliers d'hectar.)	(Milliers de quint.)	(Milliers de quintaux)	
Allemagne.	1 616	31 956	31.462	31.078
Autriche-Hongrie . .	2 351	33.410	28 640	29.410
Belgique . . .	36	960	1 098	1.019
Bulgarie	233	2 189	2 530	2 650
Danemark.	234	5 071	5.183	4.825
Espagne.	1 408	17 762	14.638	13.639
France.	731	10 132	9 495	8.998
Grande-Bretagne . .	710	16.575	15 897	14.874
Luxembourg. . . .	1	14	13	13
Norvège.	36	595	710	680
Pays-Bas.	28	723	899	842
Roumanie. . . .	519	4 495	4 272	4.563
Russie	10.600	101.955	59.715	73.872
Serbie	103	730	672	791
Suède	193	3.037	2.829	2.989
Suisse	5	103	100	96
Totaux. . . .	18.897	233.337	178 033	190.339

L'orge se rencontre en Amérique, où les Etats-Unis en fournissent annuellement 37 millions de quintaux, et le Canada, 12 millions. En Asie, la production du Japon, celle du seigle comprise, atteint 21 millions de quintaux.

4. — L'AVOINE.

La culture de l'avoine a sensiblement augmenté en Europe durant ces dernières années. La production totale, qui était de 326 millions de quintaux (moyenne annuelle), pendant la période quinquennale 1899-1903, arrivait à 345 millions de quintaux pendant la période 1904-1908. La production de l'avoine en Europe s'est élevée, pour la dernière année connue, à 415 millions de quintaux.

Le tableau suivant montre comment se répartit la production :

La Production de l'Avoine en Europe.

États	1908-1909		Moyenne de la production par période	
	Superficie cultivée	Production totale	1899-1903	1904-1908
	(Milliers d'hectar)	(Milliers de quint.)	(Milliers de quintaux)	
Allemagne	4.310	91 258	72 731	77.516
Autriche-Hongrie	3.042	39.164	30.472	32 102
Belgique	255	6.250	6 302	5.966
Bulgarie	174	1 362	1.075	1.490
Danemark	403	7 297	6.799	6.653
Espagne	497	4 980	2.921	3.307
France	3.927	55 613	43.898	45.624
Grande-Bretagne	1 626	31 943	30.058	31.162
Luxembourg	30	521	450	438
Norvège	106	1 489	1.418	1.500
Pays-Bas	142	3.075	2 801	3 090
Roumanie	485	4.046	2.451	2.682
Russie	16 818	155.158	114 292	122.268
Serbie	101	444	563	505
Suède	807	11.728	9.303	10.353
Suisse	33	802	750	770
Totaux	32 756	415.130	326.284	345 426

C'est, on le voit, la Russie qui vient toujours au premier rang avec 155 millions de quintaux, soit 37 0/0 de la production totale. Elle est suivie par l'Allemagne, 91 millions de quintaux ; par la France, 56 millions de quintaux ; par l'Autriche-Hongrie, 39 millions de quintaux. et par l'Angleterre, 32 millions de quintaux.

La culture de l'avoine a sensiblement augmenté en France pendant les 35 dernières années : la superficie ensemencée, qui était de 3 186.000 hectares en 1875, arrive maintenant à 3.927.000 hectares.

En ce qui concerne les pays extra-européens producteurs d'avoine, on trouve : les Etats-Unis, avec 150 millions de quintaux ; le Canada, 57 millions ; la Russie d'Asie, 11 millions ; la Nouvelle-Zélande, 3 1/2 millions ; l'Australie, 3 millions.

5. — LE MAÏS.

La culture du maïs présente, en Europe, moins d'importance que les cultures précédentes. Alors que le blé couvre une superficie de 49 millions d'hectares, le seigle 41 millions, l'avoine 33 millions et l'orge 19 millions, la superficie ensemencée en maïs ne dépasse guère 10 millions d'hectares. C'est qu'en effet le maïs, exigeant des conditions climatologiques spéciales, ne peut arriver à maturité que dans l'Europe méridionale, où la température est plus clémente.

Voici quels sont, en Europe, les principaux pays producteurs de maïs :

La Production du Maïs en Europe.

Etats	1908-1909		Moyenne de la production par période	
	Superficie cultivée	Production totale	1899-1903	1904-1908
	(Milliers d'hectar.)	(Milliers de quint.)	(Milliers de quintaux)	
Autriche-Hongrie . .	3.194	50.730	39.814	39.946
Bulgarie	473	4.608	3.980	3.925
Espagne	465	6.714	6.169	5.961
France.	496	6.667	6.392	5.570
Italie.	1 799	24 684	22.483	23.939
Roumanie.	2.123	18 043	19.470	17 796
Russie.	1.532	10.070	11.848	12.336
Serbie	566	5 337	5 138	4.949
Suisse	1	32	35	39
Totaux. . . .	10 649	126.885	115.329	114.461

C'est, cette fois, l'Autriche-Hongrie qui occupe la première place, avec 51 millions de quintaux, ou 40 0/0 de la production européenne totale ; l'Italie, où la farine de maïs est fort en honneur dans l'alimentation, arrive au second rang avec 25 millions de quintaux. Viennent après la Roumanie, avec 18 millions de quintaux ; la Russie, 10 millions ; l'Espagne et la France, avec chacune 7 millions de quintaux environ.

Il convient de remarquer d'ailleurs que le maïs, coupé avant maturité, constitue une excellente plante fourragère et qu'à ce titre il est cultivé même dans les régions plus septentrionales.

Observons que les États-Unis constituent le pays le plus grand producteur du monde pour le maïs, avec plus de 700 millions de quintaux, soit 85 0/0 de la production universelle ; parmi les autres pays extra-européens, citons : la République Argentine, avec 45 millions de quintaux ; le Canada, 5 millions ; l'Australie, 2 millions, etc.

6. — LA POMME DE TERRE.

La pomme de terre, que l'on croit originaire du Chili, où elle pousse encore aujourd'hui à l'état sauvage, fut importée en Espagne dans le courant du XVIe siècle et se répandit assez vite dans les provinces méridionales françaises, en Italie, et dans le centre de l'Europe. Elle fut connue vers la même époque en Angleterre, dans les Flandres, en Hollande, en Saxe et en Prusse. Sa culture prit dans ce dernier pays une importance très grande après la grande famine de 1770.

C'est, aujourd'hui encore, l'Allemagne qui vient en tête, parmi les pays d'Europe, pour la production de la pomme de terre. Elle y est cultivée, en effet, sur une superficie de 3.324.000 hectares, ce qui représente plus du quart de la superficie totale consacrée en Europe à cette culture ; la production y a atteint, en 1909, 467.063.000 quintaux. Pour l'importance de la production, la Russie occupe la seconde place seulement, avec 324.861.000 quintaux, malgré une superficie cultivée de 4.361.000 hectares.

Les autres principaux pays européens producteurs sont : l'Autriche-Hongrie, avec 185.061.000 quintaux ; la France, avec 170.121.000 quintaux ; puis la Grande-Bretagne, 69.876.000 quintaux ; les Pays-Bas, 34.280.000 quintaux, etc.

Le tableau suivant donne la répartition de la production de la pomme de terre en Europe :

La Production de la Pomme de Terre en Europe.

États	1908-1909		Moyenne de la production par période	
	Superficie cultivée	Production totale	1899-1903	1904-1908
	(Milliers d'hectar.)	(Milliers de quint.)	(Milliers de quintaux)	
Allemagne	3 324	467.063	428.245	438.857
Autriche-Hongrie	1.912	185 061	157.148	183.211
Belgique	141	22 547	24.693	22 437
Bulgarie	2	82	70	77
Danemark	54	8 572	7 696	9.632
France	1.515	170 121	118.822	135.224
Grande-Bretagne	468	69.876	58.228	64.715
Luxembourg	14	1.660	1.600	1 750
Norvège	41	5.603	5.571	5 535
Pays-Bas	161	34 280	30.953	32.989
Roumanie	9	667	797	861
Russie	4.361	324.861	255.882	275 476
Serbie	11	175	334	335
Suède	153	21.812	17 340	22.333
Suisse	85	12.000	12.000	12.800
Totaux	12 281	1.324.410	1.119 379	1.206.232

La pomme de terre est, on le voit, en progrès dans toute l'Europe, car la production d'ensemble des pays européens qui en dressent la statistique annuelle est passée de 1.119 millions de quintaux en moyenne pour la période 1899-1903 à 1.206 millions de quintaux pour la période 1904-1908.

Ces chiffres ne comprennent pas, d'ailleurs, la production de l'Espagne, de l'Italie, du Portugal et de la Turquie, qui ne fournissent aucun renseignement officiel sur la pomme de terre. On estime cependant que la production annuelle de ces quatre pays doit être, pour l'ensemble, de 35 à 40 millions de quintaux, ce qui porterait la production européenne totale à environ 1 360 millions de quintaux.

En France, la culture de la pomme de terre vulgarisée vers la fin du dix-huitième siècle, grâce aux efforts de l'agronome Parmentier, a progressé d'une façon rapide. C'est ainsi que la production française, qui n'atteignait pas 57 millions de quintaux en 1850, s'est élevée progressivement pour atteindre 170 millions de quintaux environ en 1909.

Si l'on considère la culture de la pomme de terre dans les pays extra-européens, on voit que la superficie qui est consacrée au précieux tubercule a également une tendance marquée à s'accroître. En particulier, la production des Etats-Unis d'Amérique a progressé de 66 millions de quintaux pour la période 1899-1903 à 80 millions de quintaux pour la période 1904-1908. Leur production de 1909 a atteint 102 millions de quintaux, et, en ajoutant à ce dernier chiffre la production des autres contrées de l'Amérique, de l'Océanie, de l'Asie et de l'Afrique, où la pomme de terre est plus ou moins cultivée, on arrive à une production mondiale de plus de 1.500 millions de quintaux. Sur cette quantité, 700 à 800 millions de quintaux servent à l'alimentation de l'homme.

7. — LE VIN.

Bien que la culture de la vigne demande des conditions climatologiques spéciales, elle paraît néanmoins s'accroître graduellement dans toute l'Europe. En effet, la production vinicole des pays européens où cette production est inventoriée est passée de 122 millions d'hectolitres en moyenne, pour la période 1899-1903, à 133 millions d'hectolitres pour la période 1904-1908.

En voici le détail pour les principaux pays :

La Production du Vin en Europe.

États	1908-1909		Moyenne de la production par période	
	Superficie cultivée	Production totale	1899-1903	1904-1908
	(Milliers d'hectar.)	(Milliers d'hectol.)	(Milliers d'hectol.)	
Allemagne.	115	2 021	3.130	3 073
Autriche-Hongrie . .	559	14.277	7 053	10.011
Bulgarie	81	1 462	1.500	1.540
Espagne	1.310	18 557	19 572	16 840
France.	1 654	60.515	50 579	61 119
Italie.	3.759	51.719	37.174	37.791
Luxembourg. . . .	1	26	30	34
Roumanie.	71	1.270	1.869	1.522
Serbie	35	536	196	420
Suisse	27	682	1.301	1.131
Totaux. . . .	7 618	151.125	122.404	133.481

Il manque à ce tableau les résultats de quelques autres pays producteurs, par exemple : les Pays balkaniques, avec environ 4 1/2 millions d'hectolitres ; la Russie, 3 1/2 millions, et le Portugal, 2 1/2 millions ; soit, ensemble, une dizaine de millions d'hectolitres.

La production totale du vin en Europe se trouve être ainsi portée, pour la dernière année connue, à environ 161 millions d'hectolitres.

Au point de vue de la superficie plantée, c'est l'Italie qui arrive en tête des pays européens, avec 3.759.000 hectares ; la France vient au second rang, avec 1.654.000 hectares ; puis on trouve l'Espagne, avec 1.310.000 hectares, l'Autriche-Hongrie, 559.000

hectares, etc. Mais en ce qui concerne la production, c'est la France qui occupe la première place, avec plus de 60 millions d'hectolitres.

La culture de la vigne a traversé en France bien des vicissitudes.

Après avoir cruellement souffert, entre 1851 et 1856, des ravages de l'oïdium, elle fut profondément affectée, à partir de 1865, par l'attaque du phylloxéra. En moins de quinze années, cette crise coûta à la fortune publique française une somme de plus de dix milliards, car la production vinicole de la France tomba successivement de 59.617.000 hectolitres, moyenne annuelle de la période 1871-1875, à 42.131.000 hectolitres pendant la période 1876-1880, à 38.129.000 hectolitres pendant la période 1881-1885, et jusqu'à 27 571.000 hectolitres pendant la période 1886-1890. Grâce à l'énergie de nos viticulteurs, qui luttèrent sans relâche contre le fléau, et grâce au remplacement par des plants américains, des vignes françaises anéanties, la production se releva rapidement ; elle atteignit 58.285.000 hectolitres pendant la période 1906-1909.

La viticulture française eut encore à souffrir, en 1904, d'une terrible mévente, provoquée à la fois par le développement de la production française et de la production algérienne (8.229.000 hectolitres en 1909), et par les fraudes de diverses natures qui se pratiquaient alors.

Dans le but de réprimer les fraudes, le Parlement vota successivement les lois des 1er et 6 août 1905, puis celles des 29 juin et 15 juillet 1907, complétées par le règlement d'administration publique du 3 septembre suivant. Ces lois ont eu incontestablement un résultat des plus heureux, puisque, en rendant à peu près impossibles les falsifications, elles ont réhabilité notre grande boisson nationale, qui est maintenant bien mieux appréciée par la grande masse des consommateurs français ou étrangers.

Parmi les pays extra-européens où l'on cultive la vigne, la République Argentine produit chaque année environ 3 millions d'hectolitres de vin; les États-Unis en fournissent près de 2 millions d'hectolitres, le Chili 600.000 hectolitres.

8. — LE SUCRE.

La production universelle du sucre oscille actuellement autour de 14 millions de tonnes, se répartissant à peu près par moitié entre le sucre de canne et le sucre de betterave.

Jusqu'au commencement du XIXe siècle, on ne consomma exclusivement en Europe que le sucre de canne, importé d'outre-mer, et c'est vers 1820 que prit naissance, en France, la production industrielle du sucre de betterave ; en 1830 il existait déjà 89 fabriques françaises, produisant environ 3.000 tonnes en raffiné. L'industrie sucrière se développa rapidement chez nous ; la production atteignit successivement 26.000 tonnes en 1840, 76.151 tonnes en 1850, 282.000 tonnes à la fin du second Empire.

Après la guerre de 1870-1871, l'industrie sucrière française eut beaucoup à souffrir de la concurrence allemande, mais la production trouva un stimulant dans la loi du 29 juillet 1884, et elle se releva progressivement ; la production moyenne annuelle, de 342.845 tonnes pendant la période 1877-1884, atteignit 452.723 tonnes pendant la période 1884-1892 ; 667.746 tonnes pendant la période 1892-1900 et

810.342 tonnes pendant la période 1900-1908; elle s'éleva à 656.832 tonnes en 1907-1908, et à 723.082 tonnes en 1908-1909.

La tendance à concentrer la fabrication dans un petit nombre d'établissements s'est accentuée graduellement durant les dernières décades. Pendant la campagne 1908 1909, on ne comptait, en effet, que 251 usines en activité, alors que le nombre en était de 464 en 1870. Ces 251 sucreries se répartissaient en 202 fabriques simples et 49 usines centrales auxquelles étaient annexées 98 râperies.

Le tableau suivant résume, en faisant ressortir la part revenant aux principaux départements producteurs, la production sucrière française en 1908-1909:

La Production sucrière française en 1908-1909.

Départements	Nombre de fabriques en activité	Poids total des betteraves mises en œuvre	Quantité de sucre, exprimée en raffiné, obtenue pendant la campagne
	(Unités)	(Tonnes)	(Kilogrammes)
Aisne.	59	1.133.703	176.972.505
Somme	39	986.887	119.215.382
Nord.	54	1.029.578	119.109.523
Oise.	23	667.802	81.088.445
Pas-de-Calais. . . .	27	615.729	74.784.261
Seine-et-Marne. . . .	12	576.429	47.570.936
Seine-et-Oise. . . .	10	258.521	20.629.539
Ardennes	4	89.080	11.491.207
Autres départements.	23	561.572	72.189.866
Totaux. .	251	5.919.301	723.081.661

La culture a consacré, en 1908, à l'ensemencement en betteraves une superficie de 214 792 hectares, et le rendement moyen à l'hectare a été de 27,7 tonnes. Le poids total des betteraves mises en œuvre pendant la campagne 1908-1909 a été de 5 949.301 tonnes, dont le prix moyen a atteint 23 fr. 90 par tonne. De ces quantités de betteraves mises en œuvre, il a été extrait 723.081.664 kilogrammes de sucre exprimé en raffiné, y compris, à raison de 5 0/0, le sucre contenu dans les mélasses expédiées aux distilleries, à l'étranger, ou employées par l'agriculture. Le poids des pulpes obtenues dans l'ensemble des fabriques et des râperies s'est élevé à 2.766.332 tonnes, représentant une valeur moyenne de 4 fr. 14 par tonne. Enfin, le poids des mélasses livrées à l'agriculture a été de 39.376.723 kilogrammes.

Nous avons dit que la loi du 29 juillet 1884 avait été un stimulant pour notre industrie sucrière. Sous le régime de cette loi, plusieurs fois modifiée dans ses détails de 1886 à 1902, mais dont le régime douanier de 1892 maintint le principe intégral, l'impôt de consommation était de 0 fr. 60 par kilogramme, auquel venait s'ajouter une taxe de raffinage de 0 fr. 04 pour le sucre consommé en France sous forme de raffiné.

Après avoir payé au fisc l'impôt entier sur une quantité fixée à l'origine à 6 kilogr. 25 de raffiné par 100 kilogr. de betteraves mises en œuvre, les producteurs étaient exonérés de l'impôt pour l'excédent qu'ils pouvaient retirer de leur fabrication. Les cultivateurs et les fabricants de sucre s'ingénièrent donc — comme la loi le prévoyait d'ailleurs — à trouver des betteraves plus riches en sucre et des procédés de traitement plus perfectionnés. Ils y réussirent vite... mais ils ne profitèrent pas longtemps des avantages de la nouvelle loi, car on éleva très rapidement la limite de la prise en charge, c'est-à-dire la quantité sur laquelle l'impôt entier devait être payé au fisc, et on décida en outre que les excédents, ou boni, au lieu d'être complètement exonérés, comme à l'origine, paieraient eux-mêmes une taxe de 20 fr. par quintal en raffiné

Cette législation eut néanmoins les plus heureux effets sur la production sucrière française, car elle permit à notre industrie sucrière de ressaisir le marché français et aussi de prendre peu à peu une place importante à l'extérieur, à côté des grands pays exportateurs, comme l'Allemagne, où, à l'abri d'une très habile protection fiscale, cette même industrie s'était développée très rapidement. La concurrence entre ces divers pays devint même si vive dans le Royaume-Uni qu'elle eut pour conséquence d'y faire fléchir considérablement le prix du sucre, ce qui suscita de vives réclamations de la part des colonies sucrières anglaises.

Le Gouvernement britannique prit en considération les plaintes de ses colonies, et, à sa demande, une Conférence internationale se réunit à Bruxelles, en 1887 et 1888. Cette Conférence blâma le système des primes à la fabrication, mais se sépara sans avoir abouti à une solution pratique.

Toujours sur la demande de l'Angleterre, une nouvelle Conférence internationale eut lieu à Bruxelles, en 1897 et 1898, à la suite du vote, par le Parlement français, de la loi du 7 avril 1897 qui, suivant l'exemple de l'Allemagne, accordait une prime spéciale de sortie, fixée à 3 fr., à chaque quintal de sucre raffiné exporté à l'étranger. Mais, de même que sa devancière de 1887-1888 la Conférence internationale de 1897-1898 se sépara sans prendre aucune décision.

Sous l'influence de nouvelles réclamations de la

part des colonies sucrières britanniques, le Gouvernement anglais, en 1901, fit connaître aux nations intéressées qu'il se proposait de frapper durement, et même de prohiber l'importation, dans le Royaume-Uni, des sucres provenant des pays accordant des primes à l'exportation et à la fabrication sucrières, si cette question n'était préalablement réglée par une convention internationale. C'est ainsi qu'une nouvelle Conférence se réunit à Bruxelles vers la fin de l'année 1901, et, après plusieurs mois de discussion, elle aboutit à la Convention du 5 mars 1902, dont l'une des clauses les plus intéressantes était l'engagement, par les puissances contractantes, de supprimer, pendant toute la durée de la convention, les primes directes et indirectes en faveur de la production ou de l exportation des sucres. Cette convention, dont le but, ainsi que le mentionnait le préambule, était d'égaliser les conditions de la concurrence entre les sucres de betterave et de canne des différentes provenances et d aider au développement de la consommation sucrière, fut mise en application à partir du 1er septembre 1903. Elle devait rester en vigueur pendant cinq années, c'est-à-dire jusqu'au 31 août 1908, date à laquelle elle fut prorogée pour une nouvelle période de cinq années, mais après avoir subi, sur la demande de l'Angleterre. des modifications profondes.

Cette convention paraît avoir eu, pour les producteurs de sucre, des conséquences plus graves dans notre pays que dans les autres pays exportateurs, ainsi que le montre le tableau suivant, qui compare les chiffres de la production européenne à dix années d'intervalle :

La Production du Sucre en Europe en 1898 et en 1908.

(Quantités exprimées en sucre raffiné.)

États	1898	1908	Différences en 1908
		(Tonnes)	
Allemagne.	1.539.000	1.862.000	+ 323.000
Autriche-Hongrie. . . .	936.000	1.233.000	+ 297.000
Belgique.	198.000	231.000	+ 33.000
France.	738.000	723.000	— 15.000
Pays-Bas.	139.500	193.000	+ 53.500
Russie.	670.500	1.147.000	+ 476.500
Divers.	144.000	472.000	+ 328.000
Totaux.	4.365.000	5.861.000	+ 1.496.000

Il convient toutefois de dire que les résultats défavorables de la Convention internationale de 1902 pour notre industrie sucrière ont été fort atténués grâce aux mesures prises par le gouvernement, qui abaissa considérablement la taxe de consommation, ramenée à 25 fr. par 100 kilogr. de raffiné, en même temps que la taxe de raffinage était réduite à 2 fr. C'est tout ce que le sucre indigène paie aujourd'hui au fisc ; les sucres étrangers importés en France acquittent cet impôt, plus le droit de douane de 5 fr. 50 ou de 6 fr. prévu par la Convention de Bruxelles.

9. — LE BÉTAIL.

La cherté de la viande, qui a provoqué récemment dans certains pays, comme l'Allemagne, l'Autriche, l'Angleterre, des plaintes très vives, donne un intérêt tout particulier à la question de l'élevage. Pour des causes nombreuses, celui-ci, en Europe tout au moins, ne s'est pas développé sensiblement, alors que, soit par suite de l'amélioration du régime d'alimentation, soit par suite de l'augmentation de la population, les besoins de la consommation se sont accrus partout.

On nous permettra, toutefois, de faire observer que, bien que l'augmentation des prix de la viande se soit fait également sentir chez nous, la France, pays protégé, a été l'une des contrées où cet accroissement de prix a été le moins accentué. Ce fait tient en partie à ce que l'effectif des animaux existant sur le territoire français s'est, sauf pour les moutons, accru d'une façon très appréciable. C'est ainsi que, de 1892 à 1908, le nombre des chevaux a passé de 2.794.000 à 3.215.000 et celui des bœufs de 13.709.000 à 14.240.000 ; celui des porcs, il est vrai, a fléchi légèrement de 7.421.000 à 7.202.000, et celui des moutons est tombé de 21.116.000 à 17.456.000. Toutefois, l'accroissement de valeur enregistré par l'espèce bovine a compensé, et au delà, la perte subie par l'espèce ovine, puisque la valeur totale des animaux de ferme existant en France à la fin de l'année 1908 était estimée à 5.868 millions de francs, contre 5.202 millions à la fin de 1892.

Il convient de reconnaître que l'importance de nos pâturages et de notre production fourragère nous permet d'entretenir un nombre relativement considérable d'animaux domestiques, eu égard au chiffre de la population, et l'on peut dire en somme que, sauf pour les moutons, dont il nous faut acheter chaque année plus d'un million à l'étranger, la viande indigène suffit à la consommation nationale. Il est loin d'en être de même dans nombre d'autres pays qui sont, pour la viande d'alimentation, tributaires de l'étranger pour des sommes souvent considérables : l'Angleterre, par exemple, a dû, en 1909, se procurer à l'extérieur pour plus de 1.100 millions de francs de viande, vivante ou morte.

Le tableau suivant donne, d'après les chiffres fournis par l'Institut international de statistique, le dénombrement des animaux domestiques dans les principaux pays de l'Europe :

Effectif du Bétail en Europe en 1908 ou à la dernière année connue.

États	Espèces				
	Chevaline	Bovine	Porcine	Ovine	Caprine
	(Milliers de têtes)				
Allemagne. . .	4.345	20.631	22.117	7.704	3.534
Autr.-Hongrie. .	3.999	16.249	12.013	10.744	1.328
Belgique. . . .	272	1.421	1.163	236	241
Bulgarie. . . .	538	1.696	465	8.131	1.384
Danemark. . .	487	1.840	1.457	877	39
Espagne. . . .	495	2.317	2.296	15.471	3.285
France. . . .	3.215	14.240	7.202	17.456	1.425
Grande-Bretagne	2 092	11.761	3.543	31.839	»
Italie.	956	6.196	2.507	11.163	2.715
Luxembourg. .	19	103	131	8	11
Norvège. . . .	172	1.091	319	1.393	296
Pays-Bas . . .	295	1.696	862	607	165
Roumanie. . .	864	2.545	1.709	5.655	233
Russie	22.204	33.711	10.352	41.398	»
Serbie	185	957	960	3.062	432
Suède.	575	2.685	835	1.010	66
Suisse.	135	1.495	549	210	362
Totaux. .	40.848	120.661	68.573	156.964	15.516

Pour les chevaux, c'est la Russie qui vient au premier rang, avec 22.204 000 têtes ou 54 0/0 de l'effectif total européen ; l'Allemagne arrive ensuite, avec 4.345.000 ; puis l'Autriche-Hongrie, 3.999.000 ; la France, 3 215 000, et la Grande-Bretagne, 2.092.000.

Pour l'espèce bovine, c'est encore la Russie qui occupe la première place, avec 33.741.000 têtes ; puis viennent l'Allemagne, avec 20.631.000 ; l'Autriche-Hongrie, 16.249.000 ; la France, 14.240 000 ; la Grande-Bretagne, 11 761.000 ; l Italie, 6.196.000.

En ce qui concerne l'espèce porcine, c'est l'Allemagne qui arrive en tête, avec 22 147.000 ; se classent ensuite, par ordre d'importance : l'Autriche-Hongrie, 12.013.000 ; la Russie, 10.352.000 ; la France, 7.202.000 ; la Grande-Bretagne, 3.543.000 ; l'Italie, 2.507.000 ; l'Espagne, 2.296.000.

Enfin, pour les moutons et les chèvres, la Russie retrouve la première place, avec 41.398 000 ; on relève ensuite : la Grande-Bretagne, 31.839.000 ; la France, 18.881 000 ; l'Espagne, 18.756.000 ; l'Italie, 13.878 000 ; l'Autriche-Hongrie, 12.072.000 ; la Bulgarie, 9.515.000.

Mais c'est l'Amérique, où d'immenses pâturages se prêtent merveilleusement à l'élevage, qui est aujourd'hui le pourvoyeur de l'Europe. Nous nous bornerons, à ce propos, à donner, à titre comparatif, l'effectif des animaux domestiques aux Etats-Unis et en République Argentine, d'après les derniers chiffres connus :

Etats-Unis : Chevaux, 21.040 000 ; bœufs, 47 millions 279 000 ; vaches, 21.801.000 ; moutons, 57.216.000 ; porcs, 47.782.000.

République Argentine : Chevaux, 7.531.000 ; bovidés, 29.117.000 ; moutons, 67.212.000 ; porcs, 1.404.000.

VII

L'Industrie européenne en 1898 et 1908.

1. Houille. — 2. Fonte. — 3. Cuivre. — 4. Plomb. — 5. Zinc. 6. Nickel. — 7. Aluminium. — 8. Mercure. — 9. Coton. — 10. Laine. — 11. Soie.

1. — LA HOUILLE.

La houille joue dans notre société moderne un rôle économique si considérable que l'on peut dire que l'importance industrielle d'une nation est une conséquence directe de sa richesse en gisements carbonifères.

En 1850, la production universelle de la houille ne dépassait pas 90 millions de tonnes ; en 1900, elle arrivait à 768 millions de tonnes ; elle atteint aujourd'hui 1 200 millions de tonnes, dont la moitié environ est fournie par les pays européens. La production européenne s'accroît d'ailleurs elle-même sensiblement chaque année : Ainsi, en dix années, de 1898-1899 à 1908-1909, la production européenne du charbon a passé de 439 millions et demi de tonnes à 612 millions et demi, soit un accroissement de 173 millions de tonnes ou près de 40 0/0.

Le tableau suivant donne comparativement, à dix ans d'intervalle, les quantités de houilles extraites dans les divers pays de l'Europe :

La Production de la Houille en Europe en 1898-1899 et en 1908-1909.

États	1898-1899	1908-1909	Augmentation en 1908-1909 Totale	%
	(En milliers de tonnes)			
Allemagne et Luxembourg.	130.928	205.727	74.799	57
Autriche-Hongrie. . . .	35.939	47.445	11.506	32
Belgique.	22.075	23.705	1.630	7
Espagne.	2.527	3.209	682	27
France	32.440	37.972	5.532	17
Grande-Bretagne. . . .	202.055	272.116	70.061	35
Italie.	314	453	139	41
Russie.	12.862	21.593	8.731	68
Suède.	236	305	69	29
Divers.	100	148	48	4[illegible]
Totaux. . . .	439.476	612.673	173.197	40

La part de la France, comme pays producteur, est bien faible avec un peu plus de 6 0/0 de la production européenne totale actuelle. La production française se développe cependant d'une façon sensible puisque. de 20.024.000 tonnes en 1884, elle est passée à 37.972.000 en 1909, c'est-à-dire qu'en l'espace de 25 ans elle s'est accrue de 17.948.000 tonnes, ou près de 90 0/0.

Le tableau suivant permet de suivre cette progression :

Production française de la Houille de 1884 à 1909
(En milliers de tonnes.)

Années	Production	Années	Production
1884.	20.024	1903	34.906
1885.	19.511	1904	34.168
1890.	26.083	1905	35.923
1895.	28.020	1906	34.196
1900.	33.404	1907	36.754
1901.	32.325	1908	37.384
1902.	29.997	1909	37.972

La majeure partie de la production française provient d'ailleurs du bassin du Nord et du Pas-de-Calais ; celui-ci a fourni, en effet, en 1909, 24.931.601 tonnes, sur un total de 37.971.758 tonnes extraites, ce qui représente une proportion de 65 0/0 ; cette proportion s'établissait à 52 0/0 en 1890, alors que la production totale française atteignait 26.083.000 tonnes.

Les autres gisements carbonifères n'ont en France qu'une valeur très relative. C'est ainsi que le bassin houiller de la Loire, qui vient au second rang pour l'importance de la production, n'a fourni, en 1909, que 3.730.000 tonnes.

Voici, pour la même année, quelle a été la production des autres principaux bassins : Bourgogne et Nivernais, 2.103.000 tonnes ; Gard, 2.056.000 tonnes ; Tarn et Aveyron, 1.816.000 tonnes ; Bourbonnais, 945.000 tonnes ; autres régions, 2.390 000 tonnes. Il est intéressant de noter ici que l'accroissement survenu pendant ces vingt dernières années dans la production française de houille est dû presque en totalité au bassin du Nord et du Pas-de-Calais.

Nous avons vu que les deux grands pays producteurs de houille en Europe sont l'Angleterre et l'Allemagne, avec 78 0/0 de la production européenne totale. Toutefois, si l'on envisage la production universelle, ces deux pays sont fortement distancés par les Etats-Unis, qui occupent aujourd'hui la première place dans le monde pour l'industrie carbonifère : leur production atteint, en effet, d'après les dernières statistiques publiées, 400 millions de tonnes en chiffres ronds.

Les augmentations qui sont survenues pendant

les vingt dernières années dans la production universelle de la houille sont intéressantes à suivre :

La Production de la Houille dans le monde en 1890 et en 1909.

(*Milliers de tonnes.*)

Pays	1890	1909	Augmentation en 1909	Proportion de chaque pays dans la prod. totale	
				1890 %	1909 %
Angleterre. . .	184 520	272.116	87.596	37.59	22.68
Allemagne. . .	89 290	205.727	116.437	18 08	17.14
Autr -Hongrie. .	22 439	47 445	25 006	4.57	3.95
Etats-Unis. . .	140 883	397.000	256.117	28 71	33 08
France. . . .	26 083	37 972	11 889	5 31	3 16
Pays divers. . .	27 886	239 740	211.854	5.74	19.99
Totaux. . .	491.101	1.200.000	708 899	100 00	100.00

Ce tableau met en lumière les progrès énormes réalisés par les Etats-Unis, dont la production atteint aujourd'hui, à elle seule, 33 0/0 de la production de charbon dans le monde entier. Entre les deux années considérées, c'est-à-dire en moins de vingt ans, la production de l'Allemagne s'est accrue de 130 0/0, celle de l'Angleterre de 47 0/0, celle de l'Autriche-Hongrie de 111 0/0 et celle de la France de 45 0/0.

2. — LA FONTE.

On a dit avec raison que la sidérurgie était la clé de voûte de toutes les autres industries, car les prix des machines et des grandes installations industrielles, qui transforment si rapidement les anciennes conditions de la production manufacturière, dépendent eux-mêmes des prix de la fonte et de l'acier. D'autre part, l'accroissement de la production de la fonte dans le monde reflète assez bien le développement industriel.

En 1850, la production universelle de la fonte ne s'élevait qu'à environ 4 millions et demi de tonnes métriques ; elle s'est accrue, depuis, graduellement et atteint aujourd'hui 60 millions de tonnes. L'Europe fournit un peu plus de la moitié de ce total. Voici comment se répartit la production européenne :

La Production de la Fonte en Europe.

Etats	1898-1899	1908-1909	Augmentation en 1908-1909 Totale	%
	(En milliers de tonnes)			
Allemagne	7.402	12 714	5 312	72
Autriche-Hongrie	1.250	1.953	703	56
Belgique	983	1.607	624	63
Espagne	263	430	167	64
France	2.534	3.632	1.098	43
Grande-Bretagne	8.769	9 664	895	10
Italie	13	112	99	761
Luxembourg	849	1 485	636	75
Russie	2.229	2 759	530	24
Suède	570	616	46	8
Totaux	24.862	34.972	10.110	41

Ce tableau montre qu'en dix ans la production de la fonte en Europe a augmenté de plus de 10 millions de tonnes, soit 41 0/0. C'est l'Allemagne qui a enregistré l'accroissement le plus sensible, sa production ayant progressé de 5 312.000 tonnes, ou 72 0/0, et elle occupe aujourd'hui la première place parmi les pays européens producteurs de fonte, avec 12.713 554 tonnes ; l'Angleterre n'arrive plus qu'au second rang, avec 9.664.287 tonnes.

La France, produisant 3.632.105 tonnes, se classe troisième. Bien que ses ressources en combustibles et en minerais de fer ne lui permettent pas d'être un concurrent bien redoutable sur le marché sidérurgique international, notre pays a néanmoins développé sensiblement sa production de fonte pendant les 25 dernières années, ainsi qu'on peut s'en rendre compte par le tableau suivant :

La Production de la Fonte en France de 1884 à 1909.

(En milliers de tonnes.)

Années	Production	Années	Production
1884.	1.872	1903	2 841
1885.	1.631	1904	2 974
1890.	1.962	1905	3.077
1895.	2.001	1906	3 314
1900.	2.714	1907	3.532
1901.	2.389	1908	3.401
1902.	2.405	1909	3.632

Entre 1884 et 1909, la production française de fonte a ainsi passé de 1.872.000 tonnes à 3.632 000, soit une augmentation de 1.760.000 tonnes, ou 94 0/0. C'est le département de Meurthe-et-Moselle qui est de beaucoup le plus important pour la production de la fonte, avec 2 428.817 tonnes ; viennent ensuite les départements suivants : Nord, 376.359 tonnes ; Pas-de-Calais, 161 017 tonnes ; Saône-et-Loire, 104 852 tonnes. Les autres départements produisent moins de 100.000 tonnes. Sur les 3.632.105 tonnes de fonte, montant de la production française en 1909, la fonte

Thomas figure pour 2.172.718 tonnes, et la fonte Bessemer pour 118.002 tonnes ; il y a enfin 54.085 tonnes de fontes spéciales.

En signalant la production universelle de la fonte, nous avons dit que cette production ne dépassait pas 4 millions 1/2 de tonnes en 1850 ; sur ce chiffre, l'Angleterre, qui était alors le pays industriel par excellence, en fournissait la moitié à elle seule. D'autres pays, comme les Etats-Unis et l'Allemagne, sont venus depuis faire à l'Angleterre une concurrence sérieuse :

La Production de la Fonte
dans les principaux pays en 1890 et en 1909.

(Milliers de tonnes.)

Pays	1890	1909	Augmentation en 1909	Proportion de chaque pays dans la production totale	
				1890	1909
				%	%
Angleterre. . .	8.033	9 661	1.631	28 92	16 07
Allemagne . .	4 658	12 711	8.056	16 77	21 14
Etats-Unis. . .	9 353	25 795	16.442	33 67	42 89
France . . .	1.962	3 632	1 670	7.06	6 04
Pays divers. . .	3 771	8 335	4 564	13 58	13.86
Totaux. . .	27.777	60 140	32 363	100.00	100.00

En 1880, la production universelle de la fonte avait été de 18.439.000 tonnes, sur lesquelles l'Angleterre avait fourni 7.802.000 tonnes ou 42 0/0, les Etats-Unis 3.896 000 tonnes ou 21 0/0, l'Allemagne 2.729.000 tonnes ou 15 0/0, la France 1 725.000 tonnes ou 9 0/0, et les pays divers 2.287.000 tonnes ou 13 0/0.

En 1890, la production universelle de la fonte a atteint 27.777.000 tonnes, et la proportion de la production particulière de chacun des pays considérés s'est établie à 29 0/0 pour l'Angleterre, à 34 0/0 pour les Etats-Unis, à 17 0/0 pour l'Allemagne, à 7 0/0 pour la France, et à 13 0/0 pour les autres pays. Entre 1890 et 1909, la part respective de chacun des grands pays producteurs s'est sérieusement modifiée, ainsi qu'on peut le voir par le tableau qui précède.

Ainsi, ce sont les Etats-Unis qui sont aujourd'hui, pour la fonte, le plus grand pays producteur du monde, avec près de 26 millions de tonnes, ou 42.89 0/0 de la production universelle. L'Allemagne occupe le second rang, avec 12.714 000 tonnes ou 21.14 0/0, l'Angleterre le troisième avec 9 millions 664 000 tonnes ou 16.07 0/0. La France demeure quatrième, avec 3.632.000 tonnes, ou 6.04 0/0 de la production du monde entier.

3. — LE CUIVRE.

Le cuivre est employé à une foule d'usages, soit à l'état pur, soit à l'état d'alliage ; mais, en dehors de son utilisation dans la fabrication des machines, dans les constructions navales et dans la chimie industrielle, c'est surtout aux applications de plus en plus nombreuses de l'électricité, où, grâce à son excellente conductibilité, il joue un rôle considérable, qu'il doit l'importance qu'il a acquise durant ces dernières années. Qu'il nous suffise de signaler à ce sujet que la consommation de ce métal dans le monde, qui atteignait 439.100 tonnes en 1898, arrivait, en 1908, à 701.700 tonnes, soit, en l'espace de dix ans, un accroissement de 262.600 tonnes, ou près de 60 0/0.

Quant à la production universelle du cuivre, elle a passé de 274.000 tonnes en 1890 à 438 200 tonnes en 1898, et à 738.900 tonnes en 1908, soit, pour ces dix dernières années, une augmentation de 300.700 tonnes, ou 68 0/0.

Le tableau suivant donne, pour les principaux pays, les chiffres comparatifs de la production cuprifère à dix années d'intervalle. Ces chiffres sont empruntés aux statistiques établies chaque année par la *Metallgesellschaft*, relativement aux métaux usuels autres que le fer.

Production universelle du Cuivre en 1898 et en 1908.

Pays	1898	1908	Différence en 1908	
			Totale	%
	(Tonnes)			
Allemagne.	30 700	30 000	— 700	— 2
Angleterre.	69 300	71 400	+ 2.100	+ 3
France.	7 800	8 000	+ 200	+ 2.6
Italie	3 200	4.000	+ 800	+ 25
Autriche-Hongrie. . .	1 300	1 300	»	»
Russie.	7 300	16 800	+ 9 500	+ 130
Autres pays d'Europe.	1 500	11 400	+ 9 900	+ 660
Total Europe. . .	121.100	142 900	+ 21.800	+ 18
Etats-Unis	246.500	449 500	+ 203 000	+ 82
Reste de l'Amérique. .	34.000	76 000	+ 42.000	+ 123
Asie	21 000	36.000	+ 15 000	+ 71
Australie.	15 600	34.500	+ 18 900	+ 121
Total général. . .	438.200	738 900	+ 300.700	+ 68

Les Etats-Unis sont, on le voit, le principal pays producteur avec 61 0/0 de la production totale ;

l'Europe tout entière ne fournit que 19 0/0 de cette même production L'augmentation enregistrée durant ces dix dernières années par l'Angleterre, la France, l'Italie et l Autriche Hongrie est, au point de vue de la production cuprifère, fort peu sensible; la production de l'Allemagne a une tendance à décroître; celle de la Russie est, par contre, en accroissement sérieux. Signalons enfin que les autres pays d Europe, qui comprennent surtout l'Espagne et le Portugal, ont vu leur production passer de 1.500 tonnes en 1898 à 11.400 tonnes en 1908, soit une augmentation de 9.900 tonnes, ou 660 0/0. Pour les pays américains autres que les Etats-Unis, c'est-à-dire notamment le Mexique, le Canada et le Chili, la progression a atteint, durant les dix années considérées, 123 0/0 ; c est à peu près le chiffre de l'accroissement de la production australienne.

La statistique de la consommation universelle du cuivre est évidemment difficile à établir, à cause des éléments très variés qu'elle comporte, et dont quelques-uns échappent à l'observation directe. Nous donnons toutefois plus loin les chiffres établis par la *Metallgesellschaft*, qui sont considérés par les spécialistes comme suffisamment exacts.

Ce sont les Etats-Unis qui font la plus grande consommation de cuivre, avec 210.600 tonnes, soit 30 0/0 de la consommation universelle. Au second rang vient l'Allemagne, avec 180.700 tonnes ; puis se classent l Angleterre, avec 128.900 tonnes, la France, 73.900 tonnes, l'Autriche-Hongrie, 33.500 tonnes, l'Italie, 23.500 tonnes, et la Russie, 21.600 tonnes.

Consommation du Cuivre en 1898 et en 1908.

Pays	1898	1908	Différence en 1908 Totale	Différence en 1908 %
	(Tonnes)			
Allemagne.	97 000	180 700	+ 83.700	+ 86.3
Angleterre.	104 100	128 900	+ 24 800	+ 23.8
France.	48 800	73 900	+ 25 100	+ 51.4
Italie.	7 800	23.500	+ 15.700	+ 201 3.
Autriche-Hongrie. . .	18.600	33 500	+ 14.900	+ 80 1
Russie	21 800	21 600	— 200	— 0.9
Autres pays d'Europe	8.500	17 200	+ 8 700	+ 102 4
Total Europe. . .	306.600	479 300	+ 172.700	+ 56.3
Etats Unis.	120.500	210 600	+ 90.100	+ 74.8
Autres pays d'Amérique.	1 300	2 400	+ 1.100	+ 84.6
Asie . . . . . . / Australie.	10 700	9 400	— 1.300	— 12.1
Total général. . .	439.100	701.700	+ 262 600	+ 59.8

Les besoins croissants de l'industrie, qui absorbent chaque année la presque totalité de la production, ont déterminé, notamment en 1906 et en 1907, une hausse des prix du cuivre qui a suscité une assez vive appréhension dans le monde industriel. On s'en rendra compte facilement lorsque nous aurons dit que le prix moyen annuel du cuivre, qui était de 1 300 fr. la tonne en 1898 s'est élevé jusqu'à 2.200 fr. en 1906. En commentant la raison de ces craintes, nous écrivions alors : « Si le prix du cuivre venait à s élever brusquement de 30 ou 40 0/0, l'équilibre pourrait être rompu par un arrêt de la consommation. La baisse serait alors rapide, car cet arrêt de la consommation coïnciderait probablement avec une plus forte augmentation de la production provoquée elle-même par la hausse anormale du produit. Puis, après une période de perturbation plus ou moins longue, la crise se liquiderait et l'équilibre se trouverait de nouveau rétabli. »

Les faits ont parfaitement justifié notre manière de voir. Les prix très avantageux du métal ont stimulé la production, notamment au Mexique, au Canada, en Australie, etc., tandis que la consommation qui, depuis 1903, s'était accrue d'environ 70 000 tonnes chaque année, demeurait stationnaire en 1906, avec 727.000 tonnes, pour tomber à 657.000 tonnes en 1907.

Nous avons vu que la situation était redevenue normale en 1908, la consommation étant remontée à 702.000 tonnes, tandis que le prix moyen annuel revenait de 2.195 fr la tonne en 1907 à 1.512 fr. en 1908.

Au point de vue de la consommation du cuivre par habitant, notons en terminant que c'est l'Allemagne, avec 2 kil 9, et l'Angleterre, avec 2 kil. 8, qui en consomment le plus. Ensuite viennent les Etats-Unis, avec 2 kil. 4, et la France, avec 1 kil. 9. La consommation de chacune des autres puissances est inférieure à 1 kilogramme par habitant.

4. — PLOMB.

En dehors des nombreux composés auxquels il donne naissance, le plomb, à l'état pur ou sous forme d'alliage, est employé à des usages multiples : tuyaux, balles de chasse, caractères d'imprimerie, soudure des plombiers, toitures, etc., et sa consommation s'accroît sensiblement chaque année.

La production universelle augmente d'ailleurs d'une façon sensible, puisque, de 826.900 tonnes en

1898, elle s'est élevée à 1.052.500 tonnes en 1908, soit, en dix ans, un accroissement de 225.600 tonnes ou 27 0/0.

Le tableau suivant donne la répartition de la production entre les principaux pays :

Production universelle du plomb en 1898 et 1908.

	1898	1908	Différence en 1908 Totale	Différence en 1908 %
		(Tonnes)		
Espagne	179 900	183 200	+ 3 300	+ 2
Allemagne	132.700	164 100	+ 31 400	+ 23
France	10 900	25 000	+ 14.100	+129
Grande-Bretagne	50.000	30 000	— 20 000	66
Belgique	19 300	30.100	+ 10.800	+ 56
Italie	24 500	26 000	+ 1 500	+ 6
Autriche-Hongrie	10.700	14 600	+ 3 900	+ 36
Grèce	18.700	16 000	− 2 700	− 17
Autres pays d'Europe	3.700	12 700	+ 9 000	+246
Total Europe	450 400	501.700	+ 51 300	+ 11
Etats-Unis	231 000	296 700	+ 65 700	+ 28
Mexique	61.100	110 000	+ 48 900	+ 80
Australie	67 000	119 000	+ 52 000	+ 77
Autres pays	17 400	25.100	+ 7 700	+ 44
Total général	826 900	1 052.500	+225.600	+ 27

La production la plus importante est fournie par les Etats-Unis, avec 296.700 tonnes. En Europe, où est obtenue à peu près la moitié de la production du monde entier, c'est l'Espagne qui vient en tête, avec 183.200 tonnes ; l'Allemagne arrive au second rang avec 164.100 tonnes ; la Belgique et l'Angleterre produisent chacune 30.000 tonnes environ ; l'Italie 26.000 tonnes ; la France 25 000 ; la Grèce 16.000, et l'Autriche-Hongrie 14.600.

L'Australie et le Mexique sont également de gros producteurs, avec respectivement 119.000 et 110.000 tonnes.

Il est à noter que, durant les dix dernières années, la production du plomb s'est développée plus rapidement dans les pays extra-européens qu'en Europe. La progression a atteint, en effet, 80 0/0 au Mexique, 77 0/0 en Australie, 28 0 0 aux Etats-Unis et seulement 11 0/0 en Europe. Signalons, toutefois, que la production française a passé de 10.900 tonnes en 1898 à 25.000 tonnes en 1908, ce qui représente une augmentation de 129 0/0.

Ce sont les Etats-Unis qui font la plus grande consommation de plomb, avec 321.000 tonnes ; l'Angleterre vient en second lieu, avec 228.800 tonnes ; on trouve ensuite l'Allemagne avec 211.300 tonnes, et enfin la France, avec 103.000 tonnes.

5. — ZINC.

Le zinc est employé pour les toitures, les réservoirs, les gouttières, les cuves ; il sert à la galvanisation du fer, à la préparation de l hydrogène, etc., etc Ses usages sont, on le voit, fort nombreux, et cette multiplicité d'emplois explique les demandes toujours croissantes de l'industrie.

La majeure partie de la production universelle est consommée par les États-Unis (188 300 tonnes en 1908) ; par l'Allemagne (180.200 tonnes) ; par l'Angleterre (138.500 tonnes) et par la France (78.000 tonnes).

La production du zinc dans le monde entier a atteint, en 1908, 722.072 tonnes ; elle avait été seulement de 469.018 tonnes en 1898, soit, en dix ans, un accroissement de 253.054 tonnes, ou 54 0/0.

Voici les chiffres comparatifs de la production universelle en 1898 et en 1908 :

Production universelle du Zinc en 1898 et 1908.

	1898	1908	Augmentation en 1908 — Totale	%
		(Tonnes)		
Allemagne	153.169	216 876	63 707	41
Belgique	119.759	165.019	45.260	34
Hollande	6.806	17 257	10.451	153
Grande-Bretagne	28 386	54 473	26.087	92
France et Espagne	43 971	55.819	11.848	27
Autriche et Italie	7.229	12 761	5 532	76
Russie	5 665	8 839	3.174	56
Total Europe	364.985	531.044	166 059	45
Etats-Unis	104.033	189 941	85 908	82
Australie	»	1 087	1.087	»
Total général	469 018	722.072	253.054	54

L'Allemagne arrive en tête des pays producteurs avec 216.876 tonnes ; les États-Unis se placent au second rang, avec 189.941 tonnes, et la Belgique au troisième avec 165.019 tonnes. La production totale de l'Europe représente 73 0/0 de la production du monde entier.

6. — NICKEL.

Les propriétés du nickel semblent réserver à ce métal le plus brillant avenir ; mais son prix encore relativement élevé — 3 fr. 75 le kilogramme en moyenne en 1908 — est un obstacle à une généralisation rapide de son emploi.

La production s'est développée néanmoins beaucoup durant ces dernières années, passant de 6.900 tonnes en 1898 à 12.800 tonnes en 1908, soit une progression de 5.900 tonnes, ou 85 0/0. Les prix se sont d'ailleurs maintenus, ce qui semble indiquer que l'accroissement de production a été facilement absorbé.

Le tableau suivant donne la répartition de la production universelle en 1898 et en 1908 :

Production universelle du Nickel en 1898 et 1908.

	1898	1908	Différence en 1908	
			Totale	%
	(En tonnes)			
Angleterre.	1.000	2 800	+ 1 800	+ 180
Allemagne.	1.100	2.600	+ 1 500	+ 136
France.	1 500	1.400	100	— 6
Total Europe. . .	3.600	6.800	+ 3.200	+ 88
Amérique.	3.300	6 000	+ 2 700	+ 81
Total général. . .	6.900	12.800	+ 5.900	+ 85

La production se répartit à peu près également entre l'Amérique et l'Europe. Il convient de dire, toutefois, que la majeure partie de la production européenne provient du traitement de minerais importés du dehors, et notamment du Canada et de la Nouvelle-Calédonie. C'est ainsi que cette colonie française a exporté, en 1908, 118.900 tonnes de minerai.

Parmi les pays européens, c'est l'Angleterre qui

fournit la plus forte quantité de nickel, avec 2.800 tonnes, suivie de près par l'Allemagne, avec 2.600 tonnes. Cés deux pays ont augmenté considérablement leur production en dix ans. La production française est restée stationnaire, oscillant autour de 1.400 tonnes.

7. — ALUMINIUM.

Grâce à l'amélioration des procédés de préparation, qui a permis d'obtenir ce métal à un prix qui n'excède pas aujourd'hui 2 francs à 2 fr. 50 le kilogramme, l'aluminium a pris rang parmi les métaux industriels, et, comme il est extrêmement répandu dans la nature, il semble qu'on puisse lui prédire un rôle considérable dans un avenir prochain.

Déjà, d'ailleurs, la production est en augmentation très sensible, ainsi qu'on peut s'en rendre compte au moyen du tableau suivant :

Production universelle de l'Aluminium
en 1898 et en 1908.

	1898	1908	Différence en 1908	
			Totale	%
	(En tonnes)			
Suisse.	800			
Allemagne.	»	3.500	+ 2.700	+ 337
Autriche-Hongrie. . .	»			
France.	600	6.000	+ 5.400	+ 900
Grande-Bretagne. . .	300	2 000	+ 1.700	+ 566
Divers.	»	600	+ 600	»
Total Europe. . .	1.700	12.100	+ 10.400	+ 611
Etats-Unis.	2 400	6 000	+ 3 600	+ 150
Total général. . .	4.100	18.100	+ 14.000	+ 341

Ainsi, la production universelle de l'aluminium a passé de 4.100 tonnes en 1898 à 18 100 tonnes en 1908, soit, en dix ans, un accroissement de 14.000 tonnes, ou 341 0/0.

Au point de vue de l'importance des quantités produites, ce sont les États-Unis et la France qui se disputent le premier rang, avec 6.000 tonnes environ pour chacun de ces deux pays Il convient de noter, d'ailleurs, que le développement de la production française est beaucoup plus rapide que celui de la production américaine, puisque, entre 1898 et 1908 il y a eu progression de 900 0/0 pour la France, contre seulement 150 0/0 pour les États-Unis.

Quant aux quantités consommées, c'est cette dernière puissance qui occupe la première place, avec 4.500 tonnes, sur un chiffre de 14.500 tonnes représentant les quantités d'aluminium consommées dans le monde entier ; la France vient au second rang, avec 3.500 tonnes.

8. — MERCURE.

Le mercure occupe, sur la liste des métaux, une place moins importante que les précédents ; il appartient beaucoup plus au laboratoire qu'à la grosse industrie, bien qu'il soit employé encore dans certains pays à l'extraction des métaux précieux.

La production universelle a, du reste, une tendance à décroître, ainsi qu'il résulte du tableau suivant :

Production universelle du Mercure en 1898 et en 1908.

	1898	1908	Différence en 1908 Totale	%
		(En tonnes)		
Espagne.	1 691	1.212	— 479	— 39
Autriche-Hongrie. . .	500	630	+ 130	+ 26
Italie.	173	680	+ 507	+ 253
Russie.	353	49	— 304	— 620
Total Europe. . .	2.717	2 571	— 146	— 5
Etats-Unis. . . .	1.078	680	— 398	— 66
Mexique.	353	200 (1)	— 153	— 76
Total général. . .	4 148	3 451	— 697	— 20

C'est l'Espagne qui produit la plus forte quantité de mercure, avec 1.212 tonnes, soit un peu plus du tiers de la production du monde entier. Les Etats-Unis et l'Italie se disputent la deuxième place, avec 680 tonnes ; puis viennent l'Autriche-Hongrie, avec 630 tonnes; le Mexique, avec 200 tonnes, et la Russie, avec 49 tonnes.

Durant ces dix dernières années, la production a diminué partout, sauf en Italie, où l'on observe une augmentation de 253 0/0, et en Autriche-Hongrie, où il y a progression de 26 0/0.

La production universelle a fléchi de 4.148 tonnes en 1898 à 3.451 tonnes en 1908, soit une diminution de 697 tonnes, ou 20 0/0. Au prix de 6 francs le kilogramme, prix moyen annuel en 1908, la valeur de la production du mercure dans le monde entier a atteint, pour cette dernière année, une vingtaine de millions de francs.

(1) Chiffres de 1907.

9. — LE COTON.

Le coton a pris durant ces dernières années une importance considérable, et sa culture, bien qu'exigeant des conditions de climat toutes particulières, tend à s'accroître chaque jour davantage. C'est ainsi que la production cotonnière universelle, qui atteignait, en chiffres ronds, 21 millions de quintaux métriques en 1888, et 34 millions de quintaux en 1898, s'est progressivement élevée jusqu'à 50 millions de quintaux en 1908, soit, en l'espace des dix dernières années, une augmentation de 16 millions de quintaux ou 47 0/0.

Le tableau suivant, dont les chiffres sont fournis par *l'Institut international d'Agriculture*, permet de se rendre compte de la progression de la production du coton dans le monde au cours de ces dernières années :

Production universelle du Coton.

Pays	1908		Moyenne de la production par période	
	Superficie cultivée	Production totale	1899-1903	1904-1908
	(Milliers d hectar)	(Milliers de quint)	(Milliers de quintaux)	
États-Unis	13.130	28.740	22.039	26 753
Égypte	689	9 436	8 571	9.283
Indes anglaises	8.754	7.785	6.750	8.369
Russie d'Asie	371	3.547	»	»
Japon	5	42	157	68
Totaux	22.949	49.550	37.517	44.473

Ce sont les États-Unis qui produisent la plus grande quantité de coton. La production américaine a été, en effet, en 1908, de 29 millions de quintaux, ou 58 0/0 de la production du monde entier. Les autres principaux pays producteurs sont l'Egypte, avec 9 millions de quintaux, et les Indes anglaises, avec 8 millions de quintaux. Ces trois pays réunis fournissent, à l'heure actuelle, 92 0/0 de la production cotonnière universelle.

Le coton se rencontre encore dans l'Amérique du Sud, en Australie, en Afrique, où l'Angleterre, l'Allemagne et la France font leurs plus grands efforts pour acclimater et développer cette culture dans leurs colonies; en Europe enfin, où on le trouve, mais sur une superficie relativement insignifiante, en Italie par exemple, en Turquie, en Grèce, dans la Russie méridionale et en Bulgarie.

Au point de vue de la consommation, les États-Unis viennent en tête, 11.300.000 quintaux environ ayant été nécessaires à leurs manufactures durant la campagne 1908-1909. Ce chiffre est très légèrement inférieur à celui de 1906-1907, mais il est supérieur de 1.600.000 quintaux à celui de 1907-1908, qui n'avait atteint que 9.700.000 quintaux, sous l'influence de la crise de la fin de 1907.

L'Angleterre occupe le second rang, avec une consommation de 8.400.000 quintaux environ en 1908-1909. Ce chiffre est inférieur à celui des trois campagnes précédentes ; c'est qu'en effet l'année 1908 a été loin d'être bonne pour l'industrie cotonnière anglaise. Les prix pratiqués ont été peu rémunérateurs, et les filateurs et les tisseurs en ont également souffert.

Cette situation assez peu satisfaisante de l'industrie cotonnière se retrouve d'ailleurs dans les autres principaux pays manufacturiers européens.

En Allemagne, elle a été affectée par la dépression commerciale générale qui s'est fait sentir en 1908, et aussi par la surproduction des campagnes précédentes. En Autriche-Hongrie, les affaires ont été fort peu profitables, et par suite du nombre très restreint des demandes et du boycottage des produits austro-hongrois dans les Balkans, les usines durent s'entendre pour réduire leur production. Bien qu'un peu moins mauvaise, la situation fut également loin d'être brillante en France. En Russie, les demandes ont été fortement réduites, par suite du peu d'abondance de la récolte cotonnière dans l'Asie centrale et des mauvaises récoltes de quelques districts. Les conditions de l'industrie ont laissé également fort à désirer en Belgique, en Hollande, en Italie, en Espagne. Ainsi s'explique la diminution de près de 2 millions de quintaux des quantités de coton consommées dans le monde en 1907-1908 par rapport à la campagne précédente.

Les manufactures de coton européennes, les usines anglaises exceptées, ont consommé, en 1908-1909, environ 13 millions de quintaux de matière première, ce qui porte, pour l'Europe entière, à environ 21 millions et demi de quintaux la consommation totale de coton pour la dernière campagne dont les résultats soient actuellement connus. En 1898-1899, année très favorable, la consommation européenne avait été d'environ 19 millions de quintaux, dont 8 millions pour l'Angleterre et 11 millions pour les puissances continentales. En l'espace de dix ans, la consommation de coton en Europe a donc augmenté, en chiffres ronds, de 2 millions et demi de quintaux, soit

13 0/0. La progression a été plus rapide aux États-Unis, puisque la consommation y est passée de 8 à 13 millions de quintaux, soit un accroissement de 37 0/0.

Une mention spéciale doit être faite des Indes anglaises, où l'industrie cotonnière a pris, peu à peu, une grosse importance : 221.000 personnes ont été quotidiennement employées dans les 241 usines qui existaient en 1908. Durant les dix dernières années, les quantités de coton consommées ont progressé de 3 millions à 3.700.000 quintaux, ce qui représente une augmentation de 23 0/0.

Au Japon, la consommation cotonnière a passé de 1.600.000 quintaux en 1898-1899 à 2.100.000 en 1908-1909, soit un accroissement de 500.000 quintaux ou 31 0/0. L'industrie du coton se développe également au Canada, au Mexique, en Chine même, où les filés de Shanghaï et des centres environnants prennent peu à peu la place des filés indiens, par suite de leurs prix, cotés en taëls, plus avantageux que ceux des filés indiens cotés en or.

Ce rapide exposé montre le développement de l'industrie cotonnière qui se poursuit dans le monde entier et qui, pour les dix dernières années, se traduit par un accroissement de la consommation de 7 millions de quintaux, ou 22 0/0, avec 39 millions de quintaux en 1908 1909 — pour un nombre de broches en activité estimé à 128 millions — contre 32 millions de quintaux en 1898-1899.

En ce qui concerne la France, signalons, en terminant, que la consommation du coton en laine a atteint, en 1898, 1.757.000 quintaux, soit 4 kgr. 5 par habitant ; elle s'est élevée, en 1908, à 2.318.000 quintaux, soit 5 kgr. 9 par habitant. L'augmentation ressort ainsi, pour les dix années, à 31 0/0 environ.

10. — LA LAINE.

D'après les chiffres établis par la *Commission permanente des valeurs en douane*, la production universelle de la laine en 1908 est estimée à 10.396.350 quintaux, dont 2.509.620 quintaux ont été produits par les troupeaux européens, 1.463.190 quintaux par ceux de l'Amérique du Nord, tandis que 6.423.540 quintaux ont été fournis par l'Australie, la Nouvelle-Zélande, la République Argentine, l'Uruguay, Le Cap et les autres pays extra-européens.

Le tableau suivant donne la répartition de la production pour les deux dernières années connues :

Poduction universelle de la Laine en 1907 et 1908

Pays	1907	1908
	(En quintaux métriques)	
Angleterre	593.430	607.020
France	430.000	430.000
Europe continent. (France exceptée).	1.472.600	1.472.600
Amérique du Nord	1 108 830	1.463.190
Australie.	3.565.110	3.103.050
Cap.	489.240	457.530
Plata et Uruguay.	2 083.800	2.088 330
Autres pays.	1.137.030	774.630
Totaux.	11.180.040	10.396.350

La diminution considérable de l'effectif des troupeaux de moutons de l'Australie et de l'Amérique du Sud, qui s'était produite durant ces dernières années, avait provoqué quelque appréhension relativement à l'industrie lainière. Mais le troupeau australien qui, par suite des épizooties et des sécheresses continues, était tombé de 105 millions à 54 millions de têtes, est en bonne voie de reconstitution ; en 1908, il comptait 87 millions et demi de têtes. La production de la laine est également en progrès au Cap, dans la République Argentine et dans l'Uruguay.

La laine mise à la disposition de l'industrie s'est répartie comme suit en 1908 : Angleterre, 2.374.000 quintaux ; Europe continentale, 5.921.000 quintaux ; Amérique du Nord, 2.102.000 quintaux.

La part de la France s'est élevée à 2.294.746 quintaux, dont 430.000 quintaux représentant la production indigène, et 1.864.746 quintaux les importations nettes, après déduction de 325.384 quintaux exportés par le commerce français. La consommation par habitant ressort ainsi à 5 k. 8.

La consommation de la laine en masse en France fut évaluée, en 1898, à 2.617.480 quintaux, soit une consommation moyenne de 6 k. 7 par habitant. Sur ce chiffre, les importations avaient fourni la plus grosse part avec 2.481.640 quintaux ; les exportations atteignirent elles-mêmes 279.730 quintaux, laissant 2.201.910 quintaux d'importations nettes, auxquels vinrent se joindre les 415.570 quintaux représentant la production indigène.

11. — LA SOIE.

La production universelle de la soie a augmenté très sensiblement durant ces dernières décades, puisque, en l'espace de trente ans, l'accroissement a atteint 250 0/0. Elle était en effet de 9 millions de kilogrammes environ en 1876, alors qu'elle s'est élevée, pendant les trois dernières années, à une moyenne annuelle de 22.182.000 kilogrammes.

En ce qui concerne l'Europe, la production est passée de 2.475.000 kilogrammes (moyenne de 1876-

1880) à 5.730.000 kilogrammes (moyenne de 1906-1908) Pour l'Extrême-Orient, les chiffres sont respectivement, pour les mêmes périodes : 5,740.000 kilogrammes et 13.672.000 kilogrammes.

Si l'on envisage la production universelle de la soie pendant les dix dernières années, on arrive au tableau comparatif suivant :

Production universelle de la soie en 1898 et en 1908

	1898	1908	Différence en 1908	
			Totale	%
	(En milliers de kilogr.)			
Europe occidentale.				
France.	550	656	+ 106	+ 19
Italie.	2.992	4.486	+ 1.491	+ 49
Espagne.	80	75	— 5	— 6
Autriche-Hongrie	241	334	+ 90	+ 36
Totaux.	3 866	5 551	+ 1 685	+ 43
Levant et Asie centrale :				
Turquie d'Asie	877	1 250	+ 373	+ 42
— d'Europe	165	285	+ 120	+ 72
Pays balkaniques	34	207	+ 173	+ 509
Grèce et Crète.	40	65	+ 25	+ 62
Caucase.	230	360	+ 130	+ 56
Perse et Turkestan (exp.). .	133	526	+ 393	+ 295
Totaux.	1 479	2 693	+ 1.214	+ 82
Extrême Orient (exp.) :				
Chine : Shanghai.	4.650	5 688	+ 1.038	+ 22
— Canton.	2.295	2 378	+ 83	+ 4
Japon : Yokohama. . . .	3.122	7.570	+ 4.448	+ 142
Inde : Calcutta et Bombay .	275	250	— 25	— 9
Totaux.	10 342	15 836	+ 5 494	+ 53
Totaux généraux. . .	15.687	24.080	+ 8.393	+ 54

Ces chiffres, qui sont établis par les soins du *Syndicat de l'Union des Marchands de soie de Lyon*, montrent que la progression de production a été à peu près générale.

En Europe, où la production est passée de 3.866.000 kilogrammes en 1898 à 5 551 000 en 1908, soit une augmentation de 1.685 000 kilogrammes, ou 43 0/0, c'est l'Italie qui fournit la plus grande quantité de soie, avec 4 486.000 kilogrammes, soit environ les quatre cinquièmes de la production européenne totale. La France vient au second rang avec 656.000 kilogrammes, en accroissement de 106.000 kilogrammes ou 19 0/0, sur le chiffre de 1898.

Les plus fortes augmentations se rencontrent dans les pays balkaniques, avec une progression de 509 0/0, en Perse et en Turkestan, avec 295 0/0, et au Japon, avec 142 0/0.

La production universelle de la soie est estimée, pour l'année 1909, à 24.510.000 kilogrammes.

Ce sont les fabriques des Etats-Unis qui, en 1908, ont pris la plus forte part de la production mondiale avec 8.554.000 kilogrammes. La France occupe le second rang, avec 4 337.000 kilogrammes. Puis se classent : l'Allemagne, avec 3.270 090 kilogrammes ; la Suisse, 1.608 000 kilogrammes : la Russie, 1.216.000 kilogrammes, et l'Italie, 1.175.000 kilogrammes.

Pour la France, la consommation par habitant ressort, pour l'année 1908, à 0 k. 11. En 1898, la consommation française de soies avait été de 7.799.356 kilogrammes, ce qui représentait 0 k. 20 par habitant.

VIII

Le Commerce extérieur de l'Europe en 1898 et 1908

1. Importation. — 2. Exportation. — 3. Commerce total. — 4. Balance alimentaire de l'Angleterre, de l'Allemagne, des Etats-Unis et de la France en 1890 et 1908.

1. LES IMPORTATIONS.

Les progrès économiques d'un pays se reflètent dans le développement de son commerce extérieur ; l'accroissement des échanges survenu entre les nations européennes, durant ces dernières années, peut donner une idée des modifications importantes qui se sont produites en Europe à la fois au point de vue industriel, commercial, agricole et financier.

La diffusion des capitaux des pays riches a permis la mise en valeur de territoires jusque-là improductifs, en même temps que l'exploitation de ressources nouvelles a été facilitée par la multiplicité et la rapidité plus grande des moyens de transport. Ajoutons encore que les progrès mécaniques et l'amélioration de l'outillage ont déterminé dans les pays industriels une production intensive, qui a eu sa répercussion naturelle sur les chiffres du commerce international.

C'est ainsi que de 1898 à 1908, c'est-à-dire en l'espace de dix ans, l'ensemble du commerce extérieur de l'Europe est passé, d'après les chiffres fournis par les *Annales du Commerce extérieur*, de

64.081 millions de francs à 92.842 millions, soit une augmentation de 28.761 millions de francs, ou 45 0/0.

Les importations, en particulier, ont progressé, pendant cette période de dix ans, de 36.509 à 51.532 millions, soit une avance de 15.023 millions, ou 41.2 0/0. Par ordre d'importance, les principaux pays européens importateurs sont : l'Angleterre, avec 12.935 millions en 1908, et l'Allemagne, 9.580 millions. Il semblerait, d'après les statistiques qu'on trouvera plus loin, que la France, qui occupait le troisième rang en 1898, s'est trouvée distancée par les Pays-Bas, et qu'elle ne prend plus maintenant que la quatrième place. Mais il faut tenir compte ici de ce fait que le chiffre des importations comprend, pour les Pays-Bas, les entrées de métaux précieux, et qu'il n'en est pas de même pour la France. La valeur des importations françaises de métaux précieux ayant atteint, en 1908, 1.186 millions de francs, dont 1.013 millions pour l'or, et 173 millions pour l'argent, on arrive ainsi, pour le total des importations en France en 1908, à 6.826 millions, chiffre qui peut dès lors se comparer à celui de 5.873 millions donné pour les Pays-Bas.

En faisant les mêmes réserves pour les autres nations — que nous désignons plus loin — dont les statistiques commerciales englobent le mouvement des métaux précieux, on remarquera qu'il y a accroissement des importations pour tous les pays ; la plus forte plus-value proportionnelle est enregistrée par l'Italie, avec 106.1 0/0 ; puis viennent la Serbie, 83.9 0/0 ; la Bulgarie, 78.9 0/0 ; la Belgique, 62.7 0/0 ; les Pays-Bas, 55.7 0/0 ; l'Allemagne, 50.8 0/0, etc. La valeur des importations françaises a augmenté de 26.1 0/0 entre les deux années considérées.

Le tableau suivant donne la répartition des importations (commerce spécial) entre les principaux pays européens :

Importations des principaux pays de l'Europe en 1898 et en 1908.
(*Millions de francs.*)

États	1898	1908	Augmentation en 1908	
			Totale	%
Allemagne	6.350.7	9.580.0	3.229.3	50.8
Autriche-Hongrie . .	1 721 5	2.518 0	796.5	46.3
Belgique	2.044.7	3 327 4	1 282 7	62.7
Bulgarie	72 7	130.1	57.4	78.9
Danemark	506 8	759.9	253 1	49.9
Espagne (1) (2). . .	723.4	1.070 4	347.0	47.9
France.	4.472.6	5.640.5	1.167.9	26.1
Grande-Bretagne . .	10 329.5	12 935.2	2.605.7	25.2
Grèce	138.3	154.6	16.3	11.8
Italie	1.413.3	2.913 3	1.500 0	106.1
Norvège (1)	386.7	489.7	103.0	26.6
Pays-Bas.	3 770 9	5.873.3	2.102.4	55.7
Portugal	272.2	376.9	104.7	38.5
Roumanie	389 9	414.1	24.2	6.2
Russie.	1.642 6	2.254 1	611.5	37.2
Serbie.	41.1	75.6	34.5	83.9
Suède (1) (2). . . .	628 2	840.3	212 1	33 8
Suisse	1 065.2	1.487 1	421.8	39 6
Turquie (1) (2). . .	538.9	691.5	152.6	28.3
Totaux. . . .	36 509.3	51 532.0	15 022.7	41.2

(1) Commerce général.
(2) Y compris les monnaies et métaux précieux.

L'Angleterre a besoin surtout de produits alimentaires, et de matières premières, qu'elle achète à ses colonies et aux Etats-Unis — la part de ces deux sources représente ensemble 43 0/0 du total des importations anglaises, — puis à la France, à l'Allemagne, aux Pays-Bas, à la République Argentine, etc.

Les importations allemandes portent principalement sur les matières premières, qui représentent 54 0/0 de la valeur des importations totales ; les produits alimentaires figurent pour 30 0/0, et les objets manufacturés pour 16 0/0. Les plus importants fournisseurs de l'Allemagne sont les Etats-Unis, la Russie, l'Autriche-Hongrie, l'Angleterre, la République Argentine, la France, etc.

La situation géographique des Pays-Bas, grâce aux ports d'Amsterdam et de Rotterdam, qui constituent deux débouchés importants pour l'Europe centrale, donne une grosse importance au transit dans ce pays. Au point de vue du commerce spécial hollandais, que nous envisageons particulièrement ici, c'est l'Allemagne qui vient en tête, parmi les pays de provenance, avec près d'un quart de la valeur totale des importations ; les colonies hollandaises occupent le second rang ; puis se placent les Etats-Unis, l'Angleterre, la Russie, la Belgique. La valeur des produits d'origine française ne dépasse guère 72 millions de francs.

Les importations belges proviennent surtout de la France, de l'Allemagne, de l'Angleterre, des Etats-Unis, de la République Argentine, etc.

L'Italie achète notamment à l'Allemagne, à l'Angleterre, aux Etats-Unis, à l'Autriche-Hongrie, à la France.

Les importations françaises, qui ont atteint 5.641 millions de francs en 1908, se décomposent comme suit : matières premières, 3.590 millions ; objets manufacturés 1.116 millions ; produits alimentaires, 935 millions. Les principaux fournisseurs de la France sont l'Angleterre, les Etats-Unis, l'Allemagne, la Belgique, les Indes anglaises, la République Argentine et la Russie.

2. — LES EXPORTATIONS.

Les exportations des dix-neuf principales nations européennes ont bénéficié, entre 1898 et 1908, d'une plus-value de 13.738 millions ou 49.8 0/0, passant de 27.572 à 41.310 millions de francs. L'augmentation proportionnelle la plus sensible revient au Danemark, avec 84.3 0/0 ; se classent ensuite : l'Allemagne, avec 70.3 0/0 ; la Bulgarie, 69 0/0 : la Grande-Bretagne, 61.6 0/0 ; la France, 43.8 0/0, etc.

Exportations des principaux pays de l'Europe en 1898 et en 1908.

(*Millions de francs.*)

États	1898	1908	Augmentation en 1908	
			Totale	%
Allemagne	4 695.7	7.998.3	3.302 6	70 3
Autriche-Hongrie	1.695 9	2 368.1	672.2	39.6
Belgique	1 787 0	2.506 4	719 4	40 2
Bulgarie	66.5	112.4	45.9	69.0
Danemark	329 1	606 5	277.4	84.3
Espagne (1) (2)	918 9	969.5	50.6	5.5
France	3.510.9	5.050.7	1.539.8	43.8
Grande-Bretagne	5.881.7	9 502 9	3.621 2	61.6
Grèce	88 2	110 7	22.5	25.5
Italie	1.203.6	1.729.3	525.7	43.7
Norvège (1)	209.1	291.5	82.4	39.4
Pays-Bas	3.183.2	4.536 7	1.353.5	42 5
Portugal	174.2	159 6	— 14.6	8.4
Roumanie	283 2	379.4	96 2	33 9
Russie	1.948.9	2.800 9	852.0	43.7
Serbie	57.0	77.7	20.7	36.3
Suède (1) (2)	475.9	665.2	189 3	39.8
Suisse	723 8	1.038 4	314.6	43 4
Turquie (1) (2)	339 1	405 7	66.6	19.6
Totaux	27.571 9	41.309.9	13.738.0	49.8

(1) Commerce général.
(2) Y compris les monnaies et métaux précieux.

Le tableau précédent, qui permet de comparer, à dix ans d'intervalle, les exportations (commerce spécial) des principaux pays de l'Europe, montre qu'un seul pays, le Portugal, enregistre un fléchissement des exportations.

L'Angleterre demeure au premier rang pour l'importance des exportations, avec 9.503 millions de francs ; l'Allemagne vient ensuite, avec 7.998 millions ; puis la France, 5.051 millions ; les Pays-Bas, 4.537 millions, etc.

La catégorie des objets manufacturés est de beaucoup la plus importante, parmi les exportations de l'Angleterre, avec 78 0/0 de la valeur totale. Les colonies britanniques — qui absorbent environ un tiers des exportations anglaises, — l'Allemagne, la France, les Etats-Unis, la République Argentine et l'Italie sont les meilleurs clients de l'Angleterre.

Ce sont également les articles manufacturés qui constituent la majeure partie des exportations de l'Allemagne (65 0/0). Les principaux pays de destination des exportations allemandes sont l'Angleterre, la Belgique, l'Autriche-Hongrie, les Etats-Unis, les Pays-Bas, la Russie, la France, etc.

Les principales exportations de la France (5.051 millions de francs en 1908) portent également sur les objets manufacturés, avec 2.741 millions ; puis viennent les matières premières, 1.341 millions ; et enfin les produits d'alimentation, 969 millions. Ces exportations sont destinées à l'Angleterre, à la Belgique, à l'Allemagne, à la Suisse, aux Etats-Unis, à l'Italie.

L'Allemagne est de beaucoup la meilleure cliente

des Pays-Bas, prenant à elle seule environ la moitié des exportations hollandaises ; le Royaume-Uni vient ensuite; puis la Belgique, les colonies néerlandaises, les Etats-Unis, etc. La France n'achète à la Hollande que pour 30 millions de francs de produits environ.

Les principales exportations de la Russie sont les produits alimentaires (céréales) et les matières premières (bois, lin, etc.). Ces exportations sont généralement dirigées vers l'Allemagne, l'Angleterre, les Pays-Bas, la France, l'Autriche-Hongrie.

Les céréales, le matériel roulant (pour chemins de fer et tramways), la houille, les produits métallurgiques, les textiles et les graines oléagineuses occupent une large place dans les exportations belges. Les principaux clients de la Belgique sont l'Allemagne, la France, l'Angleterre et les Pays-Bas.

L'Italie vend principalement de la soie, de l'huile et du vin. Ses meilleurs clients sont la Suisse, l'Allemagne, les Etats-Unis, la France et la République Argentine.

3. — LE COMMERCE TOTAL.

Il ressort des deux tableaux qui précèdent que la plus grosse part du commerce européen est prise par l'Angleterre, l'Allemagne, la France et la Hollande, qui accaparent à elles seules environ 66 0/0 de la valeur totale des échanges. La part globale de ces quatre puissances était sensiblement la même en 1898, et cette remarque indique que pour les autres pays européens, considérés dans leur ensemble, le développement du commerce extérieur a été aussi rapide que pour les quatre nations précitées. On peut s'en rendre compte au moyen du tableau suivant :

Commerce extérieur total (importations et exportations réunies) des principaux pays de l'Europe (commerce spécial) en 1898 et en 1908.

(*Millions de francs.*)

États	Commerce total		Augmentation en 1908	Balance commerciale	
	1898	1908		1898	1908
			%		
Allemagne. .	11.046.4	17 578 3	59	— 1.655.0	— 1.581.7
Autric.-Hong.	3.417.4	4 886.1	43	— 25 6	— 149.9
Belgique. . .	3.831.7	5.833.8	52	— 257.7	— 821.0
Bulgarie. . .	139 2	242.5	74	— 6.2	— 17.7
Danemark . .	835 9	1 366 4	63	— 177 7	— 153.4
Espagne (1) (2)	1.642 3	2 039.9	24	+ 195.5	— 100.9
France . . .	7.983 5	10.691.2	34	— 961.7	— 589.8
G[de]-Bretagne .	16 211.2	22.438 1	38	— 4.447 8	— 3.432.3
Grèce. . . .	226 5	265 3	18	— 50 1	— 43.9
Italie. . . .	2.616.9	4.642.6	77	— 209.7	— 1.184.0
Norvège (1). .	595 8	781.2	31	— 177.6	— 198.2
Pays-Bas. . .	6.954.1	10 410.0	50	— 587.7	— 1.336.6
Portugal. . .	446.4	536 5	20	— 98.0	— 217 3
Roumanie . .	673 1	793 5	18	— 106 7	— 34 7
Russie. . . .	3.591.5	5.055.0	41	+ 306 3	+ 546.8
Serbie. . . .	98 1	153.3	56	+ 15.9	+ 2.1
Suède (1) (2). .	1 104.1	1 505.5	36	— 152.3	— 175.1
Suisse. . . .	1.789 1	2.525 5	41	— 341.5	— 448.7
Turquie (1) (2).	878.0	1.097.2	25	— 199 8	— 285.8
Totaux. . .	64 081.2	92.841.9	45	— 8.937.4	—10.222.1

En dehors de l'Europe, il est un pays dont le commerce extérieur a pris, durant ces dernières années, une importance qui le place au troisième rang du monde entier : nous avons nommé les Etats-

(1) Commerce général.
(2) Y compris les monnaies et métaux précieux.

Unis. Le commerce total américain a passé en effet de 9.311 millions de francs en 1898 à 15.633 millions en 1908, ce qui représente un accroissement de près de 68 0/0. Constatons que pendant la même période, le commerce extérieur de l'Allemagne a progressé de 11.046 millions de francs à 17.578 millions, ou 59 0/0, tandis que celui de l'Angleterre n'a augmenté que de 38 0/0, de 16.211 millions en 1898 à 22.438 millions en 1908.

Ainsi que nous avons eu l'occasion de le voir déjà pour la production sidérurgique, le commerce anglais a donc eu à subir les rudes effets de la concurrence allemande d'abord, et plus tard, de la concurrence américaine.

C'est le régime protecteur, inauguré par Bismarck en 1879, qui a été le principal facteur de la grande évolution industrielle et commerciale qui s'est accomplie en Allemagne entre 1880 et 1890. C'est pendant cette période que furent édifiées toutes ces usines dont les besoins et la production viennent actuellement grossir si considérablement les chiffres du commerce allemand.

C'est également au cours de cette même période que l'Allemagne améliora ses relations commerciales extérieures, lesquelles se développèrent ensuite, après la conclusion des traités de commerce.

Après la chute de Bismarck, en 1890, son successeur, le général de Caprivi, se rendit aux vœux des Chambres de commerce allemandes, qui réclamaient le retour à la politique des traités de réciprocité : il signa, en 1891, avec l'Autriche et l'Italie, un traité de commerce qui modifia sensiblement l'orientation économique de l'Allemagne. Le vote du tarif douanier français de 1892 accentua la nouvelle tendance commerciale du gouvernement allemand, et celui-ci négocia successivement des traités avec la Belgique, l'Espagne, la Serbie, la Suisse, en 1893, et avec la Russie, en 1894.

Grâce à ces traités de commerce, qui n'auraient d'ailleurs produit aucun effet appréciable si l'industrie allemande n'avait bénéficié auparavant du régime protecteur de 1879, grâce à un enseignement technique incomparable, et grâce aussi à l'émigration et à l'accroissement de la population — deux facteurs non négligeables — l'Allemagne arriva peu à peu à faire au dehors une concurrence redoutable à l'Angleterre.

Puis sont venus les Etats-Unis. Dans ce pays, la politique économique a tendu de tout temps, et surtout depuis la guerre de Sécession, à établir contre les produits étrangers une barrière à l'abri de laquelle l'industrie américaine s'est organisée, en même temps que se développait l'exploitation des richesses naturelles.

Toutefois, il n'existait, avant 1883, aucun système douanier réellement coordonné : de nouveaux droits étaient votés chaque fois qu'une industrie réclamait la protection du Congrès.

Sous le régime de 1883, les matières premières et les denrées alimentaires que le sol des Etats-Unis ne produit pas étaient admises en franchise. En 1890, le tarif Mac-Kinley conserva la franchise à quelques articles, mais, pour beaucoup d'autres, augmenta les droits existants. Malgré quelques atténuations, le tarif Wilson, en 1895, maintint la même tendance. Enfin, le tarif Dingley, en 1897, et tout récemment la loi douanière Payne-Aldrich du

5 août 1909, sont venus de nouveau aggraver les droits établis par le tarif Mac-Kinley.

Par suite de l'essor énorme de l'industrialisme américain, provoqué à la fois par ce régime protecteur et par la généralisation des trusts, l'objet manufacturé des Etats-Unis a commencé, après l'article de fabrication allemande, à attaquer à son tour le produit de l'industrie anglaise, et non seulement sur les divers marchés étrangers, où la concurrence économique de l'Angleterre et de l'Allemagne se faisait déjà sentir, mais encore sur le marché anglais lui-même.

La répercussion de cette double concurrence sur l'industrie anglaise est intéressante à observer, surtout depuis 1890 :

Exportations et Importations des produits manufacturés en Angleterre, en Allemagne, aux Etats-Unis et en France en 1890 et en 1908.

(*Millions de francs.*)

Pays	1890			1908		
	Exportations	Importations	Excédent d'exportations	Exportations	Importations	Excédent d'exportations
Angleterre. . .	5.747	1.938	+ 3.809	7.483	3.606	+ 3.877
Allemagne. . .	2.684	1.226	+ 1.458	5.228	1 553	+ 3.675
Etats-Unis. . .	686	1.404	— 718	3.478	2.734	+ 744
France. . . .	1.975	609	+ 1 366	2.741	1.116	+ 1.625
Totaux. . .	11.092	5.177	+ 5.915	18.930	9.009	+ 9.921

Pendant cette période de dix-huit années, l'Angleterre n'a pas vu modifier sensiblement son excédent d'exportations de produits manufacturés sur les importations de même nature. Par contre, l'excédent net de l'Allemagne a progressé de 2.217 millions, et la balance industrielle des Etats-Unis, qui se traduisait en 1890 par un déficit de 718 millions, s'est changée, en 1908, en un excédent net de 744 millions, soit un gain total de 1.462 millions.

Pour la France, l'excédent des exportations sur les importations, en ce qui concerne les produits manufacturés, s'est accru, entre 1890 et 1908, de 259 millions de francs.

4. — LA BALANCE ALIMENTAIRE DE L'ANGLETERRE, DE L'ALLEMAGNE, DES ÉTATS-UNIS ET DE LA FRANCE.

L'industrialisation à outrance qui s'est organisée durant ces deux dernières décades dans les pays manufacturiers a eu une répercussion sensible sur leur situation agricole, et il n'est pas sans intérêt de comparer, comme nous l'avons fait pour les objets manufacturés, le mouvement des importations et des exportations des produits alimentaires dans les quatre pays considérés.

On verra, dans le tableau ci-après, que *le déficit alimentaire* qui, pour l'ensemble de ces quatre pays, n'était que de 3.923 millions de francs en 1890, est passé à 6.369 millions en 1908.

En ce qui concerne l'Angleterre, en particulier, on remarquera que le déficit alimentaire est supérieur de 1.526 millions au déficit commercial total. C'est là une charge annuelle énorme qui, de temps à autre, ne peut manquer de se faire sentir sur le marché monétaire anglais.

A un degré moindre, le même symptôme fâcheux se retrouve pour l'Allemagne, dont le déficit alimentaire a atteint 1.972 millions de francs en 1908, contre 1.158 millions en 1890, soit un accroissement de 814 millions.

Importations et exportations des produits alimentaires en Angleterre, en Allemagne, aux Etats-Unis et en France en 1890 et en 1908.

(*Millions de francs.*)

Pays	1890			1908		
	Importations	Exportations	Balance alimentaire	Importations	Exportations	Balance alimentaire
Angleterre. . .	4.347	303	— 4.044	5.511	553	— 4.958
Allemagne. . .	1.746	588	— 1.158	2.834	862	— 1.972
Etats-Unis. . .	1 299	3.144	+ 1.845	1.649	2 176	+ 527
France. . . .	1.445	879	— 566	935	969	+ 34
Totaux. . .	8.837	4.914	— 3.923	10.929	4.560	— 6.369

Grâce aux territoires immenses dont ils disposent et au perfectionnement des procédés actuels d'exploitation agricole, les Etats-Unis continuent à produire aujourd'hui plus qu'il ne leur est nécessaire pour l'alimentation de leur population, bien que celle-ci se soit considérablement accrue. Le symptôme que nous avons signalé pour l'Angleterre et l'Allemagne s'y retrouve cependant, puisque l'excédent des exportations sur les importations de produits alimentaires est tombé de 1.845 millions de francs en 1890, à 527 millions en 1908.

C'est le contraire que nous observons en France. Grâce à notre régime douanier de 1892, stimulant précieux pour l'agriculture française, notre déficit alimentaire, qui était encore de 566 millions en

1890, a diminué graduellement pour se transformer en un excédent d'exportation qui s'est élevé à 34 millions en 1908.

Ce tarif de 1892, très sagement revisé cette année même, a d'ailleurs eu l'effet le plus bienfaisant sur le développement du commerce extérieur de notre pays : les importations, qui atteignaient 4.768 millions en 1891, se sont élevées à 5.640 millions en 1908, tandis que les exportations ont passé de 3.570 millions à 5.051 millions, soit un accroissement de 18 0/0 pour les premières et de 41 0/0 pour les secondes. Ajoutons enfin que, pour l'année 1909, dont les chiffres définitifs sont actuellement connus, le commerce extérieur de la France s'est élevé à 11.964 millions, en augmentation de 12 0/0 sur les résultats de 1908.

TABLE DES MATIÈRES

Poitiers. — Société française d'imprimerie

www.ingramcontent.com/pod-product-compliance
Ingram Content Group UK Ltd.
Pitfield, Milton Keynes, MK11 3LW, UK
UKHW020307230726
13925UKWH00001B/262